初中版 （第二册）

U0719949

读者

教我写文章

共学编写组　编

海南出版社
·海口·

图书在版编目（CIP）数据

读者教我写文章：初中版：全三册 / 共学编写组

编 . —— 海口：海南出版社，2023.7

ISBN 978-7-5730-1141-1

Ⅰ . ①读… Ⅱ . ①共… Ⅲ . ①作文课 – 初中 – 教学参

考资料 Ⅳ . ① G634.343

中国国家版本馆 CIP 数据核字 (2023) 第 077724 号

读者教我写文章　初中版（第二册）

DUZHE JIAO WO XIE WENZHANG　CHUZHONG BAN (DI–ER CE)

编　　者：共学编写组

出 品 人：王景霞

策　　划：彭明哲

责任编辑：闫　妮

执行编辑：姜雪莹

封面设计：任　佳

责任印制：杨　程

印刷装订：三河市兴达印务有限公司

读者服务：唐雪飞

出版发行：海南出版社

总社地址：海口市金盘开发区建设三横路 2 号

邮　　编：570216

北京地址：北京市朝阳区黄厂路 3 号院 7 号楼 101 室

电　　话：0898-66812392　　010-87336670

电子邮箱：hnbook@263.net

经　　销：全国新华书店

版　　次：2023 年 7 月第 1 版

印　　次：2023 年 7 月第 1 次印刷

开　　本：889 mm×1 194 mm　1/16

印　　张：46.25

字　　数：1 050 千字

书　　号：ISBN 978-7-5730-1141-1

定　　价：168.00 元（全三册）

编写人员

主　　编：高晓岩

副 主 编：武圆圆

编 撰 者：武圆圆　孔　娟　孔令元　张　寒　高　博

目 录
MULU

第一部分　故　事

第二部分　说明文

怎样应对说明文

第一部分

故　事

第一章
考试指导

考点解读

《义务教育语文课程标准》（2022 年版）明确要求："能区分写实作品与虚构作品，了解诗歌、散文、小说、戏剧等文学样式……欣赏文学作品，有自己的情感体验，初步领悟作品的内涵，从中获得对自然、社会、人生的有益启示。能对作品中感人的情境和形象说出自己的体验，品味作品中富于表现力的语言……阅读表现人与社会、人与他人的古今优秀诗歌、散文、小说、戏剧等文学作品，学习欣赏、品味作品的语言、形象等，交流审美感受，体会作品的情感和思想内涵。"

在中考试题中，文本阅读考查的小说篇幅一般在两千字以内，选择的材料比较关注其蕴含的教育意义，注重对人文精神的挖掘，更关注内心的成长。小说的主题多为对真善美的呼唤和追求，也有对人性假恶丑的反思等。

中考小说阅读的基本考点：

1. **叙述故事情节**（包括判断叙述人称、视角和顺序，结合具体内容，分析阐述其特点和作用）；

2. **形象分析与探究**（包括揣摩人物心理，探究人物形象，分析人物形象的作用）；

3. **情节与细节**（包括梳理故事的情节脉络，分析具体的情节，整体概括情节，分析阐述典型细节的作用）；

4. **环境与场景**（包括自然环境、社会环境和人物生活场景，结合具体内容从不同角度分析阐述其作用）；

5. **主题与标题**（包括探究主题和探究标题，选择合适的角度分析内容或整体分析）；

6. **文本特色**（包括赏析语言特点，探究文体特征，也兼顾分析其他特色）；

7. **拓展探究**（包括立足文本，调动阅读积累或生活体验阐述感受和观点；根据选文内容生发的延伸性训练，如补写、续写等；链接相关素材，在类比分析中求得新的收获）。

从考查形式来看，考题大部分为贴近真实生活的任务阅读情境，也有以阅读提示指引的个人阅读情境，不少是作为全卷综合性活动中的一个任务；以简答题为主，也有图表填空题；最后一道分值较大、主观性强的试题，多采用分层赋分的形式。

主观性、探究性试题的增多，无疑突出了对考生个性化阅读和作品赏析能力的考查。考查中关注阅读过程，注重阅读策略和方法的运用，对考生的思维也提出了更高的要求。另外，命题角度和题型的多样化，也更注重考查考生对材料多角度的阅读理解能力，考查考生归纳概括、联想想象、分析比较、逻辑推理等思维能力，以及在语文实践活动中建构知识、组织语言等方面的能力。

例题精析

夏天奔跑的声音
（2022年浙江省杭州市中考试题）

［美国］雷·布拉德伯里

年迈的桑德森先生在自己的鞋店里巡视，一边轻轻触摸货架上的每一双鞋。他就像宠物店的店主，店里住着来自世界各地的动物。他关切地碰碰它们，为它们整理好鞋带，调整好鞋舌。然后，环顾四周，满意地点点头。

片刻之前，桑德森鞋店的门口还空荡荡的。下一秒，男孩道格拉斯笨拙地站在那里，低头看着自己的皮鞋，仿佛这双笨重的鞋子已经深陷水泥地里拔不出来了。道格拉斯从夏日正午的艳阳下挪动身体，小心翼翼地把硬币码在柜台上。

"什么也别说！"桑德森先生说。

道格拉斯僵住了。

"我知道你想买什么。"桑德森先生说，"每天下午你都站在我橱窗的前面，你觉得我会看不到你吗？你想买的是绵白网球鞋。最后，我还敢说你想赊欠。"

"不是！"道格拉斯喊道，呼吸急促。"我想到了比赊欠更好的办法！"他喘着气说，"在我告诉您之前，桑德森先生，您必须回答我一个小问题，您还记得自己最后一次穿运动鞋是什么时候吗，先生？"

桑德森先生脸沉了下来。"哦，二十年，让我想想，三十年前吧。为什么这么问？"

"桑德森先生，难道您不觉得亏欠顾客吗？您至少应该试穿一下自己卖的鞋子，哪怕一分钟，不然您怎么知道穿上去什么感觉？"

男孩的狂热让桑德森先生有些退缩，他一只手摩挲着下巴。"这个……"

"桑德森先生，"男孩滔滔不绝，"您卖东西给我，我也会把同样价值的东西卖给您。"

"这样做真的有必要吗，孩子？"桑德森先生疑惑地问。

"我当然希望您能试一试，先生！"

老人默默地坐了下来，气喘吁吁地将网球鞋套在自己狭长的脚上。顺着西裤深色的裤脚看过去，它们显得有些不伦不类。

桑德森先生站了起来。

"穿起来感觉怎么样？"男孩问道。

"感觉很好。"他准备坐下来。

"别！"道格拉斯伸出手，"桑德森先生，现在您能来回走两步，然后我再告诉您剩下的话吗？是这样的：我还差您一美元。不过，先生——一旦我拥有了这双鞋子，您知道会发生什么吗？"

"你想说什么？"

"我会帮您拿包裹，给您买咖啡，帮您跑邮局……每一分钟，您都会看到我从这里进进出出，感受一下这双鞋子，桑德森先生，想象它会带着我跑得多么快。感觉到里面的弹簧了吗？感觉到鞋子内部在奔跑了吗？感觉到我能够飞快地干完这些事情不让您操一点心了吗？您悠闲地待在凉爽的店里，而我在满城跑！不过，到处跑的可不是我，而是鞋子。它什么地方都可以去！"

桑德森先生惊讶地站着。这番话就像汹涌的激流一样裹挟着他，他开始深陷到鞋子里，伴着从门口吹进来的微风，他轻轻摇晃起来。他像踩在草丛里，又像踩在富有弹性的黏土上。

店外面，几个行人正顶着大太阳走在人行道上。

老人和男孩彼此对视，男孩显得兴高采烈，而老人看起来如有顿悟。

老人脚步轻盈地穿过店铺，走到放满鞋盒的墙边，取了一双鞋给男孩，然后又在一张纸上列了个清单。男孩穿上鞋之后站在那里，静静地等待着。

"这是今天下午你要为我做的一堆事情。办完这些事，我们就两清了。"

"谢谢您，桑德森先生！"道格拉斯蹦蹦跳跳地准备离开。

"等等！"老人俯身向前，"鞋子感觉如何？"

男孩低头看着自己的脚，它们深陷在河流中，深陷在麦田里，深陷在正将他推出城去的风中。他抬头看着老人，他的眸子在喷火。

"像羚羊？"老人问道，视线从男孩的脸上移到鞋上，"瞪羚①？"

男孩想了想，犹豫了一下，然后很快地点点头。几乎一瞬间，他就不见了，网球鞋的声音消失在丛林般的高温里。

桑德森先生站在阳光灼热的门口，侧耳倾听。很久以前，当他还是个爱做梦的男孩时，他就记住了那个声音。这些美丽的生物在蓝天下跳跃，它们穿过灌木丛，留下轻柔的奔跑回音。

"羚羊，"桑德森先生说，"瞪羚。"

他弯腰拾起男孩扔掉的冬鞋，曾经的雨雪让鞋变得沉甸甸的。老人走出了骄阳的炙烤，脚步轻柔、淡然、缓慢……

（选自《雷·布拉德伯里短篇自选集》，有删改）

---

① 瞪羚：羚羊的一种，非常敏捷。

文学作品阅读（21分）：

1. 梳理小说情节，将下面括号处补充完整。（4分）

（①　　　）——→ 在道格拉斯的恳请下，桑德森先生试穿了鞋子——→（②　　　）道格拉斯像瞪羚一样消失了，桑德森先生回想起少年时光

·解析

　　本题考查梳理、概括故事情节的能力。解答本题需要把握小说的整体内容，了解故事脉络，简述即可。首先要找到题目中已知情节的对应位置，再梳理出前后的故事情节。根据原文"'我知道你想买什么。'桑德森先生说，'……我还敢说你想赊欠'"，①处的内容可以概括为：道格拉斯想买网球鞋却钱不够。根据原文"'……到处跑的可不是我，而是鞋子'……'办完这些事，我们就两清了'"中男孩的语言和老人取鞋给男孩的行动及话语，②处的内容可以概括为：男孩打动了桑德森先生，他满足了男孩的心愿。

　　答案：①道格拉斯想买网球鞋却钱不够　②男孩打动了桑德森先生，他满足了男孩的心愿

2. 联系语境，分析加点词语所表现的人物心理。（4分）

（1）道格拉斯从夏日正午的艳阳下挪动身体，小心翼翼地把硬币码在柜台上。

（2）老人脚步轻盈地穿过店铺，走到放满鞋盒的墙边，取了一双鞋给男孩，然后又在一张纸上列了个清单。

·解析

　　本题考查通过理解重点词语的含义揣摩人物心理的能力。"小心翼翼"原形容严肃虔敬的样子，现用来形容举动十分谨慎，丝毫不敢疏忽。与前半句中的"挪"形成呼应。再联系下文中桑德森先生说的话可知，这里男孩道格拉斯小心翼翼，是因为他内心渴望买鞋，但又因为钱不够而担心被拒绝的纠结心理。"轻盈"形容身材苗条，动作轻快；又有"（声音、节奏）轻松"的意思。联系上文"老人和男孩彼此对视，男孩显得兴高采烈，而老人看起来如有顿悟"可知，男孩看出桑德森先生青春的记忆被他唤醒，将满足他的愿望，而桑德森先生听了男孩道格拉斯的建议试穿鞋后如有顿悟，心情轻松愉悦，引起下文他对自己童年生活的回忆。

　　答案：（1）"小心翼翼"写出了男孩道格拉斯渴望买鞋，因钱不够而担心的纠结心理。（2）"轻盈"写出了桑德森先生试穿鞋后如有顿悟的轻松愉悦。

3. 小说用了不少笔墨写道格拉斯劝说桑德森先生，这对两个人物形象的塑造有什么作用？（4分）

● 解析

　　本题考查分析故事情节对塑造人物形象的作用的能力。由"'不是！'道格拉斯喊道，呼吸急促。'我想到了比赊欠更好的办法！'……'在我告诉您之前……先生？'"可以看出道格拉斯的聪慧，他在想方设法说服老人穿运动鞋；由"'桑德森先生……哪怕一分钟……什么感觉？'"可以看出道格拉斯劝说老人时的热情、纯真；由"'桑德森先生；男孩滔滔不绝，'您卖东西给我……卖给您。'""'我当然希望您能试一试，先生！'""'我会帮您拿包裹……它什么地方都可以去！'"可以看出道格拉斯的聪慧和对拥有鞋子的执着。桑德森先生没有急着拒绝他，而是站在那里听道格拉斯说，并坐下来穿鞋，可见他极有耐心；从桑德森先生感到自己"深陷到鞋子里……又像踩在富有弹性的黏土上"和他"脚步轻盈"并给男孩取鞋可以看出，他被男孩的话语打动了，感受到了男孩对鞋子的渴望，体现出他的善解人意。因此，小说用不少笔墨写道格拉斯劝说桑德森先生的话语，主要是为了丰富两个人物的形象。

　　答案：这些内容丰富了两个人物的形象，表现了道格拉斯的纯真、执着、聪慧，也表现了桑德森先生的耐心、善解人意。

　　4.读完本文，也许你会联想到这些短语：青春活力、理解尊重、梦想追求……请结合小说内容，围绕一两个短语谈谈你对主题的理解。（4分）

● 解析

　　本题考查对文章主题的理解。作答本题要联系小说内容，可以从所给的三个短语中选择一两个短语，从其意义角度分析小说的主题，谈谈自己的理解。青春活力：男孩——充满活力地奔跑；桑德森先生——在回忆里感受奔跑，感受青春的肆意张扬。理解尊重：侧重于桑德森先生对男孩爱护，保护了孩子的自尊心；同时，善意换来善意，男孩让桑德森先生回忆起自己童年的美好。梦想追求：侧重于男孩想得到网球鞋的执着、纯真和聪慧。据此分析概括即可。

　　答案：（示例1）青春活力。男孩道格拉斯为了得到渴望已久的网球鞋，用奔跑的方式为桑德森先生做事，实现了自己的愿望，体现出少年的青春活力；而桑德森先生在男孩的感染下，青春的记忆被唤醒，生命的活力被激发。小说表达了对青春活力的赞美。

　　（示例2）桑德森先生一开始戳破男孩道格拉斯的心思，却没有对他进行任何辱骂，反而愿意听从道格拉斯的建议，唤醒自己的青春活力，同时他也理解了男孩对运动鞋的渴望和热爱。小说表达了对人与人之间理解尊重的赞颂。

　　（示例3）小说主要围绕男孩道格拉斯和老人桑德森先生展开，叙述了道格拉斯为了实现自己的梦想——拥有一双新的网球鞋而不断去尝试努力，最终成功地打动了桑德森先生，得到心爱已久的网球鞋的故事。小说表达了梦想追求这一主题。

5.男孩道格拉斯与桑德森先生彼此影响，共同成长。下列三组人物也有类似的关系，请选择一组，结合作品内容简要分析。（5分）

A.孙悟空和唐僧（《西游记》）

B.简·爱和罗切斯特（《简·爱》）

C.哈利·波特和他的伙伴（《哈利·波特与死亡圣器》）

• 解析

　　本题考查名著的迁移运用。作答本题，要注意围绕人物之间的"彼此影响，共同成长"来分析。孙悟空和唐僧：孙悟空对唐僧不离不弃。在赴西天取经的过程中，孙悟空收束心性，陪伴唐僧几经磨难，最终取得真经，最终二人都成了佛。简·爱和罗切斯特：他们互相爱护、互相扶持。简·爱摆脱自卑，变得坚强、勇敢、自信。罗切斯特在简·爱的影响下，摆脱自暴自弃，走向新生。哈利·波特和他的伙伴：为了完成消灭伏地魔的任务，哈利和好友一起面对伏地魔及其追随者食死徒的围追堵截，历经艰险，最终销毁多个魂器并战胜伏地魔，取得魔法世界的伟大胜利，最终每个人都有一个美满的结局。据此分析概括即可。

　　答案：（示例）我选B。简·爱在面对罗切斯特的追求时感到自卑，罗切斯特的真诚执着让简·爱变得勇敢自信。罗切斯特因残疾而自暴自弃，是简·爱的勇敢与真心让他走出阴影，重获新生。

📚 精品阅读

　　《义务教育语文课程标准》（2022年版）明确"倡导少做题、多读书、好读书、读好书、读整本书，注重阅读引导，培养读书兴趣，提高读书品位"，这就需要学生在平时的学习中广泛阅读经典文学作品，并在阅读的过程中养成良好的思考和表达习惯。

　　在这里，我们会读到一个如何找回失落戒指的扣人心弦的故事，品味母子三人四次吃清汤荞麦面的情景，读到一个围绕一串水晶项链发生在首饰匠和老顾客之间的触动人心的故事。

　　在这里，我们还会看清小镇上一群头面人物面对金钱时的真实面目，认识一个曾经失足的老人如何挽救一个走上邪路的少年，品味一个动物救人却被人伤害致死的让人感动又痛惜的故事，认识一个内心充满苦恼却只能向马诉说的马车夫。

　　这些故事展示了作者高超的写作技巧。让我们在品味这些精彩故事的同时，仔细思考文后设计的一些问题，加深对故事内容和写法的理解，提升自己对人生和生活的认识。

第六枚戒指

［美国］N. Ptper

邓康延 编译

　　我 17 岁那年，好不容易找到一份临时工作。母亲喜忧参半：家有了指望，但又为我的毛手毛脚操心。

（开篇即让人忍不住担心，"我"会不会出什么差错，丢了工作。）

　　工作对我们孤女寡母太重要了。我中学毕业后，正赶上大萧条，一个差事会有几十、上百的失业者争夺。多亏母亲为我的面试赶做了一身整洁的海军蓝，才得以被一家珠宝行录用。

　　在商店的一楼，我干得挺欢。第一周，受到领班的称赞。第二周，我被破例调往楼上。

　　楼上珠宝部是商场的心脏，专营珍宝和高级饰物。整层楼排列着气派很大的展品橱窗，还有两个专供客人看购珠宝的小屋。

　　我的职责是管理商品，在经理室外帮忙和传接电话。要干得热情、敏捷，还要防盗。

　　圣诞节临近，工作日趋紧张、兴奋，我也忧虑起来。忙季过后我就得走，恢复往昔可怕的奔波日子。然而，幸运之神却来临了。一天下午，我听到经理对总管说："艾艾那个小管理员很不赖，我挺喜欢她那个快活劲儿。"

　　我竖起耳朵听到总管回答："是，这姑娘挺不错，我正有留下她的意思。"

　　这让我回家时蹦跳了一路。

（先前受到领班的称赞，现在又受到经理和总管的肯定，起初的担心和当下的忧虑应该减了不少。）

　　翌日，我冒雨赶到店里。距圣诞节只剩下一周时间，全店人员都绷紧了神经。

　　我整理戒指时，瞥见那边柜台前站着一个男人，高个头，白皮肤，约莫 30 岁。但他脸上的表情吓我一跳，他几乎就是这不幸年代的贫民缩影。一脸的悲伤、愤怒、惶惑，有如陷入了他人置下的陷阱。剪裁得体的法兰绒服装已是褴褛不堪，诉说着主人的遭遇。他用一种永不可企的绝望眼神，盯着那些宝石。

（细致的外貌和神态描写，既表现了男人穷困潦倒的处境，呼应了前文提及的大萧条时期就业不易，也为下文"我"认为是他捡了戒指埋下伏笔。）

　　我感到因为同情而涌起的悲伤。但我还牵挂着其他事，很快就把他忘了。

　　小屋打来要货电话，我进橱窗最里边取珠宝。当我急急地挪出来时，衣袖碰落了一个碟子，6 枚精美绝伦的钻石戒指滚落到地上。

　　总管先生激动不安地匆匆赶来，但没有发火。他知道我这一天是在怎样干的，只是说："快捡起来，放回碟子。"

　　我弯着腰，几欲泪下地说："先生，小屋还有顾客等着呢。"

　　"我去那边，孩子。你快捡起这些戒指！"

我用近乎狂乱的速度捡回5枚戒指，但怎么也找不到第六枚。我寻思它是滚落到橱窗的夹缝里，就跑过去细细搜寻。没有！我突然瞥见那个高个男子正向出口走去。顿时，我领悟到戒指在哪儿了。碟子打翻的一瞬，他正在场！

当他的手就要触及门柄时，我叫道："对不起，先生。"

他转过身来。漫长的一分钟里，我们无言对视。我祈祷着，不管怎样，让我挽回我在商店里的未来吧。跌落戒指是很糟，但终会被忘却；要是丢掉一枚，那简直不敢想象！而此刻，我若表现得急躁——即便我判断正确——也终会使我所有美好的希望化为泡影。

（细致的内心感受，真切地表现了"我"的急切、不安和担忧。你是否也从中感受到了一丝紧张和忐忑？）

"什么事？"他问。他的脸肌在抽搐。

我确信我的命运掌握在他手里。我能感觉得出他进店不是想偷什么。他也许想得到片刻温暖和感受一下美好的时辰。我深知什么是苦寻工作而又一无所获。我还能想象得出这个可怜人是以怎样的心情看这社会：一些人在购买奢侈品，而他一家老小却无以果腹。

"什么事？"他再次问道。猛地，我知道该怎样作答了。母亲说过，大多数人都是心地善良的。我不认为这个男人会伤害我。我望望窗外，此时大雾弥漫。

"这是我头回工作。现在找个事儿做很难，是不是？"我说。

他长久地审视着我，渐渐，一丝十分柔和的微笑浮现在他脸上。"是的，的确如此。"他回答，"但我能肯定，你在这里会干得不错。我可以为你祝福吗？"

（你能从此处对男人的神态和语言描写中，感受到他内心有着怎样的挣扎和变化？）

他伸出手与我相握。我低声地说："也祝您好运。"他推开店门，消失在浓雾里。

我慢慢转过身，将手中的第六枚戒指放回了原处。

点 评

在生活中，大多数人都不会随意去伤害别人；但在特殊情境中，人的内心就可能会有一些阴暗甚至邪恶的东西闪现。如何换位思考、冷静沟通、抑恶扬善，则需要仁爱、智慧和技巧。

作者采用第一人称叙事，拉近了读者和主人公的距离，而多处的悬念设置，则紧抓住读者的心：毛手毛脚的"我"会不会出什么意外？"我"能不能被珠宝行留用？是不是高个男子拿了戒指？如果真是他拿了，能要回戒指吗？读到文末，读者才长出一口气，也发现作者在行文中做了不少铺垫。

故事中对高个男人的外貌及神态变化的描写，让人能感受到他的生活处境和内心活动；而对"我"的心理刻画更是细致入微，让人回味。

思考 探究

1.文中对"高个男子"作了比较细致的外貌、神态描写，试结合文中语句，从某一角度分析其作用。

2. 文中写道："我确信我的命运掌握在他手里。"联系上下文，谈谈你对这句话的理解。

参考答案

1. （1）"剪裁得体的法兰绒服装已是褴褛不堪，诉说着主人的遭遇"的外貌描写，表现了男人穷困潦倒的处境，也反映了经济大萧条时期残酷的社会现实。（2）"他用一种永不可企的绝望眼神，盯着那些宝石"的神态描写，为下文"我"确信是这个男人捡走了第六枚钻石戒指埋下了伏笔。

2. （示例）联系上下文略。这句话可以从两个层面去理解：一是"我"确信掉落的钻石戒指就在他的手中；二是如果"他"不交还戒指或者事情闹大，"我"必定会失业；但"他"如果交还了戒指，"我"就能保住这一份来之不易的工作。

一碗清汤荞麦面

〔日本〕栗良平

万德惠 译

对于面馆来说，生意最兴隆的日子，就是大年除夕了。

北海亭每逢这一天，总是从一大早就忙得不可开交。不过，平时到夜里12点还熙攘热闹的大街，临到除夕，人们也都匆匆赶紧回家，所以一到晚上10点左右，北海亭的食客也就骤然稀少了。当最后几位客人走出店门就要打烊的时候，大门又发出无力的"吱吱"响声，接着走进来一位带着两个孩子的妇人。两个都是男孩，一个六岁，一个十岁的样子。孩子们穿着崭新、成套的运动服，而妇人却穿着不合季节的方格花呢裙装。

（母子穿的衣服形成了对照，暗示了他们生活的窘迫。）

"欢迎！"女掌柜连忙上前招呼。

妇人嗫嚅地说："那个……清汤荞麦面……就要一份……可以吗？"

躲在妈妈身后的两个孩子也担心会遭到拒绝，胆怯地望着女掌柜。

"噢，请吧，快请里边坐。"女掌柜边忙着将母子三人让到靠暖气的第二张桌子旁，边向柜台后面大声吆喝，"清汤荞麦面一碗——"当家人探头望着母子，也连忙应道："好咧，一碗清汤荞麦面——"他随手将一把面条丢进汤锅里后，又额外多加了半把面条。煮好盛在一个大碗里，让女掌柜端到桌子上。于是母子三人几乎是头碰头地围着一碗面吃将起来，"咝咝"的吃吸声伴随着母子的对话，不时传至柜台内外。

（你从女掌柜对母子三人的热情礼让和当家人"多加了半把面条"的细节中读出了什么？）

"妈妈,真好吃呀!"兄弟俩说。

"嗯,是好吃,快吃吧。"妈妈说。

不大工夫,一碗面就被吃光了。妇人在付饭钱时,低头施礼说:"承蒙关照,吃得很满意。"这时,当家人和女掌柜几乎同声答说:"谢谢您的光临,预祝新年快乐!"

二

迎来新的一年的北海亭,仍然和往年一样,在繁忙中打发日子,不觉又到了大年除夕。

夫妻俩这天又是忙得不亦乐乎,10点刚过,正要准备打烊时,忽听见"吱吱"的轻微开门声,一位领着两个男孩的妇人轻轻走进店里。

女掌柜从她那身不合时令的花格呢旧裙装上,一下就回忆起一年前除夕夜那最后的一位客人。

"那个……清汤面……就要一份……可以吗?"

"请,请,这边请。"女掌柜和去年一样,边将母子三人让到第二张桌旁,边开腔叫道,"清汤荞麦面一碗——"

桌子上,娘儿仨在吃面中的小声对话,清晰地传至柜台内外。

"真好吃呀!"

"我们今年又吃上了北海亭的清汤面啦。"

"但愿明年还能吃上这面。"

吃完,妇人付了钱,女掌柜也照例用一天说过数百遍的套话向母子道别:"谢谢光临,预祝新年快乐!"

在生意兴隆中,不觉又迎来了一年一度的除夕夜。北海亭的当家人和女掌柜虽没言语,但9点一过,二人都心神不宁,时不时地倾听门外的声响。

在那第二张桌上,早在半个钟头前,女掌柜就已摆上了"预约席"的牌子。

终于挨到10点了,就仿佛一直在门外等着最后一个客人离去才进店堂一样,母子三人悄然进来了。

哥哥穿一身中学生制服,弟弟则穿着去年哥哥穿过的大格运动衫。兄弟俩这一年长高了许多,简直认不出来了,而母亲仍然是那身褪了色的花格呢裙装。

"欢迎您!"女掌柜满脸堆笑地迎上前去。

"那个……清汤面……要两份……可以吗?"

"嗳。请,请,呵,这边请!"女掌柜一如既往,招呼他们在第二张桌子边就座,并若无其事地顺手把那个"预约席"牌藏在背后,对着柜台后面喊道:"面,两碗——"

"好咧,两碗面——"

可是,当家人却将三把面扔进了汤锅。

(这里写到母子第三次来吃面,你发现有什么"变"和"不变"的内容?又有什么触动人心的细节?想一想这样写有什么作用?)

于是,母子三人轻柔的话语又在空气中传播开来。

"昕儿，淳儿……今天妈妈要向你们兄弟二人道谢呢。"

"道谢？……怎么回事呀？"

"因为你们父亲而发生的交通事故，连累人家八个人受了伤，我们的全部保险金也不够赔偿的，所以，这些年来，每个月都要积攒些钱帮助受伤的人家。"

"噢，是吗，妈妈？"

"嗯，是这样，昕儿当送报员，淳儿又要买东西，又要准备晚饭，这样妈妈就可以放心地出去做工了。因为妈妈一直勤奋工作，今天从公司得到了一笔特别津贴，我们终于把所欠的钱都还清了。"

"妈妈，哥哥，太棒了！放心吧，今后，晚饭仍包在我身上好了。"

"我还继续当业余送报员！小淳，我们加油干哪！"

"谢谢……妈妈实在感谢你们。"

这天，娘儿仁在一餐饭中说了很多话，哥哥进行了"坦白"：他怎样担心母亲请假误工，自己代母亲去出席弟弟学校家长座谈会，会上听小淳如何朗读他的作文《一碗清汤荞麦面》。这篇曾代表北海道参加了"全国小学生作文竞赛"的作文写道：父亲因交通事故逝世后留下一大笔债务；妈妈怎样起早贪黑拼命干活；哥哥怎样当送报员；母子三人在除夕夜吃一碗清汤面，面怎样好吃；面馆的叔叔和阿姨每次向他们道谢，还祝福他们新年快乐……

小淳朗读的劲头，就好像在说：我们不泄气，不认输，坚持到底！弟弟在作文中还说，他长大以后，也要开一家面馆，也要对客人大声说："加油干哪，祝你幸福……"

刚才还站在柜台里静听一家人讲话的当家人和女掌柜不见了。原来他们夫妇已躲在柜台后面，两人扯着条毛巾，好像拔河比赛各拉着一头，正在拼命擦拭满脸的泪水……

三

又过去了一年。

在北海亭面馆靠近暖气的第二张桌子上，9点一过就摆上了"预约席"的牌了，老板和老板娘等啊、等啊，始终也未见母子三人的影子。转过一年，又转过一年，母子三人再也没有出现。

北海亭的生意越做越兴旺，店面进行了装修，桌椅也更新了，可是，靠暖气的第二张桌子，还是原封不动地摆在那儿。

（交代时间的更替，快速推进故事情节的发展。与此同时，给读者留下了悬念：母子三人去了哪里？现在过得怎么样？他们会不会再来吃面？）

光阴荏苒，夫妻面馆北海亭在不断迎送食客的百忙中，又迎来了一个除夕之夜。

手臂上搭着大衣，身着西装的两个青年走进北海亭面馆，望着座无虚席、热闹非常的店堂，下意识地叹了口气。

"真不凑巧，都坐满了……"女掌柜面带歉意，连忙解释说。

这时，一位身着和服的妇人，谦恭地深深低着头走进来，站在两个青年中间。店内的客人一下子肃静下来，都注视着这几位不寻常的客人。只听见妇人轻柔地说："那个……清汤面，要三份，可以吗？"

一听这话，女掌柜猛然想起了那恍如隔世的往事——在那年除夕夜，娘儿仨吃一碗面的情景。

"我们是十四年前在除夕夜，三口人吃一碗清汤面的母子三人。"妇人说道，"那时，承蒙贵店一碗清汤面的激励，母子三人携手努力生活过来了。"

这时，模样像是兄长的青年接着介绍说："此后我们随妈妈搬回外婆家住的滋贺县。今年我已通过国家医师考试，现在是京都医科大学医院的医生，明年就要转往札幌综合医院。之所以要回札幌，一是向当年抢救父亲和对因父亲而受伤的人进行治疗的医院表示敬意；再者是为父亲扫墓，向他报告我们是怎样奋斗的。我和没有开成面馆而在京都银行工作的弟弟商量，我们制订了有生以来最奢侈的计划——在今年的除夕夜，我们陪母亲一起访问札幌的北海亭，再要上三份清汤面。"

一直在静听说话的当家人和女掌柜，眼泪唰唰唰地流了下来。

（再次写掌柜夫妇的感动和落泪，与第二部分的结尾相照应。）

"欢迎，欢迎……呵，快请。喂，当家的，你还愣在那儿干吗？！二号桌，三碗清汤荞麦面——"

当家人一把抹去泪水，欢悦地应道："好咧，清汤荞麦面三碗——"

点 评

　　故事叙述母子三人四次吃面的情景，却不让人觉得重复和啰唆。其中，第三次和第四次吃面，是叙述的重点：前者通过母子交谈，交代了家庭生活实情，尤其是弟弟作文的内容，既呼应了题目，也是对前两次吃面经历和感受的概括；第四次吃面时兄长介绍的有关情况，丰富了整个故事的内容，也让读者为母子三人的苦尽甘来而欣慰。

　　一碗面、五个人、十四年、一段情，年龄在增长，时光在流逝，不变的是人性的光辉。文中母子穿着的变化、当家人暗里加面、掌柜夫妇听话落泪和放拿预约牌等大量细节描写，充满变化又有照应，催生了感人的力量。

思考 探究

1.作者写吃面场景时，多次写到母子三人的对话，也写了掌柜夫妇的对话，这样是否显得重复啰唆？请结合相关内容加以分析。

2.小说中母亲最后说："承蒙贵店一碗清汤面的激励，母子三人携手努力生活过来了。"请结合全文，谈谈你对这句话的理解和从中获得的启示。

参考答案

1.（示例）这样写不重复啰唆。①人物对话描写推动了情节发展，交代了故事背景。母子三人的对话，呈现了四次吃面的细节，尤其是第三次对话让读者了解到他们经济困窘的原因和如何走出困境。②人物对话还表现了人物性格特点，使读者感到亲切、真实。母子三人的对话，让读者感受到他们的团结、自尊和自强；而掌柜夫妇的对话，让我们感受到他们的热情和善良。

2.（示例）①掌柜夫妇的热情、善良给了母子三人很大的精神激励。他们每次到店都受到热情接待，当家人多次暗中加面，女掌柜预留靠近暖气的桌子，告别时还送上感谢和祝福，这些都给了母子三人温暖与尊重，是对他们莫大的精神支持。②母子三人"携手努力"表现了他们的团结奋斗：一碗面三人分享；母亲辛苦工作，大儿子卖报，小儿子做饭。自尊：母子穿着朴素却很整洁，礼貌而懂得感恩。自强：母子不乞求别人的同情，而是自强不息，最终走出困境。这也启示我们：要改变命运，就需要自身不断地努力奋斗；小小的善举和温暖的话语，也能带给他人极大的鼓励。

一串水晶项链

吕新建

维尔特是小镇上的一名首饰匠。正如"裁缝的孩子没裤子穿"一样，维尔特并没有属于自己的像样的首饰。当然，从另一个角度讲，作为男人，维尔特并不特别在乎自己是否拥有首饰，可问题是他爱他的妻子安妮。不久前，他曾郑重地向安妮承诺，在他们结婚三周年纪念日那天，他将送给妻子一串精美的水晶项链。维尔特向妻子做出上述承诺时，考虑的是接下来的一段时间，家里需要的正常开支，他都按计划悄悄留出了。只要随后的日子里生意正常，或者说稍微好一点，那么他就有能力把躺在小镇最著名的"黑蔷薇"珠宝店里的那串标价五百英镑的水晶项链带回家。

（维尔特对妻子安妮充满了爱，他的愿望是否会真的实现呢？）

然而，事情的发展往往与人们善良的愿望背道而驰。就在维尔特向妻子做出承诺的第二天，小镇上来了一个俄罗斯马戏团。或许是人们的注意力全被那些精彩的马戏表演吸引了，反正接下来的一段时间，维尔特的生意特别清淡。这样的结果是，在结婚三周年来临的前一天，维尔特才凑了三百八十英镑。

这天是维尔特和妻子结婚三周年的纪念日。上午，维尔特抽了个空，带上仅有的三百八十英镑，来到"黑蔷薇"，希望能和珠宝店的老板威尔斯商量商量，先赊欠一百二十英镑，把那串价值五百英镑的水晶项链带回家。

听了维尔特吞吞吐吐的诉说，威尔斯点了点头，又摇了摇头，说道："维尔特先生，您知道的，我做生意有个规矩：从不赊账！当然，我也理解您对您妻子的感情，这样吧，您看这串怎么样？"

说着，威尔斯从柜台的下边摸出一串款式一模一样的项链递给维尔特。

维尔特接过来一看，是一条仿制品，但它的制作工艺很不错，在外行眼里是根本看不出真假的。

"它的价值是八十英镑，如果您觉得不满意，等您存够五百英镑后可以再将它转让给别人，至少，现在您可以对您的妻子有个交代了……"威尔斯小心建议道。

维尔特听后，心里虽有不甘，最后也只得接受了威尔斯的建议，用八十英镑换回了那串仿制的水晶项链。

（虽然心有不甘，却也无可奈何。）

当天下午，维尔特才在工作台前坐定，他的老顾客安德鲁太太就笑吟吟地进来了。

安德鲁太太从精致的手提包里掏出一个小绸布包，放到维尔特的面前，问道："维尔特先生，您能把它们重新串起来吗？"

维尔特打开小绸布包一看，原来，安德鲁太太带来的正是他没能力购买的那串水晶项链。只不过，现在这串项链的丝线因某种原因断了，组成项链的一颗颗水晶珠散落在绸布上。

"没问题，二十分钟之内就能搞好。"维尔特边说边打开工作台的抽屉，开始寻找与项链相匹配的丝线。突然，他寻找丝线的手触摸到了一样东西——那串几可乱真的仿制水晶项链，他的心跳不由得莫名地快起来……

（维尔特为何会心跳加快？他想到了什么？请揣测一下他此时的内心活动。）

这时，安德鲁太太像平常一样，掏出一本小说，边看边在一旁的座椅上静静地等待。自从一年前不小心将一个价值五千英镑的钻戒遗落在维尔特的店里，维尔特捡到主动还给她后，安德鲁太太总是很信任维尔特。她从不像那些"不放心"的顾客，喜欢目不转睛地注视首饰匠的工作，生怕对方耍奸使滑。

再说此刻，维尔特正在串最后一颗水晶珠，虽然他的脸色很"正常"，但他的心却狂跳不止。终于，他还是禁不住邪念的诱惑，在把串好的水晶项链交给安德鲁太太前，"巧妙"地换成了自己为妻子买的那串仿制品。

"好了，安德鲁太太，您瞧，这样还可以吧？"维尔特尽量"平静"地把串好的"水晶项链"递给安德鲁太太，但他的声音还是带着一丝轻微的颤抖。

安德鲁太太盯一眼维尔特，仔细看了看手中的项链，夸赞道："简直和刚买时一模一样，您的手艺真是太好了，对了，多少钱？"

"三十英镑。"维尔特避开安德鲁太太的目光，小声地说。

"维尔特先生，我明白您需要钱，您没必要老是这样优惠我的，我还是给四十英镑吧，我知道其他首饰匠一般都收这个价的。"安德鲁太太好心地说。说话间，她把"水晶项链"小心地用绸布包好放回手提包。

"不、不，安德鲁太太，三十英镑足够了，您一直照顾我的生意，还这样慷慨……"说到这里，维尔特的心里矛盾极了：自己欺骗了安德鲁太太，安德鲁太太却仍这样好心相待，真是太不应该了……终于，维尔特一咬牙，对安德鲁太太说："对不起，安德鲁太太，您能把您的项链再给我一下吗——我忘了给它做最后的清洁了。"

（细致的心理描写，表现了维尔特此刻内心的矛盾、不安和惭愧。）

"当然！"安德鲁太太高兴地说，她很快又把那串项链交到了维尔特的手里。

维尔特装模作样地用清洁液把"水晶项链"清洁了一遍。趁安德鲁太太不注意，他终于又偷偷地把项链给调换了。

当维尔特再次把水晶项链交到安德鲁太太手里时，安德鲁太太舒心地笑了。突然，她又想起了什么，不好意思地说："维尔特先生，我出门时忘了带钱包了，三十英镑的工钱我明天给您可不可以？"

"当然可以了，对您，我还信不过吗？"维尔特觉得此刻自己一身轻松。

"您信得过我，我也不能不按规矩办事。这样吧，这项链我先留在您这儿，明天，等我带了工钱来，您再还给我。"安德鲁太太把水晶项链放到了维尔特的工作台上。维尔特忙摆手，道："安德鲁太太，您没必要这样的……"

但安德鲁太太仍坚持留下了项链，然后她意味深长地冲维尔特笑笑，走了。

（你从作者此处对安德鲁太太的神态描写中读出了什么？）

出乎维尔特意料的是，安德鲁太太两个小时后就派管家上门来了。维尔特原以为管家是来付工钱拿回水晶项链的，但管家只是将安德鲁太太的一封亲笔信交到了他的手里。

维尔特赶紧打开信一瞧，原来安德鲁太太是这样写的：

维尔特先生，当您看到这封信时，我"留在"您店里的那串水晶项链将永远属于您了。

其实，自从几天前我的丈夫决定全家人搬到伯明翰去居住时，我就考虑在离开小镇前为善良的您选一件小小的纪念品了。今天上午，当我在威尔斯店堂的内室试戴一款最新式的脚链时，我无意间"偷听"到了您和威尔斯先生在店堂外室的对话。于是我想那串真品水晶项链或许就是最好的纪念品了。

可是，不幸得很，当我把那串水晶项链带回家，还没来得及送给您，我那顽皮的小外孙已用剪刀把它剪断了。更不幸的是，我找来找去，四十八颗水晶珠最后只找到了四十七颗。不管怎样，最终我还是决定把它送给您。于是我来到了您的店里……

坦率地说，随后的那段时间里，尽管您装得很平静，但您紧张的神情、异样的声音，还是让我悄悄注意起了与往日"不一样"的您，我想看看您到底想干什么。结果我发现，交到我手里的那串"水晶项链"居然多了一颗，由四十七颗变成了四十八颗……那一刻我很失望，我甚至想揭穿您，又想也许您实在是太爱您的妻子了——而爱总是无辜的，于是尽管心里不舒服，我还是安慰自己，就当什么也没发生过吧。幸运的是，就在那时，奇迹出现了，您突然改变了主意，用"清洁"的借口，换回了我对您一如既往的好感……

维尔特先生，最后我想说的是，人难免都有被邪念控制的时候，重要的是能知错就改。我很高兴这串水晶项链最终能"真实地"送给您，但愿它能为您和您妻子的结婚纪念日带来欢乐与幸福……

点　评

　　故事悬念迭出，通过情节安排紧紧抓住读者的心。尤其是在维尔特为安德鲁太太串项链的过程中，读者情绪的波澜随着维尔特心理和行动的变化而起伏，时而心跳加速，时而暗暗叹息，最终欣慰地长出一口气。而结尾书信的安排，出人意料，又让一切真相大白，让人回味无穷。

　　除了精彩的心理描写，作者还插叙了维尔特归还安德鲁太太钻戒的内容，这无疑为维尔特最终的转变做了铺垫。当然，安德鲁太太的信任和善良也是维尔特转变的催化剂。文中对她的语言描写和细致的神态刻画，也给人留下了深刻印象。

　　故事中的维尔特，最终战胜了邪念的诱惑，现实生活中的你是否也经受过类似的考验？推荐阅读法国小说家莫泊桑的名篇《项链》，请感受它别样的魅力。

思考 探究

　　1.作者在叙事过程中，交代了"自从一年前不小心将一个价值五千英镑的钻戒遗落在维尔特的店里，维尔特捡到主动还给她后，安德鲁太太总是很信任维尔特"，有人认为这句话多余，完全可以删去，请谈谈你的看法。

　　2.安德鲁太太在给维尔特的信末写道："人难免都有被邪念控制的时候，重要的是能知错就改。"请结合故事相关内容，谈谈你对这句话的理解。

参 考 答 案

　　1.这句话不可以删去。从叙事技巧来看，这属于插叙。作者在叙述安德鲁太太当下行动时，很自然地插入了一年前发生的一件事。这既交代了安德鲁太太信任维尔特的原因，也说明了维尔特在本质上是一个诚实的人，更为下文写他归还安德鲁太太真项链埋下了伏笔。

　　2.（示例）维尔特曾主动归还捡到的安德鲁太太价值五千英镑的钻戒，却因想兑现对妻子的承诺，一时犯糊涂，用仿制品调换了安德鲁太太的水晶项链。维尔特感受着安德鲁太太的信任，在激烈的内心斗争后，他幡然醒悟，归还了安德鲁太太的真项链。他用自己的行为挽回了安德鲁太太的信任，意外获得了梦寐以求的水晶项链。

灵魂曝光

[美国] 马克·吐温

　　在美国西部有一座叫赫德莱堡的小镇。这个镇上的人向来以诚实著称于世。这个名声保持了三代之久，镇上的每一个人都为此自豪，他们把这种荣誉看得比什么都宝贵。

　　镇上有位德高望重的理查兹先生。这天他有事出门，理查兹太太一人待在家里。忽然，有一个长得很高大的陌生人，背着一个大口袋进来，很客气地对理查兹太太说："您好，太太。我是一个过路的外乡人，到赫德莱堡是想了却我多年以来的一桩心愿。"说着，陌生人把袋子放在地上，"请您把它藏好，不要让其他人知道。现在我该上路了，也许以后您再也见不到我了，不过没关系，袋子上系着一张字条，一切都在上面写着。"说完，陌生人退出屋子走了。

　　（开头部分就设置悬念，激发读者的阅读兴趣。这个陌生人的举动让人惊奇，他的袋子里装的是什么？那张字条上又会写些什么？）

　　理查兹太太感到很奇怪，见那个袋子上果然系着一张字条，忙解下来看，上面写着：

　　　我以前是一个赌徒，有一次我赌输了钱走投无路，在途经贵镇时，有位好心人救了我，他给了我二十块钱。后来我靠那二十块钱在赌场里发了大财。现在我一心想报答那个曾经给了我钱的人，可我不知道他是谁。我只记得他对我说过的一句话，我相信他也一定记得那句话。眼下我麻烦您用公开登报的方式帮我寻找，谁要是说得出那句话的内容，谁就是我的恩人，袋里的金币就归他所有。我把那句话写在袋子里的一个密封的信封里，一个月以后的星期五，请贵镇的柏杰士牧师在镇公所进行公开验证。

　　理查兹太太看完字条，心怦怦直跳。金币，整整一袋金币，她和丈夫做梦也没见到过这么多钱！可谁是那个恩人呢？她想如果是自己的丈夫该有多好。她忙将袋子藏好，一心盼着丈夫快点回家。

　　当天夜里，理查兹先生一回到家，太太忙将发生的事告诉了他。理查兹听了大为惊疑。当他亲眼看到那些金灿灿的金币时，他相信了，他兴奋地摸着那些金币，嘴里喃喃自语："差不多要值四万块！"

　　忽然，他脑子里闪过一个念头：把字条和袋里的信封烧掉，到时候如果陌生人来追问的话，我们就说没这回事。但这个坏念头只在他脑子里一闪而过，最终他还是决定去找本镇报馆的主编兼发行人柯克斯。

　　这一夜，理查兹夫妇在床上翻来覆去不能入睡，他们绞尽脑汁地想：到底是谁给了那外乡人二十块钱呢？想来想去，在这个镇上，只有固德逊才可能做这样的事，但固德逊早就死了。一想到固德逊已死，理查兹太太不由埋怨起丈夫来，她说他不该这样性急，把事情告诉柯克斯。老两口说到这儿，立刻翻身下床，解开那袋子。望着价值四万块的金币，理查兹先生心动了，决定马上再去找柯克斯，让他别发那消息。

　　再说柯克斯回到家，把这件事告诉了妻子。他们也认为只有已故的固德逊会把钱给一个不相识的外乡人。想到这儿，夫妇俩沉默了。过了好一会儿，他妻子轻声说："这件事除了理查兹夫妇和我们，就……就再没有别人知道了吧？"丈夫先是微微一怔，接着神情紧张地看了看妻子，会意地点了点头，随即披衣下床，急匆匆向报馆跑去。

　　（前面说镇上的人以诚实著称于世，且以此为宝贵的荣誉。而理查兹夫妇和柯克斯夫妇竟然都想把这些金币占为己有，已经暴露出他们的虚伪。）

他跑到报馆门口，正好碰上了匆匆赶来的理查兹。柯克斯轻声问道："除了我们，再没别人知道这桩事吗？"理查兹也轻声回答："谁也不知道。我敢保证。""那还来得及——"两人走进报馆，找到发邮件的伙计。谁知那伙计为赶今天的早班车，已提前把报纸寄出了。柯克斯和理查兹大失所望，垂头丧气地各自回家了。

第二天，报纸上市了，整个美国都轰动了，人们都在议论这件事，都在急切地等待着事态的发展：人们要看看，那袋金币究竟归谁所有。许多记者也闻讯前来采访，一时间，赫德莱堡这个小镇的名字举世皆知。镇上十九位头面人物更是笑逐颜开，奔走相告。他们为镇里出了理查兹这么个诚实的人而感到自豪。

然而三个星期过去了，镇上没有人出来申请领取这袋金币，理查兹更加肯定那个人就是固德逊了。这天，理查兹夫妇正闷坐在家里唉声叹气，邮递员给他们送来一封信。他们懒洋洋地拆开一看，顿时高兴得高声叫了起来："天哪，我们要发财啦！"只见信上写着：

我是一个外国人，与您素不相识。我在报上看到了那条消息，而我是唯一知道这个秘密的人。让我来告诉您，那个给钱的人是固德逊。那天我和他一同在路上走，碰到那个倒霉的外乡人，固德逊给了他二十块钱，还对他说了一句话。记着，那句话是："你不是一个坏人，快去悔过自新吧。"也许您奇怪我为什么要告诉您这个秘密，因为固德逊曾经向我提起，说您帮过他一个大忙，他一直想回报您。现在他既然死了，那么这笔原该属于他的钱应该归您。

理查兹夫妇把这封信看了一遍又一遍，尽管他们谁也想不起来如何帮助过固德逊，但还是兴奋地紧紧拥抱在一起。

（故事情节再次出现波折，也让读者又一次看到了这对夫妇的贪婪本质。）

但是，可怜的理查兹夫妇万万没有想到，就在他们收到这封信的同一天，镇上其他十八位头面人物也收到了同样的信。信的内容相同，笔迹也一样，只是信封上收信人的名字不同而已。

星期五终于到了。这天，镇公所装扮一新，一大早，镇公所的大厅里、过道上都坐满了人。一些头面人物被邀请坐在主席台上，台下坐着从四面八方来的记者。

柏杰士牧师走上讲台，他先讲了一通赫德莱堡的光荣历史，又讲了一通诚实的可贵，然后他宣布进行公开验证。这时全场鸦雀无声，人们瞪大了眼睛。只见柏杰士打开装满金币的袋子，从那封死的信封中取出信纸，高声朗读道："那句话是：'你不是一个坏人，快去悔过自新吧。'"接着，柏杰士牧师从衣服口袋里拿出一封信。他举起这封信说："我们马上就能知道真相了。这是毕尔逊先生给我的信，现在让我们看看他写了什么。"柏杰士拆开信封，拿出信，高声朗读起来："我对那位遭难的外乡人说的那句话是：'你不是一个坏人，快去悔过自新吧。'"

"哗——"全场一阵轰动，人们都用羡慕的眼神看着毕尔逊。大家想柏杰士应该宣布这袋金币归毕尔逊所有了，因此大家全都向前拥，想亲眼看看这一伟大的场面。

不料柏杰士牧师并没有马上宣布，他对大家说："我现在还不能宣布，因为我口袋中还有十几封信没有念呢。"此话一出，大家被弄糊涂了："什么，还有十几封？"于是一个劲地叫着："快念，快念。"

柏杰士便一封一封地念起来，每封信都写着："你不是一个坏人，快去悔过自新吧。"这些信的签名有银行家宾克顿、报馆主编柯克斯、造币厂老板哈克尼斯等，都是镇上赫赫有名的头面人物。人们终于明白，原来这是一场贪财的闹剧。会场里沸腾了，每当柏杰士念一封信，大伙就一起哄笑，这种哄笑在那些签过名的头面人物听来，简直比叫他们去死还难受。这时，可忙坏了台下的记者们，他们不停地写着，准备把这个特大新闻公之于众。

（你可以想象当时的场景：柏杰士念信的神情，大伙的大声哄笑，头面人物的尴尬与羞愧，记者们如获至宝的激动……）

坐在场子里的理查兹紧张极了，眼看柏杰士已经念了十八封信，不由得想："上帝呀，下一封该轮到我了！"他见柏杰士正伸手向衣袋里掏去，不禁害怕地闭上了眼睛。

可是，柏杰士在口袋里摸了半天，突然对大伙说："对不起，没有信了。"理查兹夫妇听到这句话简直比听到福音还要激动："上帝保佑，柏杰士把我们给他的信弄丢啦！"夫妇俩惊喜得连身子都发软了。

这时台下有一个人站起来说："我觉得这笔钱应该属于全镇最诚实廉洁、唯一没有受到那袋金币诱惑的人——理查兹先生。"他的话音刚落，场下响起一片掌声，这掌声使理查兹夫妇羞得几乎无地自容。

柏杰士从钱袋里捧出一把金币看了看，突然他的脸色变了，忙低下头去仔细察看，还拿了一块金币放在嘴里咬了一下，然后抬起头对大家说："上帝，这哪是什么金币，全是镀金的铅饼！"全场一下子又变得鸦雀无声了，接着就有人咒骂："该死的外乡人，该死的赌徒，他是在欺骗我们，耍弄我们！"会场混乱起来。

（故事情节再一次出现波折，你觉得在场的所有人会有一种怎样的感受？）

"安静，安静。"柏杰士忙用小槌敲打桌面，"钱袋底下还有一张纸，让我们来看看上面写了什么。"说着，他双手展开字条，大声念道：

赫德莱堡的公民们，其实根本没有什么外乡人，也没有什么二十块钱和金币。有一天我路过你们这里，受到了你们的侮辱，我发誓要报复你们，报复你们整个镇的人。后来，我发觉你们并不像传说中那么诚实，而是到处隐藏着虚伪和欺诈，因此，我故意设了这个圈套，目的是让你们镇里最有名望的人出丑，让这个所谓诚实的镇在全国出丑。

柏杰士读到这里，不由得低下了头，说："他赢了，他的那袋假金币把我们全镇的人都打败了！"

"不，有一个人他没有打败，那就是理查兹先生。"

说话的人话音刚落，赫德莱堡的人突然像被注射了一针强心剂，一起高叫起来："理查兹万岁，万岁理查兹！"他们为镇上还有这么一位不受金币诱惑的公民而自豪。人们拥过来，把理查兹先生扛到了肩上。

柏杰士也从沉重的打击中清醒过来，说道："对，我们应该为理查兹先生庆功。我建议，我们立即当众拍卖这袋假金币，把拍卖所得的钱全部赠送给理查兹先生！"他的建议立刻得到大家的赞同。拍卖由一块钱起价，十二块，二十块，一百块，最后这袋假金币由造币厂老板哈克尼斯以四万块买去。

理查兹夫妇做梦也没想到，这袋不值几个钱的铅饼竟能卖到四万块，而且这钱还是归他们所有。散会后，人们唱着歌，把理查兹夫妇送到家中，当然还有那张四万块的现金支票。

理查兹夫妇得到这笔钱后，反而睡不好觉，吃不好饭。这天，柏杰士托人送来一封信。理查兹赶忙关上房门，拆开信来看：

那天我是存心救你，你的信我并没有丢失。我之所以这么做，是为了报答你曾经挽救过我的名誉。我是一个知恩必报的人。

理查兹看完这封信，顿觉天旋地转。他想，完了，自己的把柄落在了柏杰士的手里。他不是说"我是一个知恩必报的人"吗？这很明显是在暗示我要报答他。天哪，这该死的钱，该死的诱惑！

从此，理查兹夫妇时刻经受着悔恨和怕事情败露的双重折磨，不久就患重病去世了。赫德莱堡的人不禁叹息："唉，可怜的理查兹夫妇没有福气啊，他们可是我们镇最诚实的人啊！"

点 评

处处设置悬念，一波三折，充满吸引力。阅读过程中，故事情节往往出乎意料，又在情理之中，不时使人哑然失笑。小镇上这十八个道貌岸然的头面人物，在本质上竟然一个个自私、虚伪、贪婪。而人们还不知道的是，他们心中德高望重的理查兹和身为牧师的柏杰士，其实和那些人是一丘之貉。

在结构安排上，作者巧妙地插入两张字条和两封信，既补充说明了相关内容，也使得故事的叙述节奏有了变化。同时，除了人们对理查兹和柏杰士的认识前后呼应外，理查兹对"金币"价值的估计与假金币拍卖所得也形成了照应。

在作者幽默讽刺的笔触下，金钱成了人性的试金石，在一袋"金币"面前，许多人丑陋的灵魂曝光了。推荐阅读马克·吐温另一名篇《百万英镑》，进一步品味作者如何把金钱对社会的污染乃至人性的扭曲刻画得入木三分。

思考 探究

1. 这篇小说情节跌宕起伏、引人入胜，是靠作者在叙事中设置悬念来完成的。请具体找出几处，谈谈它的表达效果。

2. 马克·吐温的小说常以辛辣的讽刺见长，这一特点在此篇中也表现突出。请你从文中任选出两例，加以简要赏析。

参 考 答 案

1.（示例）①"德高望重"的理查兹收到陌生人的一袋金币和信件，会怎样处理？②公证这天，到底哪位"好心人"能得到这袋金币？③作为公证人，柏杰士为何不宣读理查兹的信？④理查兹夫妇保住荣誉得到拍卖所得后，又会发生怎样的事？这些悬念的设置，使得故事波澜起伏，推动了情节的发展，激发了读者的阅读兴趣。同时，这些悬念的破解，既出人意料又符合情理，使得人物的表现前后对照，极具讽刺意味。

2.（示例）①柏杰士身为牧师却品德低下，作为公证人却不公正，他当众不读理查兹的信，过后又给理查兹写了一封致命的信，表现了他的虚伪和卑劣，揭露了人性的丑陋。②理查兹"德高望重"，被人们称为"诚实的人"，其私下的心思、行为却极为丑恶、卑劣，这分明是表里不一；作者还使用夸张手法写到理查兹夫妇的死亡，这也是对贪婪和虚伪人性的无情嘲讽，深化了小说批判现实生活中假丑恶的主题。

小精灵

［美国］劳伦斯·威廉斯

即使在这么明显的麻烦中，被警察紧紧地抓住手腕，强尼的眼神依旧是那么自然、坚定，一副不在乎的样子。卡斯楚曾经看到过这种眼神，他明白它们意味着什么，因此他立刻做了一个决定。

"你大概搞错了吧！卡尔，"卡斯楚微笑着对警察说，"这个男孩并没有拿我的锁。"

卡尔不耐烦地摇着他的大头，"别耍我，卡斯楚先生，"他说，"我明明看见他从你的架子上拿的！"

"当然啦，他是从架子上拿的，是我叫他去拿的。"

卡斯楚轻松地编造了一个谎话，他一向精于此道。卡尔并没有放开男孩的手。

（你可能会对作者说卡斯楚精于编谎话感到奇怪，也对他为何说谎感到不解。）

"你正在铸成大错，你知道吗，卡斯楚？"卡尔大声地说，"他已经不是第一次行窃。如果你现在不提出控告，只会使他变本加厉。你应该比其他人更明白的。"卡斯楚回想起自己的过去——那些曾经被记录在案的往事，他瘦削的脸上露出宽容的微笑。

"但是，我不想提出任何控告，卡尔。"他说。

"你看！"警官突然打断他的话，"你以为这么做是在给小孩子一个机会吗？因为他只有十四五岁吗？我告诉你，大错特错！你只是让他再回到法兰克·佛森的手下，让那个恶棍再教他更多犯罪的伎俩罢了！我们这一带的情况你是知道的，卡斯楚。小孩们把佛森奉为英雄，而他正把他们聚结成一群不良少年来供他驱使。如果是佛森本人，难道你也要袒护他吗？"

卡斯楚脸上的笑容顿时失去了大半，他透过玻璃橱窗望着外面的街道。

（你认为卡斯楚脸上为何失去了大半笑容？他此刻会想到些什么？）

"不，"他轻轻地说，"不，我绝不会袒护佛森。但我们现在讨论的并不是佛森，我们说的是强尼——当我叫他去取锁时却被你误认为小偷的那个男孩。"

卡尔不想再做任何争辩。他瞪着卡斯楚那张固执的脸孔，过了几秒后便放开强尼的手腕，转过他那肥胖的身子，走出店门。他们两人——一个是六十岁的老人，一个是十四岁的小鬼，仿佛有了无言的默契，一直等到沉重的脚步声消失在门外。此时，卡斯楚摊开手掌。

"现在，"他用认真的语气说，"你可以把锁还给我了吧。"强尼一语不发地松开手腕，把锁挂回架子上。

卡斯楚说："这只是一个普通的锁头，把你的鞋带给我。"

卡斯楚命令的口吻使强尼不得不弯下腰，解下又破又脏的鞋子的鞋带。卡斯楚拎起鞋带，检查了一下有金属头的一端，把它夹在手指中间，像夹铅笔那样。然后，他把鞋带的另一端插进钥匙孔里。他的手指轻轻挑动了三四下，锁头"啪"的一声就开了。强尼惊讶地探过头来。

（对卡斯楚的动作描写非常细致，表现了他开锁技艺的高超。）

"嘿，你怎么弄的？"他问。

"别忘了！我是一个锁匠。"

小男孩的表情立刻变了。

"嘿，你不只会这样吧！"强尼马上接口说，"我记得佛森提起过你，他说你以前曾是保险箱大盗——最伟大的保险箱大盗！"

"以前的兄弟是这么称呼我的。"卡斯楚顺手把东西整理了一下，"强尼，我们来谈个交易如何？刚刚我已经对你略施小惠了，我需要一个孩子来替我看店，每天三小时，放学以后来，星期六则是全天。我每小时付七十五美分，你想不想做？"

强尼脸上好奇、惊异的表情这时变成不屑一顾的神色。

"如果我需要钱的话，我知道该怎么去弄。才不要整个礼拜为了工作而操劳呢！"

"而且，如果你找不到门路，"卡斯楚接着说，"你的朋友佛森也一定能帮你，对吗？"

那种骄矜、自恃的神色又出现在强尼的脸上。

（从强尼的语言和表情变化中，你感受到了他怎样的心理变化？）

"没错！"他说，"他很厉害的。"

卡斯楚露出轻蔑的笑容。

"厉害？那种偷银行的小把戏也算本事？我敢说，不出一年，他就会锒铛入狱。"

强尼仰着头说："不可能！"

"好吧，"卡斯楚的口气变得严厉了，"我不再给你建议了，给你看一样东西。"他从柜子底下找出一本泛黄的报纸剪贴簿，把它摊开。

"保险柜大盗之王。"卡斯楚指给小孩看，表情缓和多了，微微地笑着。"强尼，我不会傻到把其中的奥秘告诉你的，连佛森都一无所知。我已经把它们写在回忆录里。"卡斯楚继续说，"我把那本活页笔记簿放在房间的一个上了锁的抽屉里，我所知道的各种技巧都写在里面，等我死了就会出版。那时，一夜之间，包括小偷、大盗、锁匠等每个人都会知道。当然，只要每个人都知道，里面的秘密就没有用了。"

（你认为卡斯楚为什么要告诉强尼这些？）

强尼若有所思地摇摇头，"唉——"他说，"你本来可以大捞一票的，为什么不……"

"大捞一票？"卡斯楚插嘴说道，"没错，别人口袋里的二十五万美元。可是，那得花二十年的工夫才偷得到。其中还要扣掉一半的开销，至少一半，到最后，我每年只能存下两千美元。按照正常的情况，这家五金店的收入比那个好多了。去年，我赚了超过三倍的钱。"

"等一下！我还有话说，"强尼说，"你本来可以赚更多的。"

"是吗？"卡斯楚先生向他笑了一下，"也许我忘了告诉你，我被关了二十三年，使我的平均收入大大降低了。"

"二十三年……你怎么会被捉呢？"

"人算不如天算啊！迟早会有出错的一天。愈早犯错，就愈容易回头。没有人是绝顶聪明的，强尼——你不是，你的好朋友佛森也不是。"

强尼渐渐又露出自恃、固执的神色。

"那是你认为的，"他说，"你不知道世上还有许多聪明人，他们根本不会被抓。"

"再见吧，强尼。"卡斯楚失望地说，"我要工作了。"

（想一想，卡斯楚为何会失望？）

第二天晚上，大约深夜一点钟左右，卡尔警官已经在卡斯楚的房里埋伏了两个晚上。他握着左轮手枪，轻轻地走上前，在佛森拿到那本笔记簿之前，将他逮捕。隔天下午，卡斯楚先生正在看一本活页笔记簿。强尼放学经过他的店前。

"进来吧，强尼。"他说。

男孩慢慢地走近柜台。

"我听说佛森搬走了，搬到市立监狱去了。现在，终于逮到这个大傻瓜了。他破门而入就是想偷这本笔记簿。

"他大概以为这本小簿子里有什么大秘密吧！记得我好像跟你说过一个有关回忆录的笑话。其实，现在谁不晓得，像我这样的人怎么可能写回忆录呢？如果写了，便会引起人们邪恶的念头，不是吗？偏偏有佛森那种傻瓜。有一天，我会找时间告诉他，我这本笔记簿里面全是账单。"

强尼一语不发。他敏锐的眼睛盯着卡斯楚的脸，在他的眼中流露一种与过去完全不同的眼神——一种崇拜、尊敬的眼神。

"也许，大部分人并非想象中那么聪明吧！"他轻声地说。

点 评

　　故事主要由人物对话组织而成，前三分之一大多是卡尔警官和五金店主卡斯楚关于如何处置小偷强尼的对话，后三分之二主要是六十岁的卡斯楚和十四岁的强尼关于生活之路和人生认识的对话。在描写人物对话的过程中，作者对他们神态变化的细致刻画，前后多处照应，表现了人物内心活动的微妙变化。

点评

　　题目"小精灵"指谁呢？无疑应指强尼，他不仅在与卡斯楚的对话中能言善辩，而且很快领悟了对方教给他的人生道理。而年少时的卡斯楚，也曾是一个"小精灵"吧？只是那时的他，可能缺少了真诚的呵护和引导。

思考 探究

　　1.阅读全文，在括号中补写表现强尼眼神（神色）变化的词语，并分析它的作用。

自然、坚定 ——→（ ① ）——→ 骄矜、自恃 ——→（ ② ）

　　2.卡斯楚先生的形象鲜明而独特，请结合文本具体内容，简要分析他的性格特点。

参考答案

　　1.①好奇、惊异　②崇拜、尊敬

　　这些神情变化描写表现了强尼内心的变化和聪明、倔强的性格，也反映了佛森对他的影响，更显示了卡斯楚先生引导教育强尼产生的效果和意义。

　　2.（示例）①热心善良：他用说谎的办法，让警察放过强尼，想方设法帮助强尼转变。②迷途知返：他曾是保险箱大盗，经过改造重新做人，以自食其力为荣。③有耐心和爱心。面对强尼的骄矜和拒绝，他沉着冷静，一心想引导他走上正路。④富有智谋：他设计帮警方抓获佛森，最终挽救了强尼。

第四十一个

文　泉

　　在阿尔卑斯山麓有个著名的修道院，叫作圣伯纳修道院。院长凡蒂斯是个很有学问、很善良的老人。他从事慈善事业，驯养了一只身高力大的救生犬。由于这只救生犬浑身像炭一般黑，他为它起名叫黑蒙。

　　大雪封山的季节，常有人在山里遇险。凡蒂斯院长一收到求救讯息，就在黑蒙的脖子上套上救生袋——里面装有烈酒、香肠、面包等物，然后把遇险者的衣物给它嗅。这一切妥当之后，黑蒙就箭一般飞跑进深山里。它一路追踪着遇险者的气息，直到找到遇险者为止。

　　（"黑蒙就箭一般飞跑进深山里"，运用比喻修辞，生动形象，可见黑蒙飞奔之迅捷。）

　　遇险者看见黑蒙就如同看见了救星，他们解开黑蒙带来的袋子，用烈酒驱寒，用药膏擦冻疮，用香肠和面包充饥，然后，随黑蒙走出深山丛林，来到圣伯纳修道院。如果遇险者走不动，黑蒙身上的袋子里还有笔和纸，遇险者在纸上写清自己的情况及需要，黑蒙就会将那张求救纸带回来，再由救护人员赶到现场解救。

几年来，黑蒙救出过四十个人，它的名气越来越大了。

这是一个寒冷的冬天，阿尔卑斯山被大雪覆盖，业余登山运动员华生特在一次雪崩中失踪了。

登山俱乐部的负责人拿着华生特进山前脱下的一件衬衫，急匆匆地赶来向凡蒂斯院长求助。凡蒂斯院长立即找来黑蒙，给它喂了几磅牛奶和牛肉，又让它闻了华生特衬衫上的气味。

黑蒙对这一切很熟悉，它蹲在院长面前，院长亲手为它挂上救生袋，它湿润的眼睛里透着严肃和庄重。院长像给一名敢死队员送行那样吻它、拥抱它，并按宗教仪式，在它的额头上画了十字，祝福它出征顺利、一路平安。接着，他向黑蒙伸出手，黑蒙礼貌地伸出舌头吻了一下。

"孩子，去吧！这是第四十一个！"院长向黑蒙轻轻一挥手，喃喃说道。

黑蒙像一道闪电，很快隐入白雪皑皑的阿尔卑斯山区。它像往常一样，对自己的任务充满了信心。

（"黑蒙像一道闪电"，再次运用比喻修辞，生动形象地写出了黑蒙动作的迅速。）

黑蒙爬过三道雪障，靠着只有它才能辨别出的气味辨别方向，终于找到了业余登山运动员华生特。

在一丛覆盖着白雪的灌木旁散落着华生特的风帽、雪镜、登山拐杖、食物袋和地图囊，华生特本人却被埋在雪里。大雪盖住了他的身子，他仰面躺着，只露出一张脸，上面结着一层薄薄的冰。

黑蒙蹲在华生特旁边——是他，刚才闻到的衬衫上的味道也是这样的。它定下心来，它自己也需要喘息。

黑蒙伸出血红的舌头，发散浑身的热气，期待着华生特起来，与以往的遇险者一样，取出它身上救生袋里的食物，填饱肚子、恢复体力，然后跟它回去。

黑蒙缓过了劲，然而华生特却没有起来的意思。黑蒙绕着华生特走了几圈，开始拱雪。

黑蒙凑到华生特的鼻子跟前嗅了一阵，突然灵机一动，伸出舌头舔他的脸，一股彻骨的冰冷从舌尖传到心里。

它停了停，缩回舌头，等到冰凉的舌头在嘴里焐热了，又伸出来，紧紧地贴在华生特的脸上。它心里明白，只要华生特醒来，情况将会好转。

华生特在饥渴中倒下，在无力挣扎的情况下渐渐失去知觉。现在，黑蒙身上的热量通过它的舌头传到他的头部，刺激了脑神经，使他恢复了知觉。

华生特不能转动僵硬酸麻的脖子，也不能完全睁开眼睛，他产生的第一个念头是——狼！

华生特吓得差一点儿晕过去。他知道狼的本性。有一些猎人、采药者、探险家不是在山里被狼吃掉了吗？雪崩发生时，他甩掉了身上所有的包裹，只将一把锋利的匕首紧紧握在手中。现在新的险情迫使他积聚起全身的力气，抽出被雪盖住的右臂，举起锋利的匕首——刷的一道寒光，刺进黑蒙的胸膛……

黑蒙两眼直翻。在毫无思想准备的情况下，突然遭到致命的一击，这是它以往的救生活动中从来没有碰到过，也万万料想不到的。在那一瞬间，它明白了眼前发生的一切，一阵剧痛使它发出一声野性的、粗犷的怒吼，山谷里传来低沉的回声。

黑蒙发疯似的绕着华生特毫无目的地跳着，鲜血染红了白雪。它懊丧、怨恨、愤怒、痛苦……突然，它转过身子，睁着血红的眼睛，张开大嘴，露出雪白尖锐的牙齿，扑向华生特的咽喉……

然而它又突然停住了。它闭上嘴巴，两只眼里的凶光渐渐散去——它看见华生特紧闭双目眩晕过去了。

黑蒙垂着头，它无法咬去插在胸膛的匕首。这时，它突然涌起一股强烈的感情，希望赶快回到它的主人——凡蒂斯院长的身边。

它头也不回地顺着来路，踉踉跄跄地向圣伯纳修道院跑去，一路滴着血……

（此时的黑蒙是"踉踉跄跄"地"跑去"，与来时敏捷的动作形成鲜明对比，可见它承受着极大的痛苦。）

凡蒂斯院长做完晚祷，正在等待黑蒙回来。当他听到门外有轻微的断断续续的叩击声，好像有什么东西在抓挠时，立即迫不及待地打开了门。

门一开，呼的一声，黑蒙向他扑过来，倒在他的脚下，一条长长的血迹从黑蒙身后一直延伸向远处。

院长惊呆了，他旋即明白黑蒙遭遇了不幸。

他蹲下身，看见黑蒙胸口插着匕首，刀尖虽然没有触及心脏，却切断了动脉，黑蒙的血几乎流干了。

院长悲痛万分。他把匕首拔下来，仔细辨认，发现在这把精致的芬兰刀的刀柄上刻着华生特的名字。

此时黑蒙已气息欲绝，它低低地呜咽了一声，那双潮湿的眼睛定定地望着凡蒂斯院长，好像在回忆这几年来朝夕相伴的生活。院长心头酸痛，他颤抖着向黑蒙伸出手。但与以往不同的是，这次黑蒙已无力伸出舌头来礼貌地回报主人的爱抚。它只是轻轻地动了动头，把脸贴在院长的手背上，吐出了它最后的几口气，渐渐停止了呼吸。

黑蒙死了。华生特活下来了。顺着黑蒙的血迹，救援人员找到了华生特。

华生特的误会，使他犯下了令他终生悔恨的错误。但一切都已过去，人世间的一切都不容更改，没有任何人能让生命重来一遍……

黑蒙被葬于修士墓地。四十一个被救者，包括华生特在内，自动捐献资金，为黑蒙修建了坟墓，立了墓碑，上面刻着黑蒙救出的四十一个遇险者的名字。在墓碑的最后部分，华生特刻上了英国诗人拜伦的诗句——"你有人类的全部美德，却毫无人类的缺陷"。

点评

这是一个让人感动又痛惜的故事。作者善于设置悬念，使故事波澜起伏：凡蒂斯院长让黑蒙去救华生特，它能否完成任务？华生特的匕首刺进了黑蒙的胸膛，它会怎么样？作者还描写了出发前和归来后黑蒙的眼睛、神态、动作和院长的举动，前后呼应，又有所变化，让人感慨不已。而黑蒙救助华生特却被他用匕首刺中的情节，更是写得细致入微，令人扼腕叹息。

点 评

文末拜伦的诗句发人深思，面对动物，人类有时不得不感到惭愧。

推荐阅读：郑振铎的《猫》、沈石溪的《斑羚飞渡》、姜戎的《狼图腾》。

思考 探究

1. 小说写到院长为黑蒙送行和院长与黑蒙死别两个场景，请选择其一，结合具体内容，谈谈你对这些描写的作用的理解。

2. 小说结尾引用了拜伦的诗句，请结合文本内容，谈谈你对"美德"和"缺陷"这两个词语内涵的理解。

参考答案

1.（示例①）：在送行的场景中，作者写黑蒙的眼睛"透着严肃和庄重"，"伸出舌头吻"院长的手，这些神态和动作描写表现了黑蒙的责任感和极通人性；而院长"吻它、拥抱它""祝福它"的动作描写，表现了送行仪式的庄严，也让读者感受到了院长对黑蒙的怜爱。

（示例②）：在死别的场景中，作者写到黑蒙"低低地呜咽"，"定定地望着"院长，"脸贴在院长的手背上"，吐出最后几口气，这些神态和动作描写表现了黑蒙的痛苦和对院长的不舍；而院长"心头酸痛"，伸向黑蒙的手"颤抖着"，可见他内心的痛苦和对黑蒙的不舍。

2."美德"指救生犬黑蒙身上表现出的聪明、勇敢、宽容、忠于职守等高尚品质，而"缺陷"指人类身上存有的自私、冷漠、猜疑和狭隘的心理。

苦 恼

［俄国］契诃夫

汝 龙 译

暮色昏暗。大片的湿雪绕着刚点亮的街灯懒洋洋地飘飞，落在房顶、马背、肩膀、帽子上，积成又软又薄的一层。车夫约纳·波塔波夫周身雪白，像是一个幽灵。他在赶车座位上坐着，一动也不动，身子往前偻着，偻到了活人的身子所能偻到的最大限度。即使有一个大雪堆倒在他的身上，他也会觉得不必把身上的雪抖掉似的……他那匹小马也是一身白，也是一动都不动。它那呆呆不动的姿势、它那瘦骨嶙峋的身架、它那棍子般直挺挺的腿，使它活像那种花一个戈比就能买到的马形蜜糖饼干。它多半在想心事——不论是谁，只要被人从犁头上硬拉开，从熟悉的灰色景致里硬拉开，硬给丢到这儿来，丢到这个充满古怪的亮光、不停的喧嚣、熙攘的行人的旋涡当中来，那他就不会不想心事……

（开篇的环境描写有什么作用？作者写车夫约纳"像是一个幽灵"，写他那匹小马"活像那种花一个戈比就能买到的马形蜜糖饼干"，从这两个比喻中你读到了什么？）

约纳和他的瘦马已经停在那个地方很久没动了。他们午饭以前就从大车店里出来，但至今还没拉到一趟生意。可是现在傍晚的暗影已经笼罩全城，街灯暗淡的光已经变得明亮生动，街上也变得热闹起来了。

"赶车的，到维堡区去！"约纳听见了喊声。

约纳猛地哆嗦了一下，从粘着雪花的睫毛里望出去，看见一个军人，穿一件带风帽的军大衣。

"到维堡区去！"军人又喊了一遍，"你睡着了还是怎么的？到维堡区去！"

为了表示同意，约纳就抖动一下缰绳，于是从马背上和他的肩膀上就有大片的雪撒下来……那个军人坐上了雪橇。车夫吧嗒着嘴唇叫马往前走，然后像天鹅似的伸长了脖子，微微欠起身子，与其说是由于必要，不如说是出于习惯地挥动一下鞭子。那匹瘦马也伸长脖子，弯起它那像棍子一样的腿，迟疑地离开原地走动起来了……

"你往哪儿闯，鬼东西！"约纳立刻听见那一团团川流不息的黑影当中发出了喊叫声，"鬼把你指使到哪儿去啊？靠右走！"

"你连赶车都不会！靠右走！"军人生气地说。

一个赶轿式马车的车夫破口大骂。一个行人恶狠狠地瞪了他一眼，抖掉自己衣袖上的雪，行人刚刚穿过马路，肩膀撞在那匹瘦马的脸上。约纳在赶车的座位上局促不安，像是坐在针尖上似的，他往两旁撑开胳膊肘，不住地转动眼珠，就跟被鬼附了体一样，仿佛他不明白自己是在什么地方，也不知道为什么在那儿似的。

（你从黑影中的喊叫、轿式马车夫的大骂和行人的瞪眼，感受到了什么？）

"这些家伙真是混蛋！"那个军人打趣地说，"他们简直是故意来撞你，或者故意要扑到马蹄底下去。他们这是互相串通好的。"

约纳回过头去瞧着乘客，努动他的嘴唇。他分明想要说话，然而从他的喉咙里却没有吐出一个字来，只发出嗞嗞的声音。

"什么？"军人问。

约纳撇着嘴苦笑一下，嗓子眼用一下劲，这才沙哑地说出口："老爷，那个，我的儿子……这个星期死了。"

"哦……他是害什么病死的？"

约纳掉转整个身子朝着乘客说："谁知道呢，多半是得了热病吧……他在医院里躺了三天就死了……这是上帝的旨意哟。"

"你拐弯啊，魔鬼！"黑地里发出了喊叫声，"你瞎了眼还是怎么的，老狗！用眼睛瞧着！"

"赶你的车吧，赶你的车吧……"乘客说，"照这样走下去，明天也到不了。快点走！"

车夫就又伸长脖子，微微欠起身子，用一种稳重的优雅姿势挥动他的鞭子。后来他有好几次回过头去看他的乘客，可是乘客闭上眼睛，分明不愿意再听了。他把乘客拉到维堡区以后，就把雪橇赶到一家饭馆旁边停下来，坐在赶车座位上伛下腰，又不动了……湿雪又把他和他的瘦马涂得满身是白。一个钟头过去，又一个钟头过去了……

（从午饭前到傍晚，约纳终于拉了一单生意。他似乎有了诉说的对象，却被行人打断，军人也不愿意听，第一次倾诉失败了。）

人行道上有三个年轻人路过，把套靴踩得很响，互相诟骂，其中两个人又高又瘦，第三个却矮而驼背。

"赶车的，到警察局去！"那个驼子用破锣般的声音说，"一共三个人……二十戈比！"

约纳抖动缰绳，吧嗒着嘴唇。二十戈比的价钱是不公道的，然而他顾不上讲价了……一个卢布也罢，五戈比也罢，如今在他都是一样，只要有乘客就行……那几个青年人就互相推搡着，嘴里骂声不绝，走到雪橇跟前，三个人一齐抢着到座位上去。这就有一个问题需要解决：该哪两个坐着，哪一个站着呢？经过长久的吵骂、变卦、责难以后，他们总算做出了决定：让驼子站着，因为他最矮。

"好，走吧！"驼子站在那儿，用破锣般的嗓音说，对着约纳的后脑壳喷气。

"快点跑！嘿，老兄，瞧瞧你的这顶帽子！全彼得堡也找不出比这更糟的了……"

"嘻嘻……嘻嘻……"约纳笑着说，"凑合着戴吧……"

"喂，你少废话，赶车！莫非你要照这样走一路？是吗？要给你一个脖儿拐吗？"

"我的脑袋痛得要炸开了……"一个高个子说，"昨天在杜克玛索夫家里，我跟瓦斯卡一块儿喝了四瓶白兰地。"

"我不明白，你何必胡说呢？"另一个高个子愤愤地说，"他胡说八道，就跟畜生似的。"

"要是我说了假话，就叫上帝惩罚我！我说的是实情……"

"要说这是实情，那么，虱子能咳嗽也是实情了。"

"嘻嘻！"约纳笑道，"这些老爷真快活！"

"呸，见你的鬼！"驼子愤慨地说，"你到底赶不赶车，老不死的？难道就这样赶车？你抽它一鞭子！唷，魔鬼！唷！使劲抽它！"

约纳感到他背后驼子扭动的身子和颤动的声音。他听见那些骂他的话，看到这几个人，孤单的感觉就逐渐从他的胸中消散了。驼子骂个不停，诌出一长串稀奇古怪的骂人话，直骂得透不过气来，连连咳嗽。那两个高个子讲起一个叫娜杰日达·彼得罗芙娜的女人。约纳不住地回过头去看他们。正好他们的谈话短暂地停顿一下，他就再次回过头去，嘟嘟哝哝说："我的……那个……我的儿子这个星期死了！"

"大家都要死的……"驼子咳了一阵，擦擦嘴唇，叹口气说，"得了，你赶车吧，你赶车吧！诸位先生，照这样的走法我再也受不住了！他什么时候才会把我们拉到呢？"

（在对方的羞辱和骂声中，约纳还想诉说心中的痛苦，结果又被粗暴地打断了。）

"那你就稍微鼓励他一下……给他一个脖儿拐！"

"老不死的，你听见没有？真的，我要揍你的脖子了！跟你们这种人讲客气，那还不如索性走路好了！你听见没有，老头？莫非你根本就不把我们的话放在心上？"

约纳与其说是感到，不如说是听到他的后脑勺上啪的一响。

"嘻嘻……"他笑道，"这些快活的老爷，愿上帝保佑你们！"

"赶车的，你有老婆吗？"高个子问。

"我？嘻嘻……这些快活的老爷！我老婆现在成了烂泥地啰……哈哈哈……在坟墓里……现在我的儿子也死了，可我还活着……这真是怪事，死神认错门了，它原本应该来找我，却去找了我儿子……"约纳回转身，想讲一讲他儿子是怎样死的，可是这时候驼子轻松地呼出一口气说："谢天谢地，终于到了。"

（拉到了第二单生意，似乎又有了诉说对象。结果三个年轻人根本不想听他讲述儿子的死，第二次倾诉还是失败了。）

约纳收下二十戈比以后，久久地看着那几个游荡的人的背影，后来他们走进一扇黑暗的大门，不见了。他又孤身一人了，寂静又向他侵袭过来……他的苦恼刚淡忘不久，如今又出现，更有力地撕扯他的胸膛。约纳的眼睛不安而痛苦地打量街道两旁川流不息的人群：在这成千上万的人当中，有没有一个人愿意听他倾诉衷肠呢？然而人群奔走不停，谁都没有注意到他，更没有注意到他的苦恼……那种苦恼是广大无垠的。如果约纳的胸膛裂开，苦恼滚滚地涌出来，那它仿佛就会淹没全世界，可是话虽如此，它却是人们看不见的。

这种苦恼竟包藏在这么一个渺小的躯壳里，就连白天打着火把也看不见……约纳瞧见一个扫院子的仆人拿着一个小蒲包，就决定跟他攀谈一下。

"老哥，现在几点钟了？"他问。

"九点多钟……你停在这儿干什么？把你的雪橇赶开！"

约纳把雪橇赶到几步以外去，伛下腰，听凭苦恼来折磨他。他觉得向别人诉说也没有用了。可是五分钟还不到，他就挺直身子，摇着头，仿佛感到一阵剧烈的疼痛似的。他拉了拉缰绳，他受不住了。

（约纳想向也处于社会底层的扫院子的仆人倾诉痛苦，结果这一愿望也没能实现，这是第三次碰壁。）

"回大车店去？"他想，"回大车店去！"

那匹瘦马仿佛领会了他的想法，就小跑起来。大约过了一个半钟头，约纳已经在一个肮脏的大火炉旁边坐着了。炉台上、地板上、长凳上，人们鼾声四起，空气又臭又闷。约纳瞧着那些睡熟的人，搔了搔自己的身子，后悔不该这么早就回来。

"连买燕麦的钱都还没挣到呢，"他想，"这就是我会这么苦恼的缘故了。一个人要是会料理自己的事，让自己吃得饱饱的，自己的马也吃得饱饱的，那他就会永远心平气和……"墙角上有一个年轻的车夫站起来，带着睡意清了清喉咙，往水桶那边走去。

"你是想喝水吧？"约纳问。

"是啊，想喝水！"

"那就痛痛快快地喝吧……我呢，老弟，我儿子死了……你听说了吗？这个星期在医院里死掉的……竟有这样的事！"

约纳想看一下他的话产生了什么影响，可是一点影响也没看见。那个青年人已经盖好被子，蒙上头，睡着了。老人就叹气，搔他的身子，如同那个青年人渴望喝水一样，他渴望说话。他的儿子去世快满一个星期了，他却至今还没有跟任何人好好地谈一下这件事。应当有条有理、详详细细地讲一讲才是，应当讲一讲他的儿子怎样生病，多么痛苦，临终说过些什么话，怎样死掉，应当描摹一下怎样下葬，后来他怎样到医院里去取死人的衣服。他有个女儿阿尼霞住在乡下，关于她也得讲一讲……是啊，他现在可以讲的还会少吗？听的人应当惊叫，叹息，掉泪…… 要是能跟娘们儿谈一谈，那就更好了。她们虽然都是蠢货，可是听不上两句就会哭起来。

（约纳想给同样赶马车的同行诉说一下心中的痛苦，结果对方竟然睡着了，第四次倾诉就这样失败了。）

"去看一看马吧，"约纳想，"要睡觉，有的是时间……不用担心，总能睡够的。"

他穿上衣服，走到马房里，他的马就站在那儿。他想起燕麦、草料、天气……关于他儿子，他独自一人的时候是不能想的，跟别人谈一谈倒还可以，至于想他，描摹他的模样，那太可怕，他受不了……"你在吃草吗？"约纳看见了它那发亮的眼睛，问他的马。"好，吃吧，吃吧……既然买燕麦的钱没有挣到，那咱们就吃草好了……我已经太老，不能赶车了。该由我的儿子来赶车才对，我不行了，他才是个地道的马车夫……他活着就好了……"约纳沉默了一会儿，继续说，"就是这样嘛，我的小母马，库兹玛·姚内奇不在了……他下世了……他无缘无故死了……比方说，你现在有个小驹子，你就是这个小驹子的亲娘……忽然，比方说，这个小驹子下世了……你不是要伤心吗？"

（最终，无处诉说痛苦的约纳，只好向自己的马，倾诉了自己的心里话。）

那匹瘦马嚼着草料，听着，向它主人的手上呵气。

约纳讲得入了迷，就把他心里的话统统对它讲了……

点 评

故事采用了一种"糖葫芦型"的结构安排。老车夫约纳因儿子去世，想通过向他人诉说来排解内心的痛苦，先后遇到军人、三个年轻人、扫院子的仆人、大车店的年轻车夫，却没有人愿意听他诉说，最后他只能向自己的瘦马讲述心里话。

作者对自然环境和社会环境的描写，既渲染了悲凉的气氛，也烘托了主人公痛苦的内心世界；而对约纳细致的心理描写（他内心的苦恼，想对人诉说的急切，深深的无助、悲伤和无奈），更能引起读者的强烈共鸣。

思考 探究

1. 小说塑造人物的手法多样，请以约纳为例，分析作者是怎样塑造这一人物形象的。

2. 小说结尾写约纳向自己的瘦马尽情倾诉丧子之痛，谈谈你对这样写的作用的理解。

参·考·答·案

1.（示例）①正面描写：作者写了约纳的外貌和动作，尤其通过他断断续续的语言表现他极想倾诉丧子之痛，又以细腻的心理描写直接表现他孤寂痛苦的内心世界。②侧面描写：作者以乘客、扫院仆人和年轻车夫的冷漠麻木，衬托约纳内心的孤苦无助。③环境烘托：作者还以潮湿阴冷的雪街、车店臭闷的空气和强者对弱者的侮辱等，来烘托约纳命运的悲苦和凄惨。

2.（示例）①在人物形象塑造上：形象地写出了约纳与瘦马相依为命，他内心充满痛苦却无人可以倾诉，只能向马诉说，表现了他的孤苦无助和悲惨处境。②在表达主旨上：作者以马的有情反衬人心的凉薄和无情，控诉和批判社会的黑暗和冷酷。③在表现手法上：含蓄隽永，耐人回味，具有留白的效果，引发读者对约纳命运的猜测，对社会生活、人际关系的深入思考。

第二章

文本品读

童年和爱

我们都从童年走过，这一时期所经历的酸甜苦辣、喜怒哀乐，往往会涂抹在人生最初的记忆画布上：有的给我们留下了深刻的印象；有的虽然随着时间的流逝渐渐模糊，却会在某一时刻因某一事物的触动再次鲜活起来，对我们产生或隐或显的影响。

在这里，我们会读到一位商店老主人给予一个孩子"知心的礼物"，听到黑夜中一对父子长时间地低声交流，看到一位哭泣的母亲以及她面对困境的态度对一个孩子的影响，认识一位在给三个儿子最后的信中都各自说着"我一直最爱你"的母亲。

在这里，我们还可以读到亲人和陌生人对一个失去父亲的小女孩无私的爱，看到一个装扮小丑的老演员为一个盲人小姑娘的单独表演，读到一个陌生人帮助小男孩买到送给已亡妹妹的礼物，感受到一对清贫夫妇间真诚的爱对孩子的触动。

让我们在品味这些充满着美好童年回忆和浸润着爱的故事的同时，回顾自己的童年生活，观察身边他人的童年生活，同时学习写作技巧，记述触动人心的生活故事，丰富自己的精神世界。

知心的礼物

[美国] Paul Villiard

我第一次跑进魏格登先生的糖果店，大概是在四岁，现在时隔半世纪以上，我还清楚地记得那间摆满许多一分钱就买得到手的糖果的可爱铺子，甚至连它的气味好像都闻得到。魏格登先生每听到前门的小铃发出轻微的叮当声，必定悄悄地出来，走到糖果柜台的后面。他那时已经很老，满头银白细发。

我在童年从未见过一大堆这样富于吸引力的"美味"陈列在自己的面前。要从其中选择一种，实在伤脑筋。每一种糖，要先想象它是什么味道，决定要不要买，然后才能考虑第二种。魏格登先生把挑好的糖装入小白纸袋时，我心里总有短短一阵的悔痛。也许另一种糖更好吃吧？或者更耐吃？魏格登先生总是把你拣好的糖果用勺子舀在纸袋里，然后停一停。他虽然一声不响，但每一个孩子都知道魏格登先生扬起眉毛是表示给你一个最后调换的机会。只有你把钱放在柜台上之后，他才会把纸袋口无可挽回地一扭，你的犹豫心情也就没有了。

我们的家离电车道有两条街口远，无论是去搭电车还是下车回家，都得经过那间店。有一次母亲为了一件事——是什么事我现在记不得了——带我进城。下了电车走回家时，母亲便走入魏格登先生的商店。

"看看有什么好吃的东西可以买。"她一面说，一面领着我走到那长长的玻璃柜前面，那个老人也同时从帘子遮着的门后面走出来。母亲站着和他谈了几分钟，我则对着眼前所陈列的糖果狂喜地凝视。最后，母亲替我买了一些东西，并付钱给魏格登先生。

母亲每星期进城一两次，那个年头雇人在家看小孩几乎是前所未闻的事，因此我总是跟着她去。她带我到糖果店买一点糖果给我大快朵颐，已成为一项惯例。经过第一次之后，她总让我自己选择要买哪一种。

那时候，我还不知道钱是什么东西。我只是望着母亲给人一些什么，那人就给她一个纸包或一个纸袋。慢慢地我心里也有了交易的观念。某次我想起一个主意——我要独自走过那漫长的两条街口，到魏格登先生的店里去。我还记得自己费了很大气力才推开那扇大门，门铃发出了叮当声。我着了迷似的、慢慢走向陈列糖果的玻璃柜。

这一边是散发出新鲜薄荷芬芳的薄荷糖；那一边是软胶糖，颗颗大而松软，嚼起来容易，外面撒着亮晶晶的砂糖。另一个盘子里装的是做成小人形的软巧克力糖。后面的盒子里装的是大块的硬糖，吃起来把你的面颊撑得凸出来。还有那些魏格登先生用木勺舀出来的深棕色发亮的脆皮花生米——一分钱两勺。自然，还有长条甘草糖，这种糖如果细细去嚼，让它们慢慢融化，而不是大口吞的话，也很耐吃。

我选了很多种想起来一定很好吃的糖，魏格登先生俯过身来问我："你有钱买这么多吗？"

"哦，有的，"我答道，"我有很多钱。"我把拳头伸出去，把五六只用发亮的锡箔包得很好的樱桃核放在魏格登先生的手里。

魏格登先生站着向他的手心凝视了一会，然后又向我打量了很久。

"还不够吗？"我担心地问。

他轻轻地叹息。"我想你给我给得太多了，"他回答说，"还有钱找给你呢。"他走近那老式的收款计数机，把抽屉拉开，然后回到柜台边俯过身来，放两分钱在我伸出的手掌上。

母亲晓得我去了糖果店之后，骂我不该一个人往外跑。我想她从未想起问我用什么当钱，只是告诫我此后若不是先问过她，就不准再去。我大概总是听了她的话，而且以后她每次准我再去时，总是给我一两分钱花，因为我想不起有第二次再用樱桃核的事情。事实上，这件我当时觉得无足轻重的事情，很快便在成长的繁忙岁月中给我忘怀了。

我六七岁时，我的家迁到别的地方去了。我就在那里长大、结婚成家。我们夫妇俩开了一间店，专门饲养外来的鱼类出卖。这种养鱼生意当时方才萌芽，大部分的鱼是直接由亚洲、非洲和南美洲输入的。每对鱼卖价在五元以下的很少。

一个艳阳天气的下午，有一个小女孩由她的哥哥陪同进店，他们五六岁的样子。我正在忙着洗涤水箱。那两个孩子站着，眼睛睁得又大又圆，望着那些浮沉于澄澈的碧水中美丽得像宝石似的鱼类。"啊呀！"那男孩子叫道，"我们可以买几条吗？"

"可以，"我答道，"只要你有钱买。"

"哦，我们有很多钱呢。"那个小女孩极有信心地说。

很奇怪，她说话的神情，使我有似曾相识之感。他们注视那些鱼类好一会之后，便要我给他们好几对不同的鱼，一面在水箱之间走来走去，一面将所要的鱼指点出来。我把他们选定的鱼用网捞起来，先放在一个让他们带回去的容器中，再装入一个不漏水的袋子里，以便携带，然后将袋子交给那个男孩。"好好地提着。"我指点他。

他点点头，又转向他的妹妹，"你拿钱给他。"他说。我伸出手。她那紧握的拳头向我伸过来时，我突然间知道这件事一定会有什么下文，而且连那小女孩会说什么话，我也知道了。她张开拳头把三枚小辅币放在我伸出的手掌上。

在这一瞬间，我恍然觉悟许多年前魏格登先生给我的教益。到了这一刻，我才了解当年我给那位老人的是多么难以解决的问题，以及他把这个难题应付得多么得体。

我看着手里的那几枚辅币，似乎自己又站在那个小糖果店的里面。我体会到这两个小孩的纯洁天真，也体会到自己维护抑或破坏这种天真的力量，正如魏格登先生多年前所体会到的一样。往事充塞了我的心胸，使我的喉咙也有点酸。那个小女孩以期待的心情站在我面前，"钱不够吗？"她轻声地问。

"多了一点，"我竭力抑制着心里的感触这样说，"还有钱找给你呢。"我在现金抽屉中掏了一会儿，才放了两分钱在她张开的手上，再站到门口，望着那两个小孩小心翼翼地提着他们的宝贝沿人行道走去。

当我转身回店时，妻子正站在一张踏脚凳上，双臂及肘没入一只水箱中整理水草。"你可以告诉我这是怎么回事吗？"她问，"你知道你给了他们多少鱼吗？"

"大约值三十块钱的鱼，"我答，内心仍然感触不已，"可是我没有别的办法。"

我于是把魏格登老先生的故事告诉她。她听后双眼润湿了，从矮凳上下来，在我颊上轻轻一吻。

"我还记得那软胶糖的香味。"我感叹着说。我开始洗净最后一只水箱时，似乎还听见魏格登老先生在我背后咯咯的笑声。

点 评

一个高尚的灵魂会触动另一个纯洁的灵魂，一颗慈爱的心会教另一颗心去传递爱。天真纯洁的力量，是维护还是去破坏，这在很大程度上取决于你是否怀着包容和爱心，去体察和感受身边的人和事。这份"知心的礼物"是童年时魏格登先生卖给"我"的糖果和找的两分钱，也是日后"我"卖给小兄妹的鱼和找的两分钱，更是老

点评

先生在一个孩子初涉人世时，给他的充满温暖的人生教益。

　　作品讲述了与"我"有关的两个故事，其实你也可以考虑一下，尝试着从"我"卖鱼遇到小兄妹写起，当妻子对"我"的行为疑惑询问时，再讲述童年时关于魏格登先生的故事，然后再回到当下。这样在结构上，作品是否比目前按时间顺序叙述更显紧凑些？

父　爱

［挪威］勃·洛芬宁根

唐若水 译

　　我周围依然是漆黑一片的夜。这时，门"吱"的一声被推开了。溜进屋的一丝光亮照在一双穿着睡裤的细腿上。有人正在鸭绒被下小心地摸索，接着一只小手悄悄伸了过来。

　　"爸爸，"一声低唤似从远处传来，"爸爸，您醒了吗？"

　　"不知道。"我睡意蒙眬地咕哝着。不过，我还是感到了夜色在渐渐消融。有时，心中会腾起一阵对未来的忧虑。

　　"爸爸，您是我的朋友，对吗？"

　　"那还用说！"我打着呵欠，感到既快乐又恼人。

　　"爸爸，您知道刚才我梦见了什么吗？"

　　"不知道。"

　　"我梦见我们都坐在我们的纸飞机上，飞过屋脊，飞到遥远的海上。天很黑，只见星星在闪光。但我一点也不怕，因为您跟我在一块儿。爸爸，您也怕过吗？"

　　"当然怕过。"

　　"很怕、很怕么？"

　　"很怕、很怕。"

　　"我也很怕呀——当我们坐在那飞机上时——哦，不，不在那时，而在之后，当我醒来时——那时，我才很怕、很怕！"

　　"你怕什么？"

　　"我怕您不在床上了。"

　　"我当然在床上。我还能去哪里呢？"

　　"在飞机上。因为您开飞机走了，而我坐在一颗星星上。接着我就想您，一直在想。所以，我一定得过来看看您究竟是否还在这儿。"

　　"看，我就在这儿，那只是一个梦罢了。"

"爸爸，您在床上还能待多久？"

"待不长了，我可不能整天老待在床上呀！"

"为什么？"

"你知道，我——"

"不行。因为您说过我们是朋友，是朋友就不能分开！得永远在一块！"

"我懂，可爸爸还得去上班呀。"

"不！"

"你也还得去幼儿园哩。"

"我不去！"

"当然你要去！想一想吧，在幼儿园里，你有那么多好玩的东西，还有那么多好朋友，对么？"

"不错，倒有些朋友，不过，世界上我只有一个最好的朋友！"

"你指的是我吧？"

"是喽！爸爸，还记得去年夏天我们一块儿去乡下？那时我们倒是从早到晚一直在一起，是吗？"

"没错。"

"真希望一直如此——因为那时候您不像现在这么忙。记得我们找不到的那支箭吗？"

"但我们发现了两只小松鼠，它们紧紧地靠在一起躺着。"

"它们也是朋友，对么？"

"是的，它们肯定是朋友。"

"让我紧靠着您躺一会吧，爸爸，只躺一小会儿。"

"行，小鬼，上床吧！"

"爸爸，把我抱紧——这样我才感到我们是朋友。好，真好。爸爸，给我念点什么吧，只念一会儿。"

"可惜时间不多。现在几点了？"

"表有啥用！朋友是从来不看表的——不必去上班、开会，也不必去幼儿园或上牙医那儿去。"

"那么，你认为朋友们该干些什么事呢？"

"在树顶上盖房。爬上绳梯，把食物和覆盆子酱抬到树上去吃。还有鱼呢，轮换着读故事。爸爸，您能给我念上一会儿《三个强盗》吗？"

"行啊，不过不能从头到底了，好吗？"

"呱呱叫！爸爸，今天在办公室里，您能再为我做几只纸飞机吗？"

"我想可以的。"

"爸爸，他们会生气吗？"

"谁？"

"办公室里您的同事们。"

"不，不会生气。他们只会惊讶地瞅瞅。"

"问他们想不想试坐一下飞机！您可以将飞机开到窗外去！这样，他们也会愿意跟您交朋友啦！"

"真是好主意！"

"现在我想上幼儿园去了，爸爸，因为当我回家来时，您也会马上到家的。是吗？"

"当然喽。我不会让你久等的。"

"爸爸，想一想那些没有朋友的人吧。"

"我眼下正在想哩，朋友！去把那本书拿来吧，起床前我们可以读上两页。"

"轰轰！我是一架飞机！世界上飞得最快的飞机！轰轰！"

爸爸的朋友张开穿着睡衣的双臂，就像飞机伸出短短的机翼似的，他奔进另一间房间。一会儿，他带着那书回来了。清晨，两个好友头靠着头，就像夏天的那两只小松鼠一样。

"三个强盗偷偷开始行动了……"

此时此刻，世上所有的钟表都停住不走了。

点　评

阅读这篇作品，你是否为文中父子间的浓浓亲情所感动？你听，他们在黑夜中长时间地低声交流。尽管父亲白天很忙、夜里很累，他还是耐着性子，听着孩子稚嫩的絮叨；而孩子呢，因为一个坐纸飞机的梦，担心父亲离去而特意来找他。

这个故事的巧妙之处，在于用父子对话组织全文，使得人物的心理和性格在对话中得以展现，也因对话中涉及过去、现在和未来，使得故事内容更丰富，推动了故事的发展。

妈妈哭泣的那一天

［美国］杰拉德·莫尔

之　工译

一

这是很久以前的一个昏暗的冬日。那天，我刚收到了一本心爱的体育杂志，一放学就兴冲冲地往家跑。家，暂时属于我一个人，爸爸上班，姐姐出门，妈妈新得到一个职业，也要过个把钟头才会回来。我径直闯进卧室，"啪"一声打开了灯。

顿时，我被眼前的景象惊住了：母亲双手掩着脸埋在沙发里——她在哭泣。我还从未见她流过泪。

我走过去，轻轻地抚摸着她的肩膀。"妈妈，"我问道，"出什么事了？"

她深深地吸了口气，勉强露出一丝笑容。"没有，真的。没什么大不了的事。只是，我那个刚到手的工作就要丢掉了。我的打字速度跟不上。"

"可您才干了三天啊，"我说，"您会成功的。"我不由地重复起她的话来。在我学习上遇到困难或者面临着某件大事时，她曾经上百次地这样鼓励我。

"不，"她伤心地说，"没有时间了，很简单，我不能胜任。因为我，办公室里的其他人不得不做双倍的工作。"

"一定是他们让您干得太多了。"我不服气，她只看到自己的无能，我却希望发现其中有不公。然而，她太正直，我无可奈何。

"我总是对自己说，我要学什么，没有不成功的，而且，大多数时候，这话也都兑现了。可这回我办不到了。"她沮丧地说道。

我说不出话。

我已经十六岁了，可我仍然相信母亲是无所不能的。记得几年前我们卖了乡下的宅院搬进城里时，母亲决定开办一个日托幼儿园。她没受过这方面的教育，可这难不倒她，她参加了一个幼儿教育的电视课程，半年后就顺利结业，满载而归了。幼儿园很快就满员了。还有许多人办了预约登记。家长们夸她，孩子们则几乎不肯回家了。她赢得了人们的信任和爱戴。这一切在我看来都是自然而然、顺理成章的事。母亲能力很强，这不过是个小小的证明罢了。

然而，幼儿园也好，双亲后来购置的小旅馆也好，挣得的钱都供不起我和姐姐两人上大学。我正读高中，过两年就该上大学了。而姐姐则只剩三个月的时间了。时间逼人，母亲绝望地寻找挣钱的机会。父亲再也不能多做了，除了每天上班，他还经管着大约三十公顷的地。

旅社卖出几个月后，母亲拿回家一台旧打字机。机子有几个字母老是跳，键盘也磨得差不多了。晚饭间，我管这东西叫"废铜烂铁"。

"好点儿的我们买不起，"母亲说，"这个学手可以了。"从这天起，她每天晚上收拾了桌子，碗一洗，就躲进她那间缝纫小屋里练打字去了。缓慢的"嗒""嗒""嗒"声时常响至深夜。

圣诞节前夕，我听见她对父亲谈到电台有个不错的空缺。"这想来是个有意思的工作，"她说，"只是我这打字水平还够不上。"

"你想干，就该去试试。"父亲给她打气。

母亲如愿以偿。她那高兴劲儿真叫我惊异和难忘，她简直不能自制了。

但到星期一晚上，第一天班上下来后，她的激动就悄然而逝了。她显得那样劳累不堪，一副精疲力竭的样子。而我无动于衷，仿佛全然没有察觉。

第二天换上父亲做饭，拾掇厨房了，母亲留在自己屋里继续练着。"妈妈的事都顺利吗？"我向父亲打听。

"打字上还有些困难，"他说，"她需要更多的练习。我想，如果我们大家多帮她干点活儿，对她会有好处的。"

"我已经做了一大堆事了。"我顶嘴道。

"这我知道，"父亲心平气和地回答，"不过，你还可以再多做一点儿。她去工作先是为了你能上大学读书呀！"

我根本不想听这些，气恼地抓起电话约了个朋友出门去了。等我回到家，整个房子都黑了，只有母亲的房门下还透着一线光亮。那"噼啪""噼啪"的声音在我听来似乎更缓慢了。

三

第二天，就是母亲哭泣的那一天，我当时的惊骇和狼狈恰恰表明了自己平日太不知体谅和分担母亲的苦处了。此时，挨着她坐在沙发里，我才慢慢地开始明白起来。

"看来，我们每个人都是要经历几次失败的。"母亲说得很平静。但是，我能够感到她的苦痛，能够觉得她的克制，她一直在努力强抑着感情的潮水。猛地，我内心产生了某种变化，伸出双臂抱住了母亲。

终于，她再也把持不住自己，一头靠在我的肩上抽泣起来。我紧紧抱住她不敢说话。此时此刻，我第一次理解到母亲的天性是这样的敏感，她永远是我的母亲，然而她同时还是一个人，一个与我一样会有恐惧、痛苦和失败的人。我感到了她的苦楚，就像当我在她的怀抱里寻求慰藉时，她一定曾千百次地感受过我的苦闷一样。

这阵过后，母亲平静了些。她站起身，擦去眼泪望着我，说："好了，我的孩子，就这样了。我可以是个差劲的打字员，但我不是个寄生虫，我不愿做我不能胜任的工作，明天我就去问问，是不是可以在本周末就结束掉这儿的工作。然后就离去。"

她这样做了。她的经理表示理解，并且说，和她高估了自己的打字水平一样，他也低估了这项工作的强度。他们相互理解地分了手。经理要付给她一周的工资，但她拒绝了。

时隔八天，她接受了一个纺织成品售货员的职业，工资只有电台的一半。"这是一项我能够承担的工作。"她说。

然而，在那台绿色的旧打字机上，每晚的练习仍在继续，夜间，当我经过她的房门，再听见那里传出的"噼啪"声时，思想感情已完全不同于以前了。我知道，那里面，不仅仅是一位妇女在学习打字。

四

两年后，我跨进大学时，母亲已经到一个酬劳较高的办公室去工作，担负起比较重要的职责了。几年过去，我完成了学业，做了报社记者，而这时的母亲已在我们这个地方报纸担任了半年的通讯员了。我学到许多东西，母亲在困境中也同样学到了。

母亲再也没有同我谈起过她哭泣的那个下午。然而，每当我初试受挫，每当我因为骄傲或沮丧想要放弃什么时，母亲当年一边卖成衣、一边学会了打字的情景便会浮现在眼前。由于看见了她一时的软弱，我不仅学会了尊重她的坚强，而且，自身的一些潜在的力量也被激发和开掘出来。

前不久，为给母亲六十二岁生日做寿，我帮着烧饭、洗刷。正忙着，母亲走来站到我身边。我忽然想到那天她搬回家来的旧打字机，便问道："那个老掉了牙的家伙哪去了？"

"噢，还在我那儿，"她说，"这是个纪念，你知道……那天，你终于明白了，你的母亲也是一个人。当人们意识到别人也是人的时候，事情就变得简单得多了。"

真没料到她竟知晓我那天的心理活动，我不禁为自己感到好笑了。"有时，"我又说，"我想您会把这台机子送给我的。"

"我要送的，不过，有个条件。"

"什么条件？"

"你永远不要修理它。这台机子几乎派不上什么用场了。但是，正因为如此，它给了我们这个家庭最可贵的帮助。"

我会心地笑了。"还有，"她说，"当你想去拥抱别人时，就去做吧，不要放弃。否则，这样的机会也许就永远失掉了。"

我一把将她抱住，心底里涌起深深的感激之情：为了此时，为了这么多年的岁月里，她所给予我的所有的欢乐时刻。"衷心地祝愿您生日愉快！"我说。

现在，那台绿色的旧打字机仍原样摆在我的办公室里。在我苦思冥想地构思一个故事而几乎要打退堂鼓时，或者每逢我怜悯自己时，我就在打字机的滚轴上卷上一页纸，像母亲当年那样，吃力地一字一字地打起来。这时，我心里就会升起一种东西，一种回忆，不是对母亲的挫折，而是对她的勇气——自强不息的回忆。

点 评

成人坚强的外表下会藏有软弱，不懂事的孩子在某种特殊的情境中也会幡然醒悟。故事中的母亲，面对人生困境时的态度和行动，无疑给了少年的"我"极大的启发、勇气和力量。在生活中，我们可能总觉得父母对自己关心不够，而你有没有意识到"别人也是人"，从而去及时地表达自己对他们的尊重和爱呢？

作者在故事的第一部分设置了悬念，读者不禁要问：母亲接下来会怎么办？而第二部分插叙的运用，不仅交代了故事背景，展示了"我"的真切感受，也丰富了作品内容。

"我最爱你"

[美国] 埃玛·邦博克

张丹婕 译

朱莉如果不是那位死者，恐怕她连葬礼也会爱的。

牧师竭力以言相慰，对僵硬地坐在前排的她的三个儿子说："你们母亲的灵魂升天了。灵魂虽去，躯体仍在。"

风琴手忘了音乐，奏起了《美酒与玫瑰的时光》，她只记得住这支歌的谱子。

朱莉的二儿子斯蒂文从学校飞跑进来，脚穿一双红白蓝三色轻便鞋，上身是三件一套的咖啡色西装。

朱莉患的是一种扩散极快的癌症，才48岁便与世长辞，真叫人难以相信。

大儿子查克还在自己的公寓里，他奶奶带来了这个噩耗。在此之前，他只听说母亲"近来有点疲倦"。

朱莉很为大儿子感到骄傲，以为他是"电视巨擘"。其实，他只不过是喜剧团的一个道具管理人。但他专攻过电影，得了文凭，懂行话。每次相聚，他都不失时机地显露一番。

查克："新近看过什么片子吗，妈妈？"

朱莉："看过《马普尔小姐被诱》，我喜欢这部片子……"。

查克："该片缺少陈述。"怎么会是这么个傲慢的家伙？现在要道歉，太晚了。他用手指触摸着口袋里的信，然后第十次把它展开。这是妈妈给他写的最后一封信。

最亲爱的查克：

　　既然这封信是只写给你的，我可以对你说，我一直最爱你。

　　或许由于你是在我身体里乱动的第一个小奇迹吧。你使我第一次知道，我有无限的生命力。你是我和你爸爸艰难岁月的一部分……你给贫困带来了欢笑，给寒冷带来了温暖，给失败带来了成功。

　　你是我们的第一个孩子。你之后还会有弟弟妹妹。他们说不定能把泡泡吹得更大，嗝打得更响，比你更早地学会说话，或者走得比你还快。可这一切都是你先会的呀。

　　那时我们没有经验，可能让你受了点委屈。不知道怎么给你把尿，给你洗澡时笨手笨脚，要不就看护你小心得过了分。然而，你也享受了。你享受了我们的耐心，我们旺盛的精力，我们的青春。

　　我们把所能给予的最好的东西给了你。这里面有艰辛，也有欢乐。光是你小时候的照片就有六大册。一次，你吃得太多，不停地打嗝，不得不把医生叫到家里来。你像个吓坏了的小羊羔。一切都从你开始。

　　我们不能没有你。我们爱你。

妈妈

斯蒂文悄悄进来坐在查克旁边，查克急忙把信合上。

"除了这双鞋，还得了小刀子吗？"查克手指打了个响，朝斯蒂文的红白蓝三色轻便鞋点了点头。

"没有，得了个飞盘。"

斯蒂文深深地吸了口气，尽量不去注意他哥哥。刚才，他在看妈妈寄给他的信，所以没有留意查克。以前他从不知道，妈妈对他有这样的感情。

斯蒂文曾经想当个流浪汉。每回他聚众闹事闯了祸，妈妈总是把他拉到一边耐心地劝他，对他说，他们理解他。可是，他们不理解，至少没有完全理解。比如，那次他的全家外出度周末，偏把他一个人留下来看家。这能说他们理解他吗？

那天晚上他们回家时，为什么她不像别人的妈妈那样大发雷霆，相反，却问他："想告诉我出了什么事吗？"

"你怎么知道出了事？"他反问。

"几辆巡警车停在咱家的草坪上，三十个邻居穿着睡衣围在那儿观看。"

"我举行了集会。"

他怎么会这么傻！应该说的是"对不起"，请她原谅。可是不能说了，再没有机会了。他抚摸着妈妈的信。她怎么这样了解他呀？

最亲爱的斯蒂文：

你一定怀疑过，但尽管如此，我还是要说：我一直最爱你。

你给咱家抹上了愚蠢的斑点，可你不但不认错收场，反而越闹越凶。我真羡慕你的热情，你的独立精神，以及你的急躁脾气。小时候你穿的是褪色的旧衣服，玩的是破损的玩具。任何事你从不先干，但最后总是你干得顶好。

我们逗着你玩，拿你开心。人说狗吻了小孩的嘴，孩子就会死。可是，狗亲了你的嘴，你并没死。人说孩子一天不睡午觉就会生病，可是有一次你没午睡，照样好好的。人说吸橡皮奶头，小孩的牙齿会长成一圈，可你直到两岁，吸的都是橡皮奶头，牙齿并没有长成一圈呀。

那些年，我们忙忙碌碌，雄心勃勃，你是这种生活的一部分。那时，我们对先做什么、后做什么，什么重要、什么次之，稀里糊涂，不知所措。总是你提醒我们该做什么，做得不对，也总是你出来纠正。星期六晚上你待在家里，把我们从寂寞中解救出来，用你对生活的热情鼓舞我们。

你是意志坚强的孩子。我们爱你。

妈妈

蒂姆从教堂后面看着他的两个哥哥，然后走上前和他们坐在一起。

妈妈临终前的那段生活，只有蒂姆知道，他的两个哥哥不了解。蒂姆为他们惋惜。他们住在家里时，都是妈妈侍候他们。可是她在世的最后一年里，什么都干不了了，是蒂姆侍候她。谢天谢地，他能有这一年的时间来弥补过去惹她生气和伤心。

他是家里最小的孩子。他曾憎恶这点。他的哥哥们都曾有过这些：晚饭后跟他们一起玩橄榄球的爸爸和忙得不可开交、只能抽空给他们的垒球卡编码归档的妈妈。他却不曾有，爸爸妈妈没有精力了。

去年，他们同他谈过，消除了他心底的怨恨。妈妈在留给他的这封信中，把什么都说了。

最亲爱的蒂姆：

　　做妈妈的不该偏心，但我一直最爱你。

　　正当你爸爸和我以为青春已永远消逝的时候，你降生了，提醒我们：仍有余热可发光。你使我们鬓发重黑、步履轻捷、肩阔目明、谈笑风生。

　　你继承的是破损的垒球棒，跑不动的小火车，装满酸乳酪的冰箱；还有中年家庭的危机和一本里面只有苹果布丁制作法的小人书。

　　你也继承了我们从不期望的东西——我们的生命是要终结的。

　　我爱你像三十五岁人那样耐心细致，爱你像九十岁人那样富有同情心，爱你像五十岁人那样精明能干。然而我最爱的还是我十四岁的儿子，不成熟，但很骄傲。

　　你真是个无可挑剔的好孩子。我们爱你。

妈妈

　　《美酒与玫瑰的时光》最后几个音符消逝了，两位妇女从教堂里走了出来。

　　"看到那几个孩子没了妈妈，真叫人心碎。"

　　另一个凑上前小声说："听说他们把所有的钱全花在她的药上了。她什么都没给孩子们留下。"

点 评

　　这篇故事中似乎有矛盾，"最"应该具有唯一性，这位母亲到底最爱谁呢？她在给三个儿子最后的信中，都分别说了"我一直最爱你"，这到底是由衷的真话还是善意的谎言？读过故事，你可能会产生这样的疑问。我们只能说，这位母亲深爱着自己的每一个孩子，在她的眼里和心里，每个孩子都是独一无二的生命。他们不同的性格特点，给自己不同的生命阶段带来了独特的感受和快乐。她满怀感恩，看到了每个孩子的优点。

　　作者在叙述当下葬礼的过程中，很自然地插入了母亲分别留给孩子的三封信，使得故事情节有了起伏变化，而信里对昔日家庭生活的交代，也丰富了故事内容。文中三个儿子想保守各自信的秘密和他们对母亲的歉疚很是真切，而文末两位妇女的对话，也让读者又一次陷入了想象和深思。

天堂回信

[美国] 马戈·法伊尔

詹 妮 译

　　1993 年 10 月的一个清晨，朗达·吉尔看到四岁的女儿戴瑟莉怀中放着九个月前去世的父亲的照片。"爸爸，"她轻声说道，"你为什么还不回来呀？"

丈夫肯的去世已经让她痛不欲生，但女儿的极度悲伤更是令她难以忍受，朗达想，要是我能让她快乐起来就好了。

戴瑟莉不仅没有渐渐地适应父亲的去世，反而拒绝接受事实。"爸爸马上就会回家的，"她经常对妈妈说，"他现在正上班呢。"她会拿起自己的玩具电话，假装与父亲聊天儿。"我想你，爸爸，"她说，"你什么时候回来呀？"

肯死后，朗达就从尤巴市搬到了利物奥克附近的母亲家。葬礼过去近两个月，戴瑟莉仍很伤心，最后外祖母特里施带戴瑟莉去了肯的墓地，希望能使她接受父亲的死亡。孩子却将头靠在墓碑上说："也许我使劲听，就能听到爸爸对我说话。"

后来有一天晚上，朗达哄戴瑟莉睡觉时，戴瑟莉说："我想死，妈妈，那样我就能和爸爸在一起了。"

"上帝呀，帮帮我吧，"朗达祈祷着，"告诉我该怎么办。"

1993 年 11 月 8 日本该是肯的 29 岁生日。"我们怎么给我爸爸寄贺卡呀？"戴瑟莉问外祖母特里施。

"我们把信捆在气球上，寄到天堂去怎么样？"特里施说。戴瑟莉的眼睛立刻亮了起来。

她选了一个画着美人鱼的气球，图案的上方写着"生日快乐"。以前，戴瑟莉经常和爸爸一起看美人鱼的录像。

在墓前摆放鲜花时，戴瑟莉口述了一封给爸爸的信。"生日快乐，我爱你，想念你，"她说着，"但愿你在天堂能收到这个气球，在我 1 月份过生日时给我写回信，好吗？"

特里施将那段话和她们的地址记在了一张小纸片上，裹上一层塑料，最后戴瑟莉放飞了那只气球。

将近一个小时，她们就看着那个闪亮的光点慢慢地越飘越远、越变越小，戴瑟莉却兴奋地喊道："看啊，爸爸收到我的气球了！"才不过几分钟，那气球就不见了。"现在爸爸要给我写回信了。"戴瑟莉说着向汽车走去。

在一个寒冷、微雨的 11 月的早晨，在加拿大东面的爱德华王子岛上，32 岁的维德·麦金农准备出去打猎。他是一位森林管理员，与妻子和三个孩子住在美人鱼镇上。

但那一天他没有去经常打猎的地方，而突然决定去两英里外的美人鱼湖。在岸边的灌木丛中，他发现杨梅树丛的枝条钩住了一只银色的气球，上面印着美人鱼的图案，线的顶端系着一张包着塑料的小纸条，已经被雨浸湿了。

回到家，维德小心地将潮湿的纸条摊开晾干。妻子唐娜回来时，维德给她看了气球和纸条，上面写着："1993 年 11 月 8 日，生日快乐，爸爸……"通信地址是加利福尼亚利物奥克。

"现在才 11 月 12 号，"维德说，"仅仅四天，这只气球就飞越了三千英里！"

"而且你看，"唐娜说着将气球翻了过来，"气球上印着美人鱼的图案，又正好落在了美人鱼湖边。"

"我们应该给戴瑟莉写封信，"维德说，"也许我们命中注定要帮助这个小姑娘。"

在沙勒特镇的书店里，唐娜·麦金农买了一本改编的《小美人鱼》。圣诞节过后几天，维德又买回了一张生日卡，上面写着："给我亲爱的女儿，温馨的生日祝福。"

1994年1月3日，唐娜坐下来给戴瑟莉写了封信，然后将信夹在贺卡中，与书装在一起寄了出去。

1月19日的傍晚，麦金农夫妇的包裹到了，那时朗达和戴瑟莉已经回尤巴市了，特里施决定第二天再送过去。

那天晚上特里施看电视时，怀着好奇心，她打开了包裹，先是看到一张贺卡，上面写着："给我亲爱的女儿……"

第二天清晨6点45分，哭红了眼睛的特里施将汽车停在朗达的门前。特里施说："戴瑟莉，这是送给你的，"特里施将包裹放在她手里，"是你爸爸寄来的。"

"代你爸爸祝你生日快乐，"特里施念道，"我想你一定会奇怪我是谁。其实一切都是从我丈夫维德11月去打野鸭的那一天开始的。你猜他发现了什么？是你寄给爸爸的美人鱼气球……"特里施停了一下，发现戴瑟莉的脸颊上闪烁着一颗泪珠。"天堂里没有商店，但你爸爸希望有人能帮他给你买一份礼物，所以他就选中了我们，因为我们就住在一个叫作美人鱼的镇上。"

特里施继续读着："我知道你爸爸一定希望你能快乐，而不要为他伤心；我知道他非常爱你，并会一直注视着你的成长。爱你的：麦金农夫妇。"

特里施读完看着戴瑟莉。"我知道爸爸不会忘记我的。"孩子说。

特里施眼里含着泪水，搂着戴瑟莉又读起了麦金农夫妇送的那本《小美人鱼》，这个故事与肯给戴瑟莉读过的那本有些不同，以前那本讲的是小美人鱼后来幸福地与英俊的王子生活在一起，而在这一本中，邪恶的女巫割断了小美人鱼的尾巴，杀死了她，三个天使将她带走了。

特里施读完，担心悲惨的结局会使外孙女伤心，但戴瑟莉却快乐地用双手托住了脸颊。"小美人鱼进天堂了！"她喊道，"爸爸送给我这本书，因为小美人鱼就像爸爸一样进了天堂。"

2月中旬，麦金农夫妇收到朗达的来信："1月19日收到你们寄来的包裹时，我女儿的梦想实现了。"

以后的几个星期中，朗达母女经常与麦金农夫妇通电话。3月份时，朗达与戴瑟莉飞往爱德华王子岛探望麦金农夫妇。两家人穿着雪地鞋一起到湖边维德发现气球的地方。朗达和戴瑟莉都沉默不语，好像肯就在她们的身边。

如今，戴瑟莉每次想要和爸爸说话时，就会打电话给麦金农夫妇，只有这种方式能安慰她幼小的心灵。

"人们都对我说：'气球能落到那么远的美人鱼湖边，简直太巧了。'"朗达说，"但我知道是肯挑选了麦金农夫妇将自己的爱带给戴瑟莉，她现在懂得了父亲的爱会一直陪伴着她。"

点　评

　　在日常生活中，我们爱自己的亲友可能容易一些，而要去爱一个陌生人，也许比较困难。在这个充满温暖的故事中，母亲和外祖母对失去父亲的戴瑟莉饱含着爱，而远方的陌生人麦金农夫妇也对这个四岁的小女孩充满了爱。

点 评

　　整个故事采用第三人称叙事，但叙述和描写的对象在不断转换。作者先写母亲和外祖母想方设法安慰思念父亲的戴瑟莉，然后写麦金农夫妇发现气球买礼物回信，再回转写外祖母收信并给戴瑟莉读信读书，最后再叙述双方见面及日后沟通。就如同两条支流，最终汇合在一起。作者对人物的心理描写，虽寥寥几笔，也值得品味。

　　读这个故事，你也许觉得过于巧合。当你的人生经历丰富起来，你会发现生活中有些事情超出了你的想象。也许，你就经历或听说过一些奇妙的事。

小丑的眼泪

［奥地利］约·马·齐默尔

文　思译

　　孩子们，孩子们，圣诞夜的前一天上演的马戏开演了。大地上覆盖着厚厚的积雪，所有的屋檐下都挂着耀眼的冰凌，但是马戏团的帐篷里却既温暖又舒适。帐篷里不但像往常一样散发着皮革和马厩的气味，而且还弥漫着葱姜饼干、胡椒花生以及圣诞枞树的芬芳。

　　三百二十七个孩子和他们的父母在观赏马戏表演。今天下午，这些小男孩和小姑娘是他们父亲所在工厂的客人。早在11月份，厂主就说过："今年我们工厂很走运。因此大家一定要好好庆祝一番今年的圣诞节，要比往年隆重。我建议我们大家一起去看马戏。有孩子的人把孩子也带着。我也把我的三个孩子带去。"

　　因此，与三百二十四个孩子一起，厂长的两个女孩和一个男孩，也正坐在他们的父母身旁。盼望已久的圣诞节庆典像预料的那样盛况空前。

　　接着，马戏表演开始了。

　　这对孩子们来说是最引人入胜的。他们满心喜悦地坐在巨大的帐篷里。当黑色的矮马跳舞时，他们欣喜若狂；当雄狮怒吼时，他们毛骨悚然；当穿着银白色紧身衣的漂亮女郎在半空中荡秋千时，他们惊恐得大叫。

　　啊，小丑出场了！

　　他刚在跑马道上跌跌绊绊地出现，孩子们就欢快地扯开他们的嗓门尖叫起来。从那一刻开始，人们就连自己的说话声都听不见了。孩子们大笑着，帐篷在他们的笑声中颤抖。他们笑得那么厉害，以至眼泪蒙住了视线。

　　这个小丑可真了不起！

　　他的滑稽表演是那样扣人心弦，连厂长都张大了嘴巴。在此之前，还从来没有人看到过厂长张嘴吸气哩！

这小丑根本不说话。他用不着说话就妙趣横生。他在孩子们面前表演着他们想看的哑剧。他一会儿装小猪，一会儿装鳄鱼，一会儿装跳舞的熊。装兔子的时候，他简直滑稽极了。

突然，这个年迈的著名小丑紧张起来。他发现一个头上扎着红蝴蝶结的小姑娘。

小姑娘和她的父母坐在紧挨跑马道的第一排。她是一个长着聪明俊秀的面庞的漂亮姑娘，身上穿着一套节日的蓝衣服。坐在她身旁的父亲在笑，母亲也在笑，只有这个扎着红蝴蝶结的小姑娘不笑。在三百二十七个孩子中，只有她一人不笑。

年迈的小丑想：亲爱的，让我来试试，看我能不能把你也逗笑！于是他又专为这个坐在第一排的小姑娘卖力地表演起来。

年迈的小丑从没有表演得如此精彩。

然而……无济于事。那姑娘仍然毫无笑意。她瞪着滚圆而呆滞的眼睛看着小丑，连嘴角都没有动一下。她真是个迷人的小姑娘，只是她一点也不笑。

小丑莫名其妙。过去，他的每一次插科打诨都知道什么时候观众开始笑，什么时候停止笑。因此，他的逗乐总是恰到好处。他与观众能够进行融洽的交流。这场为孩子们做的表演对于他来说是很轻松的，因为孩子们是天真无邪的观众，可以与他们轻而易举地交流感情。但是，那个小姑娘却高深莫测。

年迈的小丑正在模仿兔子，他突然感到一阵不知所措的悲戚和束手无策的恐惧。他真想中断表演。他觉得，如果坐在第一排的那个小姑娘还是那样瞪着他，他就无法再继续表演了。

于是他走到小姑娘面前，有礼貌地问："告诉我，你不喜欢我的表演吗？"

小姑娘友好地回答："不，我很喜欢。"

"那么，"小丑问，"其他的孩子都在笑，你为什么不笑呢？"

"请问，我为什么应该笑呢？"

小丑沉思后说："比如说，为了我。"

姑娘的父亲想插嘴，但小丑向他做了个手势，表示希望姑娘自己回答。

"请您原谅，"她回答，"我不是想使您难过，但我确实不觉得您可笑。"

"为什么？"

"因为我看不见你。我是瞎子。"

二

当时，整个帐篷里死一般的寂静。小姑娘沉默而友好地坐在小丑对面。小丑不知道该说什么好。他就这么呆站了很久。

母亲解释道："爱丽卡从来没有看过马戏，我们给她讲过不少关于马戏表演的情况。"

"所以，这一次她无论如何要来。她想知道马戏究竟是怎么回事？"父亲说。

小丑郑重地问："爱丽卡，你现在知道马戏是怎么回事了吗？"

"是的，"爱丽卡高兴地回答，"我当然已经都知道了。爸爸和妈妈给我解释了这里的一切。我听到了狮子的怒吼和小马的嘶鸣。只有一件事还不清楚。"

"什么事？"小丑虽然明白，但还是问道。

"为什么您那么可笑？"扎着红蝴蝶结的爱丽卡说，"为什么大家对您发笑？"

"是这样。"小丑说。马戏场里又是一阵死一般的寂静。过了一会儿，著名的小丑像要做出重大决定似的，鞠了一个躬，说道："听着，爱丽卡，我向你提一个建议。"

"请说吧。"

"如果你真想知道我为什么可笑……"

"当然想知道。"

"那么好吧。如果你的父母方便的话，明天下午我到你家里去。"

"到我家里？"爱丽卡激动地问。

"是的。我将表演给你看，同意吗？"

爱丽卡高兴得直点头。她拍着双手喊："多好啊！爸爸、妈妈，他到我们家来。"

小丑问明地址后说："六点钟怎么样？"

"行。"爱丽卡说，"啊，我多高兴啊！"

小丑伸手摸了摸她的头发，深深吸了一口气，就像一个刚从肩上卸下千斤重担的人。他向观众喊道："女士们，先生们，表演继续进行。"

孩子们鼓起掌来。他们都对瞎眼的小爱丽卡十分羡慕，因为这个伟大的小丑将去拜访她……

二

当夜大雪纷飞，第二天仍然下个不停。五点半钟时，爱丽卡家里的圣诞树上蜡烛通明。小姑娘摸遍了桌子上摆的所有精美礼物。她吻了吻父亲，又吻了吻母亲。但是，她总在不停地问："你们认为他会来吗？你们认为他真的会来吗？"

"当然，"母亲说，"他亲口答应的。"

他准时到达。起居室的座钟正在打点。

她握着他的手，激动得结结巴巴地说："真……真……真太好了。您真的来了！"

"当然，我答应过的。"小丑说。他向她的父母致意，然后把他给爱丽卡的礼物交给她。那是三本盲文书。爱丽卡已经读过一些盲文书籍，她十分高兴又得到三本新书。

"可以给我一杯香槟酒吗？"年迈的小丑说。

他把香槟喝完，牵着爱丽卡的手，把爱丽卡安顿在圣诞树前的沙发上，自己在她的面前跪下。

"摸摸我的脸，"他说，"还有脖子，接着是肩膀，然后还有手臂和腿。这是第一步。你必须准确地知道我是什么样子。"

小丑既没戴面具，又没穿戏装，完全没有化装。他自己没有把握他的试验能不能成功。

"好了吗？"他终于问。

"嗯。"爱丽卡说。

"你知道我的长相了？"

"清清楚楚。"

"那好，我们开始吧。"小丑说，"但是请不要让手离开我。你要不停地摸着我，这样你才能知道我在干什么。"

"好的。"爱丽卡说。

于是年迈的小丑开始表演。他把他在马戏团表演的全套节目从头做起。父母相互紧握着对方的手，站在门旁看着。

"现在小熊在跳舞。"年迈的小丑说。当他模仿熊跳舞时，爱丽卡细嫩的小手抚摩着他，但是她的面容仍然呆滞不变。

虽然这是他毕生最困难的表演，但是小丑一点也不畏缩。他又开始学鳄鱼，然后学小猪。渐渐地，爱丽卡的手指从他的脸上滑到了肩上，她的呼吸急促起来，嘴巴也张开了。

仿佛爱丽卡用她的小手看到了其他孩子用眼睛看到的东西。她在小丑装小猪的时候咻咻地笑起来，笑得短促而轻柔。

年迈的小丑更有信心地表演起来。爱丽卡开始欢笑了。

"现在是兔子。"小丑说，同时开始表演他的拿手好戏。爱丽卡大笑起来，声音越来越响，她高兴得喘不过气来。

"再来一遍，"她兴奋地喊，"请再来一遍！"

年迈的小丑又装了一遍兔子，一遍又一遍。爱丽卡还是没个够。她的父母面面相觑，爱丽卡还从来没有这么快活过。

她笑得气喘吁吁。她高喊："妈妈，爸爸，现在我知道小丑是怎么回事了！现在我什么都知道了！这真是世界上最美的圣诞节啊！"

她细小的手指仍在跪在她面前的老人脸上摸来摸去。

突然，爱丽卡吃了一惊。她发现这个伟大的小丑哭了！

点评

　　故事一步步设置悬念，让读者了解小丑是如何表演的，小姑娘为何面无表情，小丑到小姑娘家里如何表演。小丑初见小姑娘时的心理活动，小姑娘触摸感受小丑表演时的神态变化，都被作者描述得细腻生动。

　　结尾照应题目，也让读者像小姑娘一样吃惊。小丑为何哭了？他是为自己终于使小姑娘开心而哭了，还是想到自己一生为他人逗乐而伤感？他是为小姑娘一直生活在黑暗中而悲伤，还是此刻想起了其他人和事而哭泣？这个悬念耐人寻味，而这也正是结尾的魅力所在。

风中的白玫瑰

〔美国〕威廉姆斯·科贝尔

牟　婕　译

　　我急匆匆地赶往街角的那间百货商店，心中暗自祈祷商店里的人能少一点，好让我快点完成为孙儿们购买圣诞礼物的苦差事。天知道，我还有那么多事情要做，哪有时间站在一大堆礼物面前精挑细拣，像个女人一样。可当我终于到达商店一看，不禁暗暗叫起苦来，店里的人比货架上的东西还多，以至店内温度比外边高好几度，好像一口快要煮沸的锅。我硬着头皮往玩具部挤，抱怨着，这可恶的圣诞节对我简直是一个累赘，还不如找张舒适的床，把整个节日睡过去。

　　好不容易挤到了玩具部的货架前。一看价钱，我有点失望，这些玩具太廉价了。俗话说，便宜没好货，我相信我的孙儿们肯定连看都不会看它们一眼。不知不觉中，我来到了洋娃娃通道，扫了一眼，我打算离开了。这时我看到了一个大约五岁的小男孩，正抱着一个可爱的洋娃娃，不住地抚摩她的头发。我看着他转向售货小姐，仰着小脑袋，问："你能肯定我的钱不够吗？"那小姐有些不耐烦："孩子，去找你妈妈吧，她知道你的钱不够。"说完，她又忙着应酬别的顾客去了。那小可怜儿仍然站在那儿，抱着洋娃娃不放。我有点好奇，弯下腰，问他："亲爱的，你要把她送给谁呢？""给我妹妹，这洋娃娃是她一直特别想得到的圣诞礼物。她只知道圣诞老人能带给她。"小男孩儿说。"噢，也许今晚圣诞老人就会带给她的。"小男孩儿把头埋在洋娃娃金黄蓬松的头发里，说："不可能了，圣诞老人不能去我妹妹待的地方……我只能让妈妈带给我妹妹了。"我问他妹妹在哪里，他的眼神更加悲伤了，"她已经跟上帝在一起了，我爸爸说妈妈也要去了。"

　　我的心几乎停止了跳动。那男孩接着说："我告诉爸爸跟妈妈说先别走，我告诉他跟妈妈说等我从商场回来再走。"他问我是否愿意看看他的照片，我告诉他我当然愿意。他掏出一张照片。"我想让妈妈带上我的照片，这样她就永远不会忘记我了。我非常爱我的妈妈，但愿她不要离开我。但爸爸说她可能真的要跟妹妹在一起了。"说完，他低下了头，再不说话了。我悄悄从自己的钱包里拿出一些钱。我对小男孩说："你把钱拿出来再数数，也许你刚才没数对呢？"他兴奋起来，说道："对呀，我知道钱应该够的。"我把自己的钱悄悄混到他的钱里，然后我们一起数起来。当然，现在的钱足够买那个洋娃娃了。"谢谢上帝，给了我足够的钱。"他轻声说，"我刚刚在祈求上帝，给我足够的钱买这娃娃，好让妈妈带给我妹妹。他真的听到了。"然后他又说："其实我还想请上帝再给我买一枝白玫瑰的钱，但我没说出口，可他知道了，我妈妈非常喜欢白玫瑰。"

　　几分钟后，我推着购物车走了。可我再也忘不掉那男孩儿。我想起几天前在报纸上看到的一条消息：一个喝醉的司机开车撞了一对母女，小女孩死了，而那母亲情况危急。医院已宣布无法挽救那位母亲的生命。她的亲属们只剩下了决定是否维持她生命的权利。我心里安慰着自己——那小男孩当然不会与这件事有关。

　　两天后，我从报纸上看到，那家人同意了拿掉维持那位年轻母亲生命的医疗器械，她已经死了。我始终无法忘记那商店里的小男孩儿，有一种预感告诉我，那男孩儿跟这件事有关。那天晚些时候，我实在无法静静地坐下去了。我买了一捧白玫瑰，来到给那位母亲举行遗体告别仪式的殡仪馆。我看见，她躺在那儿，手拿一枝美丽的白玫瑰，怀抱着一个漂亮的洋娃娃和那男孩儿的照片。

我含着热泪离开了，我知道从此我的生活将会改变。

点 评

这是一个悲伤而温暖的故事。陌生人的爱让人感动。

作者在多处设置悬念。从开头商店的人会不会少、人比货架上的东西还多怎么办，到中间为什么只能让妈妈把礼物带给妹妹、为什么爸爸说妈妈也要去了，再到后面那个小男孩到底是不是与车祸事件有关，一步一步紧抓着读者的心。故事结尾也发人深思，你认为，"我"的生活为什么会改变？将会怎样改变？

大红色礼服

[美国] 琳达·甘布利斯

梁 军 译

我们第一次看到那件大红色礼服时，父亲、母亲和我正在刚刚落下的雪中步行，准备去安大略市汉斯维尔镇缅因街上的哈勃五金店。我们三人计划报名参加一年一度的圣诞节绘画比赛，期望能赢得满满一筐的高档罐装饼干、茶叶、水果和糖果。在经过伊顿百货公司时，我们像往常一样驻足观望，并做着自己的白日梦。

装饰华丽的展示橱窗里，摆放着最好的玩具。我立刻喜欢上了一个大型的绿色四轮马车玩具，它非常大，可以拖动三堆木柴（一堆为双臂一抱的量）、两桶泔水或整个夏天从公路上捡来的饮料瓶；橱窗里的旱冰鞋使我想把米勒池塘铲出一块空地来溜冰；玩具娃娃太可爱了，我都舍不得拿来玩。它们都安稳地陈列在那件令人惊艳的大红色荷叶边裙的下面。

母亲的眼睛直勾勾地盯着那一大块闪烁着红色微光的缎子，缎子上点缀着闪亮的天鹅绒材质的星形装饰，星形的中心部分缝有亮片。"我的天，"她惊奇地用着迷的语调说，"看看这件礼服，真不得了！"然后，母亲一反常态地在打滑的人行道上跳着华尔兹舞步转了个圈。我记得，每个冬季她都穿一件厚重的、缝有木制纽扣的灰色羊毛大衣。结果母亲失去了平衡，向地上跌去。父亲眼疾手快，急忙扶住了她。

母亲的脸颊比往常更红了，父亲笑话她，并为她拍掉大衣上的雪，她嗔怪父亲："嘿，别笑了！"她用力推开父亲的手臂。"这件摆在伊顿百货橱窗里的衣服太傻了！"她厌恶地摇摇头说，"谁会买这么一件惹人注目的衣服呢？"

我们继续向前走，母亲又转过身来看了看，说："我的天！我以为百货公司会将大家用得着的东西展示出来！"

圣诞节快到了，我们很快忘记了那件红色礼服。母亲一贯不想得到也不想花钱去买那些不实用的东西。她总是说"这个东西不实用"或者"那个东西不实用"。

但与母亲不同，父亲喜欢在预算允许的情况下奢侈一下。当然，他偶尔的挥霍也会惹来母亲的责骂，但是每次父亲都是把钱用在最具善意的意图上的。

就像那次父亲买回家的那个电灶。我们原来住在牛舌湖畔的马斯科卡农舍，母亲常年使用的是一个木材火炉。夏天，由于厨房太热，连家蝇都不愿飞进去，但母亲还是在里面烤猪肉。

一天，父亲给母亲带来了一个惊喜——一个高档的新电炉。母亲拒绝使用，这是肯定的事，她说木材火炉还不错，电炉太贵了，而且太耗电。但是，一直以来，她都在打磨炉子上已经被磨得闪闪发亮的铬制旋钮。尽管母亲说她不喜欢新炉子，父亲和我都知道她其实非常喜欢那个新炉子。

家里还需要很多现代化的设施，像室内的抽水马桶和干衣机，但母亲坚持要等到我们家能够买得起再说。我总是看到母亲在做家务——用手洗衣服，照料猪群或者打理我们庞大的花园——所以她总是穿着打补丁的印花棉布家居服，并且系上一条围裙以保持前襟干净。她只有一两件"特别的"礼服，是留着星期天去教堂穿的。尽管有那么多事要做，她还是抽出时间缝制自己的衣服。尽管衣服不怎么华丽，但穿起来还不错。

那个圣诞节，我在一家"五角到一元店"为父亲买了一把鱼饵，分别装在好几个火柴盒里，好让父亲可以多拆几次礼物。为母亲选礼物就很困难了。父亲和我问她想要什么礼物，她仔细想了想，然后含蓄地说要一些擦拭杯盘用的抹布、洗脸毛巾或一个新的洗碟盆。

那是新年前的最后一次，我们去了一趟镇上，当车开到缅因街时，母亲突然惊奇地叫道："快看那个！"她兴奋地指向父亲刚刚开车经过的伊顿百货。

"那件大红色礼服不在了，"她不敢相信地说道，"真的不在了。"

"噢……不会吧？"父亲轻声笑着，"我的天，还真是不在了！"

"谁会这么傻，买一件这么华丽的礼服？"母亲摇头问道。我和父亲快速地交换了个眼神，他冲我眨了眨蓝色的眼睛，还用手轻轻碰了我一下。车沿着街道继续向前开去，母亲伸长脖子从车后窗再次向伊顿百货望了一眼。"不在了……"她低声道。我几乎可以肯定她的声音中带有一丝渴望的伤感。

我永远不会忘记那个圣诞节的早晨，我看着母亲用手剥去一个大盒子上的薄纸，盒盖上写着"伊顿百货最好的搪瓷洗碟盆"。

"噢，弗兰克，"她称赞道，"这正是我想要的！"父亲坐在摇椅上，咧嘴大笑。

"我又不是傻子，我应该送给你世间少有的你真正想要的圣诞礼物。"他笑道，"继续，打开看看，看盆子有没有缺口。"父亲冲我使了个眼色，奇怪的是，那一刻，我感觉自己对父亲的爱达到了前所未有的程度！

母亲打开盒子，里面是一个大的白色搪瓷洗碟盆——盆中容纳不下的大红色缎子拖坠到母亲的腿上。母亲用她颤抖的手触摸着那件用一流面料制作的大红色礼服。

"噢，我的天！"母亲叫出声来，眼中噙满了泪水。"噢，弗兰克……"她的脸像小房间角落里圣诞树上闪耀的星星一样明亮。"你不必……"她无力再责怪父亲。

"噢，你就别操心了！"父亲说道，"让我们看看它是否合身。"他笑着帮母亲将这件品质一流的礼服套在她的身上。闪闪发光的红缎子包裹着她，恰到好处地将里面那件打着补丁的褪了色的印花便装遮住了。

我目瞪口呆地看着他们，我为父母身上闪耀着的我以前没有发觉的光辉而着迷。他们在房间里跳起了华尔兹，那件大红色礼服在我的心底转动，展示着它的魔力。

"你看起来真漂亮。"父亲轻声对母亲说——她看起来确实非常美！

点　评

　　在这个温馨而感人的故事中，作为主道具的大红色礼服贯穿三个场景：母亲第一次看到礼服，母亲发现礼服不在了，母亲收到了礼服。作者细致地描写了母亲的神态、语言和动作，表现她非常喜欢这件礼服，又竭力掩饰自己内心渴望的复杂心理。

　　在描写完第一个场景后，插叙日常生活中母亲的节俭和父亲的"奢侈"，既丰富了故事内容，又交代了母亲面对礼服纠结的原因，同时为父亲给她暗地里买来礼服埋下伏笔。在后两个场景中，作者对"我"和父亲的眼神交流，虽然各写了一笔，却生动传神，前后呼应。

　　爱是一种深深的理解，是为他人着想的善良，文中的"我"无疑也被父母间这种真诚的爱所触动和感染。

　　推荐阅读： 欧·亨利《麦琪的礼物》。

师生之间

"一日为师，终身为父。"在迄今为止的求学生涯中，对我们产生巨大影响的，往往是那些教育、陪伴过我们的老师。我们和他们的相处，常常超过了与父母的相处时间；一位优秀老师对学生的影响，有时甚至连他（她）自己都意想不到。

在这里，我们会读到一个学生时隔半个世纪去探望曾给自己买过鞋袜的恩师的故事，看到一位怪异的老师如何教育学生要有怀疑精神，发现一位老师怎样打破常规让学生去寻找、记录别人的优点，还会认识一位"打破砂锅问到底"、让人哭笑不得的男孩。

在这里，我们还可以看到一位年轻老师如何与一群顽童斗智斗勇，看到一群平日不怎样出色的学生与老师离别时的动人一幕，更能听到一位女老师含泪讲述的一个孩子如何被友谊改变，并为了挽救伙伴不惜牺牲自己生命的感人故事。

让我们欣赏这些充满着师生真情的校园故事，回忆过去或品味当下的学习生活，珍惜师生情、同学情，同时掌握一些写作技巧，书写自己或身边人物的故事。

师恩难忘

[美国] 杰克

汤尼·尤尔丘满脸通红。老师为什么看着他，而且还不满地噘着嘴？

十岁的汤尼很崇敬韩森太太——她身材苗条，脸上经常露着安详的微笑。他还记得所以会对她心怀崇敬的往事：她当着全班抚弄他的头发，对他说他一定知道答案；只要想想就行了。他当时面孔涨得通红，用心思索——终于解答了问题。从此以后，使她高兴就成为他心目中最重要的事情。可是，现在有什么不对？难道是犯了过错？

放学后在街上兜售杂志时，他看着商店橱窗中自己的映象，探索韩森太太神情不悦的原因。衣衫褴褛，网球鞋破旧——简直不足以御寒——那不能怪他。当时是1932年冬季，住在明尼苏达州明尼亚波利市东北区的波兰和乌克兰移民都很贫苦，只能将就着过活。

他父亲原籍乌克兰，是一家铁厂的夜班工人，大萧条时被解雇。在父亲求职期间，母亲替人家糊壁纸，一间房一块钱。他父母带着四个孩子，住在楔形板墙的两层楼破旧公寓里，楼内老鼠横行，咬啮那深色腐朽的墙壁，使汤尼深感恐惧。

韩森太太根本就不知道那些老鼠，可不是吗？汤尼觉得难以理解。他是个好学生，对上学以前本来不会说英语的学生来说，他的成绩要算不错的了。那天晚上，他蜷缩在被窝中左思右想，打定主意要问老师究竟错在哪里。一经询问，她就非告诉他不可了。

但是第二天早上，他的决心却像阳光中的冰凌般消融了。中午他穿上大衣，正要回家吃中饭，韩森太太忽然走进衣帽室，来到他身旁。她吩咐道："跟我来，汤尼。"汤尼吓得半死地跟着她，心想一定是去校长办公室。

韩森太太快步走上校外的大学路，再转入亨奈品街。她走进明尼亚波利市友好旧货店，他一直跟在后面。"坐下。"她对他说。他听命坐下。

"你们有没有适合这孩子穿的旧鞋？"她问道。店员叫他脱下破烂的运动鞋，量了他双脚的尺码。她很抱歉，这店里没有。"那么就买一双黑长袜吧，"韩森太太说着，打开钱包。他感到失望。有一双没有破洞的暖和厚袜固然不错，但能有一双真正的皮鞋那该多好！

他握着盛袜子的纸袋走出店门，准备返回学校。韩森太太一言不发，又向另一边走去。他只好继续跟随。他们走进一家衣物店。这一次店员找到了一双合脚的鞋——漆黑发亮结实的新短筒靴，靴口竖起，不用扣子，而且配有正式的鞋带。韩森太太含笑点头。他看着她付款用的钞票——生平没有见过这么多钱。他们带着鞋盒走到一家小饭馆，韩森太太自己叫了一个夹心面包，给他叫了一碗汤。

坐在柜台前的时候，汤尼想说句表达谢意的话。可是韩森太太在匆匆进食，像是要赶时间，使他觉得不便启齿。"我们该走了，汤尼。"她说。从她的笑容中，他又看到了自己所喜爱的安详风度。

他望着柜台后镜子中她的身影，心里默默念道："这件事我永远不会忘记。"回到学校，他坐在衣帽室的地板上，穿上新鞋袜。他许下心愿："我永远不会忘记你。"

其后不久，学校停办，教师和学生星散。汤尼不知道他敬爱的老师去了什么地方，而他也始终没有找到适当的机会向她道谢。

时光荏苒，他高中毕业，服役于美国步兵部队，参加冲绳岛之役获得紫心勋章。后来他当了工程师，先后在北太平洋铁路公司与布陵顿北线公司任职。他婚后生了四个儿子，又组织捐血运动，还加入苍鹰兄弟会，一连二十六年经常在学校和医院表演，担任小丑角色。

1970 年，他得了一场严重的心脏病。躺在医院病床上时，他想起了多年前的老师。不知道她是否健在，如果得享遐龄，不知道现在何方。他想到许下的心愿，发觉自己还有事情未曾了却。

1984 年 8 月，汤尼——六十二岁，已有了三个孙儿女——写信给明尼亚波利市教师退休基金会。几天后，收到就住在附近的韩森太太的女儿打来的电话。她的父母十五年前退休，已迁居加利福尼亚州南部。她将他们的电话号码告诉了他。

"喂？"他听出是以前的老师的清细声音。

"韩森太太，我是汤尼。"他不知道该怎么说才好，"汤尼·尤尔丘。"

汤尼解释了打电话的用意后，韩森太太说："汤尼，我应该讲老实话。我不记得你是谁了。有那么多饥寒交迫的孩子……"

"没有关系。"他郑重表示，这是实情。他告诉她，他要搭飞机前往加州，请他们夫妇吃饭。

"啊，汤尼，"韩森太太说，"那太花费了！"

"不要紧，"汤尼说，"我要这样做。"

她沉默了一下。"你记得的是我从前的样子。现在我老了，一脸皱纹。"

"我也不年轻了。"他说。

"你真是打定主意要这样做？"

"我生平没有比这件事更不犹豫的。"

9月28日，汤尼飞赴加利福尼亚州圣地亚哥市。他在那里租了一辆汽车，买了一束长茎玫瑰，然后驱车沿海行进，前往艾司康第多镇郊外机动人家停车园韩森夫妇居住的地方。八十四岁的韩森太太满头华发，新做了卷发，穿着她最好的衣服，两眼闪现光辉，在门口欢迎。他拥抱她，吻她的面颊。"啊，汤尼，"她说，"玫瑰正是我最喜欢的！"

他开车带韩森夫妇去到一家俱乐部餐厅，在那里追忆过去五十年的往事。他告诉她，他怎样发起捐血运动，并在学校和医院为孩子们演出娱乐节目。"干这些事情我总是想到你和那双鞋，"他说，"你知道你发挥了多大的影响力吗？"

日落时分，他们沿海岸慢慢驶回家去，韩森太太说："给你添了这么多麻烦，真是过意不去。"

"只要想想那双鞋子，我欠了你多少利息。"他紧握着她的手。

几星期后，汤尼收到韩森太太用楷书写的短束。"在我当教员的一生中，也曾有许多从前的学生来函称颂，并表示谢忱，"她写道，"但是，你的表现更使我感到前所未有的快慰。"

点 评

一位富有爱心的老师，她对学生关心和呵护所产生的影响，可能是她料想不到的；一个有着感恩之心的学生，能将自己从老师那里得到的关爱铭记在心，并在日后的生活中化作行动传递出去，这当然是老师最大的快慰。

作者虽然采用全能全知的叙事方式，其实是站在汤尼的角度进行叙述。你可以尝试把故事改为第一人称叙述，再来比较二者在表达效果上的优劣。在详略安排上，故事也相当精巧。前半部分主要写汤尼十岁时，韩森太太给他买鞋袜；后半部分主要写六十二岁的汤尼，去看望八十四岁的恩师。中间只用两个段落，就概述了半个多世纪的时光，也为下文汤尼寻找恩师，并为她讲述自己的人生经历做了铺垫。

良 师

戴文·欧文

欧阳笑梅 译

从小学上到大学，我碰到过的最好的老师是教六年级科学课的惠特森先生。那时，我们正学习电学。一天课上，他让我们手拉手围成一个半圆，其中一人将铅笔插入电弧，以便让同学们领教一下五万伏电压是个什么滋味。（别想得太可怕，没什么大不了的，因为电流强度很小。）学习人类生殖与繁衍时，惠特森先生给我们放录像片辅助教学，没想到班里居然有一名男生当场晕了过去。在一次野外宿营活动中，都半夜 10 点了，他要求我们玩夺旗游戏，活动一直持续到第二天早晨 6 点，别的组累得精疲力竭。我很幸运，分在惠特森先生组里。我们把旗子扔在树丛里，让护旗卫兵站在其他地方作假目标，就这样舒舒服服地休息了一夜。

六年级第一天，惠特森先生在课上介绍了一种昼伏夜出、早在冰川时期就已经灭绝的"怪猫"。他一边讲，一边让同学们传看一个头盖骨标本。我们都赶着记笔记，因为课后有一个测验。

卷子发下来时，我吃惊地发现我居然不及格。我的第一个反应是：肯定出了什么差错。因为我在卷子上写的全都是惠特森先生亲口说的，可眼前的试卷上，每道题目都划着鲜红的叉子，紧接着，我发现全班没人及格，到底是怎么回事？！

事实很简单，惠特森先生事后解释道："怪猫"完全是他生编乱造出来的。因此，我们的笔记、答卷当然无一例外，全是无稽之谈，世界上压根就不存在这种动物。

毋庸讳言，我们都给激怒了。这算是什么考试，他还算是个老师！

可惠特森先生却振振有词：你们自己应该能够猜得出来，因为，就在大家传看那个"怪猫"头盖骨时（那事实上是一个家猫头盖骨），他已经明确地告诉我们，它没有留下任何一丝考古线索，可另一方面，他却详细描述了它惊人敏锐的夜间视觉，它皮毛的颜色以及其他特点。果真如他所说没有可考线索，他又怎么可能获得后面的种种信息？重要的是，"怪猫"这个夸张而可笑的名字居然也没有引起我们怀疑。惠特森先生说这次考试的分数将记录在案，他说到做到。

惠特森先生希望我们从这件事中吸取教训，时刻记住，无论老师还是教科书，都不可能一贯正确。事实上，世界上没有不犯错误的权威。因此，任何时候都不能轻信。他还要求我们，一旦发现他或课本的错误，一定要大胆指出。

对我来说，惠特森先生的每一堂课都像是一次冒险。以至到今天，我还能清楚地记起某些课从头至尾每一个细节。一天，他告诉我们，说他的大众汽车是一个生物有机体。我们花了整整两天时间才把他驳斥得心服口服。这是因为，我们必须证实自己不但完全清楚有机体的含义，而且具备坚持真理的勇气。否则，他决不会轻易放过我们。还有一次，他给我们讲述他在苏联的间谍生涯，配上幻灯，这场骗局设计得绝对天衣无缝，以至我们当时都深信不疑。直到不久前，我才得知那又是一场虚惊。

"怪猫事件"的影响很快波及全校。我们把"怀疑一切"的新原则运用到每一门课上，引起那些古板而循规蹈矩的老师们极大的反感。这在历史课上尤其明显，每当老师讲到某一历史事件时，教室里就会响起清嗓子的声音，紧接着便"猫"声四起。

几年后，惠特森先生离开我们学校，迁到远在异地的另一所学校担任校长。适逢那个城镇举办大学橄榄球联赛，很多他教过的学生赶去观看。惠特森先生特意将他们请到自己家中举办了一个周末露天晚会。就在同学们准备离开时，他露出了特有的狡黠——每当设计了一个意味深长的骗局之后，他大声告诉每一个来宾，他们享用的那些美味佳肴——"牛"排，小"牛"肉和炖"牛"肉全都是用马肉做的。

学校当局正酝酿，以后每周给每个学生十五分钟时间，就教学的可改进之处提出切实可行的主张。如果问到我，我会毫不犹豫地说，惠特森先生的方法是最可行、最好的。尽管我不论是在电学还是在人类繁衍学科上都毫无建树，而惠特森先生也已弃教经商，从事不动产交易，但每每想起六年级的科学课，我就深深感到，他教给我们的是一种极重要、极宝贵的东西：那就是敢于面对任何人，敢于向任何谬误说"不"的勇气，那不仅仅是一种勇气，也是一种乐趣。

但并不是每个人都意识到这种价值，当我把惠特森先生的趣闻轶事讲给一位小学教师后，他大惊失色："他不该那样愚弄你们！"我直盯着他的眼睛，平静地说："你错了，先生。"

点评

在你的学习历程中，有让你觉得最好的老师吗？他（她）的"好"具体表现在哪里？故事中的惠特森先生确实"怪异"，他总是不按常规出牌。

本文的详略安排很精彩，开篇介绍的三件事，就让我们领略了惠特森先生的不同一般。中间叙述最详细的"怪猫事件"，相信课堂上的每个学生都会终生难忘。此后的"汽车事件""间谍生涯"和"牛肉事件"，也展示了他一贯的教学风格。而故事中提及的历史课堂和文末的小学教师，无疑是在对比中表达对循规蹈矩者的不满。

惠特森先生意在告诉我们，不要迷信权威，要有怀疑精神，要有敢于向任何谬误说"不"的勇气。这种勇气你有吗？推荐观赏彼得·威尔执导的电影《死亡诗社》，阅读顾颉刚先生的文章《怀疑与学问》，你对这个问题的认识可能会更深入。

优点单

[美国]海伦·P.摩尔斯拉

曾国平 译

那时候我在缅因州莫里斯的圣玛丽学校，他在我教的三年级一班。三十四个学生都喜欢我，而马克·埃克隆尤其突出。他外表整洁，生性快乐，偶尔淘气也显得逗人。

但马克爱讲小话。我一次又一次提醒他，上课不经允许而讲话是不能容忍的。给我深刻印象的是，每当我批评他不良举止时他所做出的反应——"谢谢您纠正我，姐！"尽管他说得诚恳，但第一次听见时我还真不知怎么好。但不久也习惯了，一天听他这么说好多回。

一天上午，马克讲得太多了，我克制不住，犯了一个见习教师式的错误。我正视马克："如果你再讲一句话，我就把你的嘴封起来！"

刚过了不到十秒钟，查克脱口告发："马克又讲话了。"我并没有要学生帮我监督马克，可因为我当着全班陈述过我的惩罚，我不得不付诸行动。

当时的情景我没忘，如同发生在今天早上。我走到我的桌旁，从容拉开抽屉，拿出一卷胶纸带。没说一句话，走到马克课桌旁，撕下两条胶纸带，在他嘴巴上贴出一个老大的 ×。然后返回教室前面。

我瞥一眼马克，看他怎样反应，他朝我直眨巴眼睛，就这样！我笑开了。全班喝彩。我又走到马克身边，揭掉胶纸，并耸耸双肩。他说的第一句话就是："谢谢您制止我，姐。"

这年年底，学校要我改教初中数学。日月如梭，马克不知不觉又坐进我的教室了。他比以前更标致，也更礼貌了。由于他得认真听我讲解"新的数学"，九年级时讲小话没有三年级时多了。

一个星期五，课堂感觉不轻松，整个星期都在为一个新概念而吃紧，学生们有些灰心——每一步都进展缓慢。我得赶快设法消除这种急躁情绪。于是我要他们用两张纸，写下其他同学的名字，每个名字后面留出空白，空白里列出这个同学的全部优点。

这堂课的剩余时间就完成这一任务，每个学生离开教室时，都交给我各自对全班同学的最好评语。马克说："谢谢您讲课，姐。周末愉快。"

那个星期六，我用三十四份纸，分别写下每个学生的名字，然后在每个名字后面抄下其他人写的这个学生的优点。星期一再把这些优点单发给他或她自己，有些评语多达两张纸。不一会儿，整个教室都笑了。"真的？"我听到窃窃私语："我可没料到这会对谁有什么意义！""没想到有人会这么喜欢我！"

此后，没人再在课堂里提及这事，我也不知道他们下课后互相之间、或在跟父母一起时讨论过没有，不过这也没什么大不了的。演习达到了它的目的，学生们对人对己都恢复了信心。

那一批学生继续深造。若干年后，我一次度假回来，父母到机场接我，驱车回家，母亲照例问我一些旅行经历——关于气候，关于我的见闻感受。谈话短暂停顿。母亲斜眼扫一眼父亲，提醒什么似的说："老头子？"父亲清清嗓子，每当讲出什么重要事情前他总是这样。"昨晚埃克隆家打来电话了。"他开口说。

"是吗？"我说，"好些年没听到他们的消息了。不知马克如今怎样。"

父亲平静地回话："马克在越南死了，明天举行葬礼，他的父母希望你能出席。"直到今天，我仍能指出父亲在1—494公路上宣布马克噩耗时的确切地方。

我还从未看见军人躺在军用棺材里。马克看上去很帅很成熟。当时我一门心思地想："马克，只要你开口对我说话，我可以销毁全世界的胶纸带。"

教堂里挤满了马克的朋友。查克的妹妹唱《共和国之战圣歌》。葬礼的日子里怎么下雨啦，坟场边泥泞难行。牧师念了祷文，号手放了录音。爱戴马克的人们一个一个绕灵柩走一圈，洒圣水。

我最后一个在墓前划十字，肃立致哀。战士们中抬棺的一位走到我跟前。"您是马克的数学老师吧？"他问。我点头，眼睛没有离开灵柩。"马克讲过您的许多事情。"他说。

葬礼之后，马克过去的大部分同学都去了查克的农场住家用中餐。马克的父亲母亲也在那里，显然都在等候我。

"我们要让您看一样东西，"马克父亲说，从口袋里掏出皮夹，"这是马克死时他们在他身上找到的，我们想，您认得它。"

打开皮夹，他小心抽出显然是马克随身携带的、曾经打开折合过许多次的两张笔记本纸。我一眼就认出是全班同学列出的马克的优点单。

"非常感谢您费过的这番苦心，"马克母亲说，"正如您看见的，马克视若珍宝。"

马克的同学们开始围上来。查克显得忸怩不安，笑着说："我一直保存着我那一份，放在家里桌子最上层的抽屉里。"查克的妻子说："查克要我把这个夹在结婚纪念册里。""我的也还留着。"玛里琳说。接着，另一位同学维基把手伸进提包，从皮夹里取出全班同学赠言她的优点单，已经磨薄缺损了。"我随时随地带着它，"维基眼睛一眨也不眨，"我想我们都保留着我们的优点单。"

我一下子跌坐下来，哭了，我哭马克，哭所有的朋友们再也看不到马克了。

点评

马克这样的人，是不是你身边也有？也许，你就是另一个马克，有不少优点，也有一些小小的缺点。在生活中，人们总习惯于发现、批评他人的不足，却忽视了他人的优点。而故事中的"我"却打破常规，让每一个学生去寻找、记录别人的优点。

作者的写法也很巧妙，在第一部分里由三年级跳到九年级，用马克的口头禅——"谢谢你……姐"来贯穿这些内容；在第二部分开始却宕开一笔，写若干年后参加马克的葬礼，接着"优点单"和其他学生出现了。这样不仅与前文相互照应，使得故事结构紧凑，也突出了"优点单"对马克及其他同学的重要意义。

在现实生活中，多鼓励、肯定别人吧，也许你会忘了自己曾经的善举，它有时却会对别人产生深远影响。推荐观赏印度电影《地球上的星星》，读懂那个美术老师和八岁男孩的故事；把此文推荐给你的老师，让全班同学也相互找一找优点。

公 理

[俄国] A. 库尔良茨基　A. 海特

陈印良 译

老师离开黑板，抖了抖手上的粉笔灰说："现在请大家做笔记：平行的两条直线，任意加以延长，永不相交。"

学生们低下头在本子上写着。

"平行的两条直线……永不……相交……西多罗夫，你为什么不记呢？"

"我在想。"

"想什么呢？"

"为什么它们不会相交呢？"

"为什么？我不是已经讲过，因为它们是平行的呀。"

"那么，要是把它们延长到一公里，也不会相交吗？"

"当然啦。"

"要是延长到两公里呢？"

"也不会相交的。"

"要是延长到五千公里，它们就会相交了吧？"

"不会的。"

"有人试验过吗？"

"这道理本来就很清楚，用不着试验，因为这是一条公理。谢苗诺夫，你说说，什么叫公理。"

一个戴着眼镜，态度认真的男孩子从旁边位子上站起来答道："公理就是不需要证明的真理。"

"对，谢苗诺夫，"老师说，"坐下吧……现在你明白了吧？"

"这我懂得，就是不懂得为什么它们不会相交。"

"就因为这是一条公理，是不需要证明的真理呀。"

"那么，不论什么定理都可以叫作公理，那也都用不着证明了。"

"不是任何一条定理都可以叫作公理。"

"那么为什么这一条定理就可以叫作公理呢？"

"咳，你多固执啊……喂，西多罗夫，听我说，你今年多大了？"

"十一岁。"

"明年是多少岁？"

"十二岁。"

"再过一年呢？"

"十三岁。"

"你瞧，每个人每年都要长一岁，这也是一条公理。"

"要是这个人突然一下子死掉了呢？"

"那又怎么样？"

"一年后他不就长不了一岁了吗？"

"这是例外情况。你别从我的话中找岔子了，我还可以给你举出别的例子，甚至可以举出成千上万的例子来说明。不过，这没必要，因为公理是不用证明的。"

"那要不是公理呢？"

"那是什么？"

"要是定理，就需要证明了吧？"

"那是需要的。可我们现在说是公理。"

"为什么是公理呢？"

"因为这是欧几里得说的。"

"要是他说错了呢？"

"你大概以为欧几里得比你还蠢吧？"

"不，我并不这样认为。"

"那为什么你还要强辩呢？"

"我没有强辩，我只是在想，为什么两条平行直线不能相交。"

"因为它们不会相交，也不可能相交。整个几何学就是建立在这个基础上的。"

"这么说，只要两条平行直线一相交，整个几何学就不能成立了？"

"那当然，但它们终究不会相交……你瞧，我在黑板上画给你看……怎么样，相交了没有？"

"暂时没有。"

"好，你再看，我在墙上接着画……相交了没有？"

"没有。"

"你还要怎样呢？"

"要是再延长，延长到墙的背面上去呢？"

"现在我全明白了，你简直是个无赖，你心里很明白，但就是存心要跟我扯皮。"

"可我确实是不懂嘛。"

"嗯，好吧，你不相信欧几里得，也不知道他是什么人。但我，你总该知道，总该相信吧？我对你说，它们是不会相交的……喂，你怎么不说话了呢？"

"我在想。"

"西多罗夫，那就这么办吧：要么你立刻承认它们不会相交，要么我把你撵出教室，怎么样？"

"我实在弄不明白这是怎么回事。"西多罗夫哽咽着说。

"出去！"老师喊了起来，"收拾起你的书包见你的父母去吧。"

西多罗夫收拾起书包，抽泣着走出教室。

老师疲惫地坐到椅子上，大家默默地坐了几秒钟，然后老师站起来又走近了黑板。

"好吧，同学们，我们继续上课，请你们再记下一条公理：两点间只能画一条直线。"

点 评

　　读过这个故事，你可能会感到既有趣又好笑。我们看到了一个起先耐心解释、最终气急败坏的老师，也看到了一种充满疑问委屈、最终被赶出教室的孩子。他们到底谁错了？似乎都没有错，他们都对吗？似乎也不完全对。

　　整个故事以人物对话组织全文，这样你来我往的语言描写，不仅暗示了人物的内心变化，也推动了情节的发展；同时故事首尾呼应，发人深思。

　　鲁迅在小说《狂人日记》中写道："从来如此，便对吗？"在你的学习生活中，是否也有过许多类似的疑问？你是让它一闪而过，还是像故事中的西多罗夫那样勇敢地提出来并坚持下去？如果你是故事中的这位老师，你又将如何处理这个问题？

顽童与绿头蝇

[意大利] 乔瓦尼·莫斯卡

我当时二十岁，上衣胸袋里塞着一封暂任教师的聘书，忐忑不安，去到学校，要谒见校长。

"你是谁？"秘书问道，"这个时候校长只接见教师。"

"我就是新来的教师。"我说着，并向她出示聘书。

秘书一边走一边抱怨，进了校长的办公室。校长走出来，看到我就蹙眉。

"教育部在搞什么鬼？"他大声说，"我要的是个硬汉，可以彻底制服那四十个小祸害。而他们却派个孩子来给我。他们会把你弄得粉身碎骨的！"

后来他觉得这样子说话可不是鼓励我的好办法，于是微笑一下，拍拍我的肩膀，用较温和的口气说："你有二十岁吗？你看来只有十六岁。聘书上写的真是但丁·阿利基利学校吗？"

"上面写得清清楚楚。"我说，把聘书给他看。

"愿老天爷保佑你！"校长慨叹道，"从来没有人能驾驭得住那些男孩子。四十个小魔头，在他们的领袖格勒斯基之下，武装起来，组织起来。他们最后的教师是一位严厉出名的老夫子，昨天他含泪走了，要求转调到别的地方。"

我们在长廊走着，两旁都是教室。

"就是这里。"校长说，在五年级丙班的门口停下来。教室里闹翻了天，尖叫声，铅弹掷向黑板的噼噼啪啪声，唱歌声，桌子拖前拉后声。

"我想他们正在建筑防栅。"校长说。

他捏了我的手臂一把，然后走开，这样他就什么都看不见，把我一个人留在五年级丙班教室的门口。

要不是我等待这份工作已经有一年之久，我大概会一走了之。我没有走掉，倒是开了门，走进教室。一切顿时静下来。

我充分利用这个机会关了门，走到教桌后面。四十个男孩虎视眈眈望着我。

在外边，风吹动树枝，向窗子的玻璃拂扫过来。

我紧握拳头，尽量抑制自己不开头，深知一作声就威势全失。我必须等待，随机应变。

那些男孩目不转睛地望着我，我以驯兽师凝视猛虎般的目光还视他们。要认出他们的领袖格勒斯基并不难。他坐在第一排，个子很小，头发剪成平头，缺了两颗牙齿，眼睛虽小但目光凶猛。他两手把一只橘子抛来抛去，望着我的眉心。

是时候了。

他大叫一声，右手紧握橘子，臂膀向后一扬，把橘子掷过来。我把头微闪，橘子在我背后的墙上砸烂了。格勒斯基没有击中目标，这可能是他初次失手。我不过把头稍微歪了一下，不让他击中而已。

格勒斯基一怒而起，手执弹弓对着我。他那红色的橡皮弹弓，装上了一个沾了唾液的小纸球。几乎就在这一刹那，其余三十九个男孩也站起来，用他们自己的弹弓向我瞄准。这些弹弓是用普通的橡皮筋做的，只有他们的领袖才用红橡皮筋。

一片沉寂中，气氛越来越紧张。

树枝仍然轻拂着窗子。一阵嗡嗡声传来，在沉寂中，显得更响亮。一只大绿头蝇飞进了教室。

格勒斯基两眼仍瞪着我，但也对那绿头蝇迅速瞟几眼。其他男孩也和他一样。我知道他们内心开始有矛盾了：要对付的是这个老师呢？还是那只绿头蝇？

我很明白这只绿头蝇的吸引力多大。我刚刚离开学校，看到一只绿头蝇，也不会完全无动于衷。

突然我说："格勒斯基，（那个孩子吓了一跳，因为我竟然知道他的名字。）你认为你可以用弹弓打死那只绿头蝇吗？"

"这是我的任务。"格勒斯基答道。

一时班上呢喃起来。刚才那些弹弓都对准着我，现在纷纷放下来，大家都望着格勒斯基，而他也离开了书桌，向那绿头蝇瞄准。不过，那纸球"砰"的一声，只打中了电灯泡。绿头蝇仍逍遥自在地嗡嗡作响，活像一架飞机。

"把弹弓给我！"我说。

我嘴嚼了一块纸片，揉成球状，用格勒斯基的弹弓向那只绿头蝇瞄准。

我能否得救，我将来有没有尊严，一切就都靠这一射击了。

我瞄准了很久。

我对自己说：记住，从前在学校里，杀绿头蝇的本领没有人及得上你。然后我松了橡皮筋，嗡嗡的声音戛然而止，绿头蝇坠死在我脚下。

"格勒斯基的弹弓，"我说着，回到了自己的桌前，举起那红色的橡皮筋，"就在我的手里，现在我要其他的。"

我听到有人在耳语，不过这是羡慕而非敌对的声音。他们低了头，一个一个走到我的桌前来，不消一会儿，桌子上就高高堆满了四十把弹弓。

我神态自如，若无其事地说："让我们开始学动词吧！格勒斯基，到黑板前面来！"

我把粉笔抛给了他，叫他默写。

点评

作者开篇就以校长的一番牢骚和担忧设置了悬念："我"会有怎样的遭遇？"我"驾驭得了这群小魔头吗？"我"也会含泪走人吗？

随着主体部分的展开，读者看到了一场心理与能力的较量。在这里，作者安排了两次失败（格勒斯基掷橘子和打绿头蝇），两处景物描写（室外风吹树枝、轻拂窗子），两次心理活动（以前在学校里"我"熟悉绿头蝇），甚至两处绿头蝇的嗡嗡作响，不仅前后呼应，而且推动了情节的发展。结尾"我"叫格勒斯基默写，又一次留下悬念，让人回味。

推荐观赏克里斯托夫·巴拉蒂执导的音乐电影《放牛班的春天》，看一位怀才不遇的音乐老师，如何改变了一群被大人放弃的野男孩及他自己的命运。

在学校的最后一天

[意大利] 乔万尼·莫斯卡

蔡伟蓉 译

好啦，孩子们，咱们在一起已经两年了，待一会儿下课铃一响，咱们就该说"再见"啦。

我已经把成绩报告单发下去。马蒂尼里及格了。当他看见自己的分数时，还真以为看错了呢。今天早晨，妈妈仔细地给他梳了头，还非让他系个新领结不可，看上去像只巨大的白蝴蝶。

克利帕也及格了——那个十三岁的高个子，两条腿上汗毛浓浓的，上课时老打瞌睡。到明年进了中学，他照样会在课堂上睡着的。

唯一没有及格的是安东尼里。这孩子花了整整一年工夫用玳瑁铅笔刀在课桌上刻自己的姓。不过，他的速度实在太慢，到现在只刻了"安东"两字。明年，到了新老师的班上，他大概能刻上"尼里"了。

马尼利从前是个小不点儿，罩衫直拖到脚尖上，如今连膝盖也快盖不住了。斯巴多尼两年前来到我这个班时，经常搬弄是非。现在要再这样，他自己都会害臊的。

孩子们，铃声一响，你们就要走了。我呢，不再教书，要搬到另一个城市去，所以咱们再也不能见面了。我拉开抽屉，把今年没收来的东西发还给他们。其中有奇奥蒂尼的水枪，斯巴多尼的几个笔帽，马尼利的陀螺，还有达尼埃里的五枚极普通的瑞士邮票，而他还认为挺值钱的呢。

街上肯定会挤满学生们的亲友，到处是嗡嗡的说话声。斯巴多尼的奶奶一定会来。这位老太太一见我，总要说："谢谢你，谢谢你，先生。"而且每次看见我总要吻我的手。

奇奥蒂尼的父亲也准会来的。他是个壮实的小个子，老远就跟我打招呼。这学年开始时，只要我说他的儿子不用功，他就一把揪住孩子的耳朵往家里拖。但今天早上奇奥蒂尼很快活，因为他及格了。九个月来第一次，他爸爸不会揪他的耳朵了。

"中学的老师要严格得多，你们要继续努力学习，做个好学生。我一定不会忘记你们的！我对你们说的都是心里话，记住我的话吧！"

马蒂尼里噙着泪水朝我走来，其他的孩子跟在后面，把我团团围住。

"马尼利，这是我没收的你的陀螺；你的瑞士邮票，达尼埃里；奇奥蒂尼，你爸爸每天揪你耳朵，这都是因为我，我很抱歉。"

奇奥蒂尼也是热泪盈眶。"没什么，老师，现在我这儿都长了个腱子了。"他挨近我，让我摸他的腱子。

"我也有。"斯巴多尼说着，也挤过来。当然，并没有什么腱子，只不过是为了在走之前也想让我拍拍他。

他们都挤在我的教课桌周围，每个人为了挤到我身边来，都有点什么东西要给我看：弄破皮的手指、一点烧伤、头发下的一块疤。

"老师，"马蒂尼里抽噎着说，"那条蜥蜴是我放在你抽屉里的。"

斯巴多尼说："老在教室后面发出喇叭声的是我。"

"再吹一次吧，斯巴多尼。"我要求他。

于是，斯巴多尼鼓起挂着泪珠的腮帮子，发出那种古怪的声音。一年来，我一直没能找到发出这声音的人。

"吹得不错呀，斯巴多尼！"说着，我揉了揉他的头发。

"我也会，我也知道怎样吹。"

"我也会，老师。"

"那就吹吧，我们一起吹。"

于是，他们像我的小弟弟似的，紧紧地挨着我，一本正经地鼓起腮帮子，发出一阵喇叭声，像是在向我告别。

正在这时，铃声响了。铃声从院子里传来，穿过走廊，闯进每个教室。

马蒂尼里跳起来，拥抱我，吻我的脸颊，在我脸上留下了唾沫印儿。他们抓住我的手，拉着我的上衣。达尼埃里把那几张瑞士邮票塞在我衣袋里，斯巴多尼把他的笔帽也塞给了我。铃声还是不停地响着，别的班级都已经离开教室了。

"到时候啦，孩子们，咱们得走了。"

我本应该让他们排好队，但现在是不可能的了。全体学生簇拥着我，实际上是跑着出去的。但是一到街上，孩子们像是烟消云散，转眼就不见了，他们的爸爸、妈妈、奶奶、姐姐早把他们带走了。只剩下我一个，孤零零地站在门口，一副衣冠不整的样子，上衣还掉了一颗纽扣。谁会拿走我的纽扣呢？我脸上还有粘呼呼的唾沫印哩。

再见吧，学校。很久以后我再回来时，会遇到陌生的老师。那时候，我能找个什么借口才能回到那间老教室，才能拉开那个马蒂尼里放过蜥蜴的抽屉呢？

不管怎么样，我还有聊以自慰的东西：达尼埃里的瑞士邮票和斯巴多尼的笔帽。还有马蒂尼里也可以保存一点东西，因为只有他，才会把我的上衣纽扣扯去的。等我回到家里，如果我做了什么后悔的事，那就是不得不洗去脸上的唾沫印儿。

点评

人在现实生活中往往是这样，当你拥有某些东西的时候，常常不怎么懂得珍惜；等到要失去它的时候，才会发觉它的珍贵，内心充满了留恋和不舍。

作者从第一人称"我"的角度来叙述故事，在行文中第二人称和第三人称不时切换，描述当下事件时又插入往昔的人和事。全文略带风趣幽默的语言，淡化了离别的伤感。对人物的语言描写和细节刻画非常细致，表现了人物不同的性格特点。

当一件事情结束时，我们常常会发现，先前的酸甜苦辣往往都变成了甜的。你也许经历过与文中类似的离别，当时的你又有着怎样的感受？

永远的朋友

［印度］阿迪提·达斯·鲍米克

王敬涛 译

星期一，镇上的中学像往常一样开课了。罗兹·玛丽老师走进教室。她是一位中年女士，教五到八年级。她的教学方式非常独特，讲课时总是举些生动活泼的例子，同学们非常期待她的课。

"早上好，老师！"孩子们齐声问候。

"大家早上好！"罗兹也跟大家打招呼。

"你们周末过得怎么样啊？"

孩子们对回答这个问题超级热情，每个人都讲述自己和家人过周末的情况：有人骑着车逛大街，有人跟父母种花草。罗兹耐心地听着他们讲述。她在孩子们身上流露出的兴致，让她成了他们最喜爱的老师。

她今天要讲的是古巴比伦诗歌《吉尔伽美什史诗》，目前已知最古老的叙事诗。它讲述了吉尔伽美什和恩奇都之间的友谊。

当一名学生朗诵了全诗的四分之一后，她开始讲解诗人想要通过作品对世人表达的主要思想。话还没说完，她就看见墙角有人举起手来。

"好的，瑞维什，我能知道你有什么疑问吗？"罗兹问。

"如果我说错了，还请您原谅，老师。我只是想问一下，您觉得世上真的有真挚的友情吗？"

这个问题让她一怔。这意味着她不得不讲一个故事，一段在她心中埋藏已久的往事。

停顿了片刻，她说："有的。我见过。"

"请给我们讲讲吧。"同学们请求说。

她朝窗外望了片刻，然后又扭头看着同学们殷切的眼神。接着，罗兹用一种轻柔的声音讲了起来。她说："孩子们，这是一件真事，是我亲身经历的。"

当年，我在南美洲的玻利维亚教书，教三到五年级。学生们充满活力，就像你们一样。

一天，有一家人搬到了镇上。他们家看起来很富有。他们有个儿子叫约翰，七岁上下。这个孩子很粗鲁，没礼貌。他的父母是因为工作才搬来镇上的，两个人都是镇上一家有名医院的医生。约翰就这样跟了过来，并在我教的那所学校入了学。

他来的第一天就打破了教室窗户的玻璃。他还跟其他孩子打架，撕破别人的衬衣，推搡别人，打碎别人的物品。这种情况持续了一周。我们当老师的本以为他过几天就会变好，所以每次在他胡闹之后，我们总是告诫他，不要再这样。但是，毫无效果，他的恶行没有一丝改变。

后来我们去家访，但他的父母好像忙得很，丝毫不理会我们的要求。

这让我觉得，约翰之所以这样，应该归因于父母关爱的缺失。他就是这样长大的。我想到一个帮助约翰的方法。我让他坐在班里最优秀的男孩身旁——马丁不但学习好，其他方面也都不赖。而且，他还特别有礼貌，特别谦虚。

他们两个坐到一起的第一天，约翰就把马丁餐盒里的午餐吃了个精光。他过去也常常这样做，当别人为此恼怒或者哭泣时，他会格外开心。马丁却微笑着说："我可以吃你的吗？我饿了。"约翰吃了一惊。他就像被这令人愉悦的请求摄去了魂魄一样，打开饭盒，递给了马丁。

第二天，约翰撕破了马丁的一张书页，他相信马丁一定会大喊大叫，跟他干上一仗。但是马丁仅仅去找老师要了胶带，然后把书粘了起来，并没有说一句难听的话。约翰再次目瞪口呆。

约翰对马丁的温和性情失去了耐心，他用各种办法来激怒马丁。他每天破坏马丁的物品，马丁却只是默默地把每件东西恢复原样。

一个月后，约翰停止了胡闹，问马丁："你哪儿来这么大的耐心，你为什么不反击呢？"

马丁笑着对约翰说："我不跟朋友打架。如果我知道自己能把东西修好，有其他办法解决问题，我干吗要伤害别人呢？"

"有些事情你是知道的，约翰。"马丁继续说，"我妈常说，如果你伤害了别人的感情，你就会遭到双倍的报应。"

马丁的话对约翰产生了神奇的效果，他坐下来，静静地注视着马丁。

马丁说："现在该我问你问题了。告诉我，约翰，为什么你总是损坏他人的物品？你把他们变成了自己的敌人，而非朋友。是什么让你这样做的呢？"

这个问题直击约翰的内心。他羞愧至极，眼里第一次涌出了泪水。他用双手捂住脸，然后用一种低沉压抑的嗓音说："爸妈从来不关注我，他们从不跟我打招呼，无论是早上还是晚上。我有个照顾我的保姆，但我想跟爸妈待在一起。有一回，我打碎了家里一个昂贵的雕像，爸爸终于站到我面前。他教训了我，可是我很高兴，因为他至少离我近了一些。又有一天，我弄坏了家里的电视，那天妈妈狠狠地抽了我耳光，可是至少，她接触了我。我想，只要我做了坏事，我就能有时间跟爸妈在一起。这一切就这样开始了。我觉得，如果要吸引别人的注意力就得破坏东西，那我最好就那样做。马丁，你不理解没人理会是一种怎样的感受。"泪水沿着他的面颊流了下来。

"约翰，请原谅，我并不想伤害你。"马丁觉得很抱歉，他觉得是自己的问题把约翰弄哭的。"好了，约翰，你能向我保证一件事吗？"马丁关切地问。

"什么事？"约翰捂着脸问。

"如果我一生都和你在一起，不论艰难还是顺利；如果我保证能关注你，不论你是否需要我，你会停止胡闹吗？我可以保证，我会随时支持你。"马丁紧紧握着约翰的手说。

"会，我会停止我所有的恶劣行为。"他不好意思地笑了，擦擦眼泪，拥抱了马丁。

第二天，出乎所有人的意料，约翰走到全班同学面前，为自己的错误行为道歉，并向大家许诺，他将会证明自己是个合格的好朋友。他又向我走过来，感谢我让他坐在马丁的旁边。看见这样一个改过自新、举止良好的约翰，我感到十分欣慰。

几年过去了，他们的友谊越来越牢固。从学习到打篮球，马丁方方面面都在帮助约翰，而约翰也确实需要他的帮助。马丁信守承诺，总是自己先学会，然后再讲给约翰听，让约翰把文化课学好。在马丁的鼓励和引导下，约翰还加入了学校的篮球队。

时光荏苒，我很高兴地看到他们的友谊在不断加深。马丁总是护着约翰，使他免遭一切可能存在的威胁。但不知怎么，在内心深处，我总觉得约翰并不像马丁那样无私。约翰的举止彬彬有礼，但让人难以理解的是，他的心底仍然隐藏着羡慕或嫉妒的情绪。

那是在冬天，日期是 1994 年 6 月 9 日（南半球此时正值冬天——译者注）。凌晨时分，我们感到大地在震动，我们的床在晃。没人在意这些。早上八点，学校正常上课。十点钟，学校的楼房开始剧烈抖动起来。这是一次强震。我们呼叫孩子们撤离。鉴于高年级学生有一定的照顾自己的能力，我们就先把低年级的孩子带出教室。

余震不时袭来。绝大多数学生被带到校外以后，我们当中有几个人又跑回教室，确保没有人被落在教学楼里。当到达三楼时，我看见了约翰，他正趴在地上，靠柱子支撑住自己，伸手在拉谁上来。让我吃惊的是，居然是马丁悬在下面。边墙被强震摧毁，马丁从那里滑了下去。我也伸过手去，想和约翰一起把马丁拉上来。

马丁哭喊着说："不行，你们俩快救自己吧，快跑。"我说："我是你的老师，我不能眼睁睁地看着你死。"

约翰已经呜咽起来，他抽抽搭搭地说："如果我今天松开你的手，我将无法安度余生。是你带给我生而为人的感情，给了我爱与被爱的体验。你在我生命的每一刻都给予我支持，不论那时是悲伤还是欢乐，所以你现在怎么能指望我逃跑，把你扔在这样的绝境里不管不顾。而且你向我保证过，今生今世要和我在一起。我不会让你违背诺言，我的朋友。"

听他们这样说着，我的心都要碎了。我先前对约翰的看法是完全错误的。约翰和我努力把马丁向上拉了一些，马丁抓住一根铁棒来悬吊住自己。他们俩都已经是大孩子了，对约翰和我来说，要把一个像马丁那样的大孩子拉上来是不可能的。我让约翰握紧马丁的手，又让马丁抓牢铁棒，同时呼叫更多人来帮忙。我匆匆跑下楼梯，找来一些老师。我们刚刚赶到三楼的尽头，从那里已经能看到约翰趴在地上。正当我们急速靠近他们的关头，余震再次袭来。我们抓住教室的门窗以保持自身平衡。等我们站稳脚跟，地板上已经看不见约翰了。从边墙上方看过去，我们看见了他们，两个人都坠落在地上。他们的头枕在血泊里，但手还紧紧握在一起。他们信守了诺言，直到最后，他们都没有离开彼此。

校长和老师们匆匆把他们送进医院，医生却说，他们在几十分钟以前就已经停止了呼吸，或许，就是在他们坠落在坚硬地面上的那一刻。

罗兹停止了讲述。她的眼角蓄满了泪水，仿佛重新经历了那场灾难。她没再多说一句话，离开了教室。

点 评

作者采用故事套故事的结构进行叙述，可以说是相当巧妙。其实，故事一开始就吸引读者，想去了解罗兹老师如何讲课，又是怎样解答学生的提问。接下来她讲述的生动而感人的故事，正好印证了她讲课方式的独特。故事以老师含泪离开教室戛然而止，读者可以借此体会学生内心的震撼和感动。

正因为罗兹老师对学生充满关爱，她才会安排约翰和马丁同桌，且对他们之间发生的事情了如指掌。可以说，罗兹老师是约翰和马丁两人友谊建立和巩固的推动者和催化剂。而她营救学生的举动和对约翰的歉疚，也展示其人格的伟大。

成长之路

每个人在成长道路上，都曾赢得过鲜花和掌声，也遭遇过挫折和磨难。有的人的成长是一种渐进式的，在日积月累的磨炼中，逐渐走向懂事和成熟；而有的人的成长是一种顿悟式的，在人生前行的道路上，偶遇某个人、某件事或某种情境，一下子对生活有所感悟。

在这里，我们会读到一个曾遭遇火灾、无法行走的孩子最终成长为长跑健将的故事，聆听一个孩子在逃亡过程中逐步摆脱恐惧的心路历程，体验一个逃避现实生活的人在"天堂"走一趟的感受，品味一位充满爱心的老太太和她的神奇盒子如何影响了一个年轻人。

在这里，我们还可以读到一个孩子与祖父的表之间的悲喜故事，感受一个孩子从一位老人偶尔一次发火中获得的人生感悟，阅读一个充满温情的浪子回家的故事，感受一个孩子如何改变了他人也改变了自己，品味一个女孩与外婆之间因一本书引发的颇带灵异色彩的故事。

在欣赏这些精彩故事的过程中，让我们深入玩味故事中人物所获得的人生感悟和生命体验，回顾自己的成长历程，用学到的写作技法，记述自己或他人难忘的成长故事。

"决不认输！"

［美国］格林·肯宁汉

一

我们在堪萨斯大草原上吃力地走，寒风就像利刃一样无情地吹着脸。从刺骨的冷空气中传来我大哥弗洛德的喊叫："快跑，格林，你够结实，一定受得了。"

当时是 1916 年 2 月，我七岁，我们正在去那所木板造的小学校途中。我家农舍在堪萨斯州的罗拉镇，学校就在距我们农舍三公里的十字路口附近。

老师还没来，另外十九个学生也还没到。我姐姐莱莎要在学校外面等，两个哥哥和我却要进校内去避寒。前门只有一把钥匙在老师处，因此我们要走侧门。我们进去后，雷蒙和我在黑板上画井字做游戏。弗洛德则走过去，在那大肚铁炉里生火。

"可以生火吗？"我问他。

"是的，等我先在上面倒点煤油。"他打开油罐盖就倒。突然，一股猛烈骇人的大力把我推到墙上。我模糊地听到弗洛德惊呼："我身上着火啦！"我发觉自己身上也在烧，想站起来，两腿却支持不住。

雷蒙赶快跑到侧门处高声叫莱莎。她开了门，把我们弄出去。我学大哥的样，扑倒在地上不停地打滚想把火压灭。弗洛德尖叫："向我们身上泼沙呀！"可是地面差不多全冻硬了。

弗洛德摇摇晃晃站了起来，身上还有几处在烧。"我们一定要回家！"他叫道，开始跑。

我们都惊恐地瞪大眼睛。弗洛德几乎全身赤裸。外衣烧得只剩上上半截。从那儿到他那双冒烟的鞋之间是烧得发黑的躯体。

我们跟在他后面跑。那时我才看了看自己的腿。两只裤管全烧掉了。我略为落后一点时，雷蒙催促说："你一定要继续跑。"

父亲会要我们跑到家的。"决不认输，继续向前。要自己解决问题。"父亲时常这样叮嘱我们。

我们总算跑完了那三公里路，可是快到家时，我忽然感到疼痛难当，昏了过去。

二

我再听到的是贴近我脸颊的温柔悦耳的声音。"医生就快来了。"母亲一边说，一边把湿毛巾敷在我发热的额上。

我睁开眼。父亲正悲愤地瞧着弗洛德。家中其他的人都站在床旁，默不出声，害怕地瞧着。当这场赛跑看来要输，胜利的可能性不大，痛楚难忍的时候……我疼得狂叫。

费格森医生来了，先仔细察看弗洛德，然后轮到我。母亲抱着我，费格森医生用亚麻子油溶液清洗我深入皮肉的灼伤。那疼痛我实在受不了。

稍后，年轻的医生示意父亲随他出到房外。他们送上房门，可是我听到了他说的话："格林最大的危险是感染。要是感染了，两条腿都要截除。就算不锯掉，恐怕将来也走不了路。至于弗洛德，我们可无能为力了。"

后来我们知道，原来前一晚有个公益会社在学校里开会。他们生的火在我们到达学校时还没有完全熄灭。也不知道为什么，煤油罐中盛着的是汽油。因此，发生了最不幸的意外。

我们一天又一天躺在床上。弗洛德虽然很少转动，但他说话，而且和家人一起唱赞美诗。

我的腿很难看，红肿疼痛，两膝都无法弯曲。

第九天早晨，弗洛德躺着丝毫不动，双眼闭合。母亲坐在我们床边。我不知为什么，睡着后突然惊醒了。我从没见过母亲哭，她此刻却泪流满面。那天早晨，弗洛德去世了。

我的两腿不断恶化。左臂长了个大疮，我知道那是因为感染已进入体内。

一天下午，有位太太从邻镇来看母亲。她告辞时，我听到她说："亲爱的，你可要面对现实。格林这一辈子都会是个残废。"

母亲回到房中时，瞧见我的神色就知道我偷听到了她们的谈话。我尖声叫嚷："我不要做残废。我一定会走！我会！我会！"

母亲伸手抱住了我，把我额上的头发向后拂，说道："是的，格林，你一定会再走的。"

出事后三个月，我的腿伤还没有收口。母亲每天把一种有香味的油膏涂上去，耐心地按摩我麻木的腿肌，小心避开脓肿溃烂之处。

我努力找点事——随便什么事都行——来使自己忘记难忍的疼痛。父亲善于奔跑，像鹿一样敏捷，喜欢和我谈跑。在火灼之前，他曾说我是"天生的"良材，也教过我怎样摆动双臂来增加跑速，怎样在长跑中定步速。我常想象自己在参加赛跑，在比赛中跑在别人前面，把距离拉得远远的。天哪，我多么希望能够再跑！

三

夏天来了，一个酷热的 8 月下午，费格森医生试着把我僵直的双腿弯曲，并不成功。他沉思地望着我说："格林，这六个月来你一直说你会再走路，现在你还这样想吗？"

"是的，大夫。"

"好，现在我们试试看。"

我缓缓地伸直腰，两腿一点一点向床边移，先伸右腿，再伸左腿。我全身冒汗，两脚着地时已感到眩晕。

我试迈一步，可是两腿不听使唤，要不是母亲和医生扶住，非跌倒不可。他们把我抱上床时，我不禁痛哭。

那天晚上父亲回家时，我说："爸爸，我要用楼下那把大椅。"

"好，格林，我把它搬上来。"

那把结实的大椅成了我练习运动的器械。我抓住椅子扶手，慢慢地离开床坐上去，然后抓住一边扶手当拐杖将身体撑起来，靠住椅背，忍着痛，慢慢移步绕到椅子前面去。

圣诞节前夕，母亲照常揉搓我的腿。我对她说："我有件礼物送给你。不过你要站在房门口闭上眼睛才拿得到。"她照我的话去做，我就从床上溜下地。

"妈——赶快，睁开眼！"我跟跟跄跄地向她跨了一步，然后又一步，觉得天旋地转起来。母亲赶快过来扶住，两人一起倒在地上。这时，我第二次见到母亲哭了。

四

好容易等到天气回暖，我才获准到户外去。有一天，父亲带我去草原猎野兔。当时，我只能一瘸一拐地跳着走。

第二次我们出去时，父亲从大车上解下一匹马。他把那马的黑尾巴往我手中一塞："抓住它。我们走吧！"

马向前奔跑时，我咬紧牙关，跟跄地向前冲了十几步，父亲忽然拉住马。我胆怯地转身望着他，他坚毅的脸上却显露出高兴的表情。"孩子，你跑呀！"他说，"别抱怨。只要继续努力。"

次年春天，我们向西边更远处搬家，上学来回要步行三公里，更加增强了我的腿力，可是跑时腿还是痛。我除了在农田操作外，还拼命做体操运动。我瘸着腿跳的步法渐渐变成真正的跑步了。

五

十二岁那年，我上小学四年级，身材不高，不过很结实。学校举行径赛运动会时，我凭一时的冲动决定报名参加，可又不想让父母知道。

校长见我身穿家制绒布衬衫和长裤，脚穿厚底帆布运动鞋，便问道："你打算就这个样儿去赛跑？"

"是的，校长。"我说。他叫我到参加赛跑者称体重的地方去称一下。他说："你太小，只能参加乙组。"

但我要和大孩子们一起跑1600米，便漫步走到甲组排队的行列中。轮到我时，管磅秤的人问道："孩子，你有多重？"他说一定要32公斤重才能参加。

那人一定是看到我站在磅秤上时焦急的脸色，所以几乎看都没看就宣布："32公斤！"

参加甲组的几乎全是中学生，个子都比我大。只有我一个人没有穿运动短裤。我看见他们穿着底上有钉的鞋，感到惊奇。我以前从没有见过钉跑鞋。

开始时别人一跃向前，起步很快。我遵守父亲的忠告，不设法跑得一样快。领先的大个子中有一个才跑400米就跑不动了。那时我稍稍加快脚步。等我们跑完前半程的800米后，我已追上了最前面的两个选手。由于我不知道要赶过前面的人一定要从跑道外侧跑，所以便从他们两人之间穿过去向前奔。

接着我发现有条粗线横过跑道拦在前面，眼看就要钩住我的头，于是就低头从下面钻了过去。突然观众激动地挥手要我回去。有个人大声吼叫："要冲断线才算赢呀！"

我慌忙跑回去，冲断了线。我赢得了冠军。

我转身回家。我知道父亲一定会为我高兴。我一路走时就听到他的话在我耳畔响着："向前跑——决不认输！"

（格林·肯宁汉一直向前跑，成为那个时候的优秀长跑健将，并赢得了世运奖章。在1933—1934年间，他曾参加纽约市麦迪逊广场公园举行的31次赛跑，赢得21次冠军，并创造了800米和1英里跑步比赛的世界纪录。）

点评

这是一个感人的励志故事。

主人公所遭受的痛苦绝非一般人所能忍受。然而，他还是站了起来，不仅学会了走路、跑步，最终还成为优秀的长跑健将。让格林战胜命运的力量来自哪里？这不仅源于他自身不愿向命运屈服，还源于父母那伟大的爱和鼓励，当然，还有来自医生、老师等人的支持。

故事结构也很巧妙，前四部分叙述"我"七岁那年遭遇火灾、忍受病痛、终于能够行走的片段，第五部分则讲述"我"十二岁那年参加赛跑的经历；而父亲鼓励"我"的话——"决不认输"，始终贯穿全文。文中对父母的神态、动作、流泪等细节的描写和对"我"的心理的描写，细腻真切，有着触动人心的力量。

神奇的记忆瓶

莫特尔

周　丹　译

美好的暑假就要结束了，我兴高采烈地从海滩跑进临时租住的避暑寓所，却发现父亲和母亲四臂相拥，泪眼盈盈。

"怎么了？"我问，心猛烈地跳着。十岁的我从未见父母哭过。

"战争爆发了。"父亲说。虽然我对战争只有一点模糊的概念，但是我知道它将永远改变我们的生活。

我在巴黎长大，家里收藏着许多油画、古玩和书籍。十四年前，父亲从立陶宛来到法国学医，与哲学系的母亲相遇，于是父亲娶了母亲，并放弃学业，与姑父一起经营皮货生意。姑姑的女儿弗朗西斯小我两岁半，就像是我的亲妹妹。

姑姑一家和我们住得很近，度假过节总在一起。我特别喜欢犹太圣节，这就是犹太人庆祝两千年前从叙利亚的希腊人手中夺回耶路撒冷的节日。犹太圣节象征着不畏压迫、忠于信仰。父亲说："不能背叛过去，要诚实地生活，以此来激励后人。"

我们珍爱那只古色古香的银质大烛台——九分枝烛台。到了犹太圣节，全家人围着父亲站着，看他隆重地点燃中间的蜡烛——主烛。以后每过一晚，我们都要从这支蜡烛引火点燃一枝分烛。直到最后一天，把全部八支分烛点亮为止。

对于我和弗朗西斯来说，这些夜晚的高潮是旋转一只四边形陀螺。陀螺的每边都写着希伯来文：一次伟大的奇迹发生在那里。看陀螺停在哪个字上来定输赢。父母一辈的人组成一组，我和弗朗西斯是另一组，赢的总是我们俩。那时，我总是怀着幸福的感觉进入梦乡。

如今，那些幸福宁静的日子结束了。第二年春天，德国人开始轰炸巴黎。我们和姑姑一家到距离巴黎一个半小时路程的偏僻农庄避难。

不久，德国人占领了法国北部，当地的犹太人终日惶惶不安。

一天，警察就要来大搜查了，我们唯一可以藏身的地方是一个没有窗户的地窖。下地窖前，父亲把我叫到跟前。

"莫特尔，我们也许得在下面待很长的一段时间，我们得想法记住这个世界是多么特别。"说着，他做出从一个架子上取下瓶子的模样，"让我们打开记忆瓶，把最喜欢的风景、气味和难忘的时刻都装进去。"

父亲让我赤足走过草地，为的是让我记住草的感觉。我嗅着各色花朵，然后闭上眼回味花的芬芳。我们聚精会神地注视着天空，感觉微风的吹拂。"现在，我们把这些放进记忆瓶，盖好塞子。"他边说边假装盖瓶盖，那安详的微笑给了我希望和力量。

我们在地下室待了几天。每当我感到绝望时，父亲就说："拔开塞子，取一点记忆出来吧。"有时，我会取出一方蓝天，有时是一缕玫瑰的幽香，每次都让我感到好受些。甚至从地窖出来后，我仍然用记忆瓶来帮助我度过那些黑暗的时刻。

随着迫害的变本加厉，我们的处境变得越来越危险。有一个办法是到西班牙去，听说那里接受犹太难民。但如果在边境被抓住的话，那肯定要遭驱逐了。

在我十三岁生日的前一天，我们开了家庭会议。姑父提出冒险出逃，而父亲却犹豫不决。最后，他望着我问："莫特尔，你说呢？"

我生平头一次应邀参加成年人的表决。"我们必须走，爸爸，这是唯一的出路。"我相信上帝的双臂拥抱着我们，他会庇护我们的。

"好，就这么定了，走！"父亲说。在我们走后两天，德国人占领了全法国。

我们躲过警察与德军的耳目，偷偷穿过法国南部。阁楼、地下室、后房都是我们的藏身所。终于，我们来到山顶覆盖着白雪的比利牛斯山脚下。在这里，父亲和姑父把身边的一半财富分给了两位向导，他们保证要带我们翻过大山，到西班牙去。

"爸爸，我爬不了山。"我对隐约可见的山峰心存畏惧。父亲拥着我："不怕，莫特尔，只要迈出一步，就能迈出第二步，第三步……不知不觉，你就成功了。"

向导规定我们晚上爬山，白天隐藏。

拂晓时，我们到达高地，两位向导让我们休息，他们则到前面去探路。结果，他们没有回来。

我们待在人生地不熟的山顶上束手无策。父亲说："我们得靠自己走下去。"我们攀登在这似乎走不到头的山上，找不到下山的路。天越来越冷，人越来越饿。第二天，只剩下一片面包。姑姑把这片面包喂给小尤今吃了。我和弗朗西斯在一旁看着，顾左右而言他。

第三天晚上，父亲忽然失足滑下斜坡。在昏暗的月光下，我看到他掉在三十英尺以下的深谷里。他想爬起来却办不到。最后，他喊道："别管我，你们走吧，我在这里待一会儿再跟上。"

一股莫名的激情促使我向他跑去。"你一定要站起来！没有你我们不走，我来帮你。"

父亲看着我，倚着我的胳膊慢慢地站起来。我们一步步地朝其他人走去。他那苍白的脸告诉我他正受着多大的痛苦。

我的内心感到从未有过的宁静。通过帮助父亲，我战胜了恐惧，我长大了一些。

第五天凌晨，我们终于能望见山脚下的村庄了。每个人的脑海里都闪现出这样的疑问：如果我们还是在法国怎么办？

我们提心吊胆地朝小村庄走去。终于，我们看到一块用西班牙语写的招牌！我们欢呼雀跃，互相拥抱着。成功了！

父亲前往当地政府。政府官员问："有入境证吗？"当然没有。"算我没看见你们，请迅速离开这里！"

怎么办？"往葡萄牙走。"大人们决定，"这是唯一的希望。"一连几天，我们在西班牙北部跋涉，夜行日藏，地里能找到什么就吃什么。

1942 年 12 月的一个夜晚，我们在一间牛棚安身，又冷又饿，只有一个在泥地里找到的胡萝卜。

这是过犹太圣节的时候了。往昔的记忆向我涌来，我倚着父亲的肩膀，忍不住含泪说道："我们连犹太圣节都没有蜡烛！"

"怎么会呢？"父亲回答，"我们拥有世界上最美丽的大烛台，它是上帝赐予的。"说着，他把牛棚的门拉开一道缝，我往缝外窥望，只见黑天鹅绒一般的天空里繁星闪烁。"挑一枝烛心。"父亲轻轻地说，"要最亮的。"

我费了好一会儿才选中了最亮的一颗星星。父亲又说："再选出另外八颗分烛。"我想象着家里的大烛台，选择了烛心周围的星星。我们"点燃"了第一颗星，然后关上门。

"谁有陀螺？"父亲问。然后演戏似的把手放到身后，又很快拿出来，说："来，玩吧。"

我们围坐在一处，父亲拿出那个胡萝卜，把它放在中间。我伸手抓住假想的陀螺，装作是为我和弗朗西斯转陀螺，当我"放手"时，大家仿佛都屏住呼吸，注视着它朝哪边倒。

"莫特尔，你赢了！"父亲说着，隆重地把胡萝卜递给我。弗朗西斯的眼里闪着胜利的光芒，大人们装出失望的样子，就像以往那些幸福的日子里一样。

这个几分钟前象征着饥饿的胡萝卜，忽然变成了一件奇妙的奖品。我接过它，像接过一件最珍贵的礼物一样。我把它掰成几小块，分给全家人。我咬着我的那份，甜得就像小时候吃糖似的。

当我钻进草堆睡觉时，内心充满了欢乐。我从一无所有到拥有整个世界，包括希望和爱这些难以计数的财富。以坚忍和信念度过逆境，这就是犹太圣节和那奖品的意义所在，我第一次清晰地意识到这一点。

终于，我们到达边境。在葡萄牙的难民所待了几个月后，美国的朋友给我们搞到了入境证。1943 年 8 月 23 日，我们来到费城。学会了英语，开始新的生活。好多年过去了，我结婚成家，取得硕士学位，成为外语教授。现在我已是四个孩子的祖母了。

但我继续像父亲教的那样，把珍贵的时刻装进我的那只瓶子。

点 评

这是一位神奇的父亲，他不仅能"空穴得瓶"，把珍贵美好的东西封存进去，而且能指导"我"从星空中选取蜡烛，从虚空中获取做游戏的陀螺。也正是他的乐观、坚强、鼓励和爱，使得"我"在逃亡过程中，一步步摆脱恐惧，长大成熟。

作者先用"战争爆发了"设置悬念，随后运用插叙介绍了父母的相识、我们和姑姑家的关系，以及过犹太圣节的礼仪和游戏。这不仅交代了生活背景，为逃亡过程中过节的情节做了铺垫和照应，而且与现实的残酷形成对比。而逃亡过程中，大量的细节描写和对人物情感变化的描述，更值得细细品味。

你有这样的记忆瓶吗？它装的又是什么？推荐观赏罗伯托·贝尼尼执导的影片《美丽人生》，看看在纳粹集中营里，一对犹太父子玩着一个怎样的游戏。

蠢人的天堂

[美国]艾·辛格

某一时，某一处，有一个叫卡狄施的富人。他有一独子名阿特塞。卡狄施家中还有一位远亲孤女，名阿克萨。阿特塞是个身材高大的男孩，黑头发黑眼睛。阿克萨是蓝眼睛金黄头发。二人年纪大约一样。小时候，在一起吃、一起读书、一起玩。长大了之后二人要结婚，那是当然的事。

但是等到他们长大，阿特塞忽然病了。那是没人听说过的病：阿特塞自以为已经死了。

他何以有此想法？好像他曾有一个老保姆，常讲一些有关天堂的故事。她曾告诉他，在天堂里既不需工作也不需读书。在天堂，吃的是野牛肉鲸鱼肉，喝的是上帝为好人所备下的酒；可以睡到很晚再起来；而且没有任何职守。

阿特塞天生懒惰。他怕早起，怕读书。他知道有一天他须接办他父亲的业务，而他不愿意。

既然死是唯一进天堂的路，他决心越早死越好。他一直在想，不久他以为他真的死了。

他的父母当然是很担忧。阿克萨暗中哭泣。一家人竭力说服阿特塞他还活着，但是他不相信。他说："你们为什么不埋葬我？你们知道我是死了。因为你们，我不能去天堂。"

请了许多医生检视阿特塞，都试图说服这孩子他是活着的。他们指出，他在说话，在吃东西。可是不久他少吃东西，很少讲话了。家人担心他会死。

于绝望中，卡狄施去访问一位伟大的专家，他是以博学多智而著名的医生，他名叫优兹。听了阿特塞的病情之后，他对卡狄施说："我答应在八天之内治好你儿子的病，但有一个条件。你必须做我所吩咐的事，无论是如何的怪。"

卡狄施同意了，优兹说他当天就去看阿特塞。卡狄施回家去告诉他的妻子、阿克萨和仆人们，都要依从医生的吩咐行事，不得起疑。

优兹医生到了，被领进阿特塞的屋内。这孩子睡在床上，因断食而瘦削苍白。

医生一看阿特塞便大叫："你们为什么把死人停在屋里？为什么不出殡？"

听了这些话，父母吓得要命。但是，阿特塞的脸上绽出了微笑，他说："你们看，我是对的。"

卡狄施夫妇听了医生的话虽然惶惑，可是他们记得卡狄施的诺言，立即筹备丧葬事宜。

医生要求将一个房间准备得像天堂的样子。墙壁挂上白缎，百叶窗关上，窗帘拉密，蜡烛日夜点燃。仆人穿白袍，背上插翅，作天使状。

阿特塞被放进一具开着的棺材，于是举行殡仪。阿特塞快乐得筋疲力尽，睡着了。醒来时，他发现自己在一间不认识的屋子里。"我在那里？"他问。

"在天堂里，大人。"一个带翅膀的仆人回答。

"我饿得要命，"阿特塞说道，"我想吃些鲸鱼肉，喝些圣酒。"

领班的仆人一拍手，一群男女仆人进了来，都背上有翅，手捧金盘，上面有鱼有肉，有石榴和柿子、凤梨和桃子，一个白胡须高个子的仆人捧着斟满酒的金杯。

阿特塞狂吃了一顿。吃完了，他说要休息。两个天使给他脱衣，给他洗澡，抱他上床，床上有丝绸的被单和紫绒的帐盖。阿特塞立刻怡然熟睡。

他醒来时，已是早晨，可是和夜里也没有分别。百叶窗是关着的，蜡烛在燃烧着。仆人们一看见他醒了，送来和昨天完全一样的饮食。

阿特塞发问："你们没有牛奶、咖啡、新鲜面包和牛油么？"

"没有，大人。在天堂总是吃同样的食物。"仆人回答。

"这是白昼，还是夜？"阿特塞问。

"在天堂里无所谓昼和夜。"

阿特塞吃了鱼、肉、水果，又喝了酒，但是胃口不像上次好了。吃完后他问："什么时候了？"

"在天堂里时间是不存在的。"仆人回答。

"我现在做什么呢？"阿特塞问。

"大人，在天堂里，不须做任何事。"

"其他的圣徒们在哪里？"阿特塞问。

"在天堂里每一家有其自己居住的地方。"

"可以去拜访吗？"

"在天堂里彼此居处距离很远，无从拜访。从一处到另一处要走好几千年。"

"我的家人什么时候来？"阿特塞问。

"你父亲还可再活二十年，你母亲再活三十年。他们活着便不能到此地来。"

"阿克萨呢？"

"她还有五十年好活。"

"我就要孤独这么久吗？"

"是的，大人。"

阿特塞摇头思索了一阵。随后又问："阿克萨现在预备做什么？"

"目前她正在哀悼你。不过她迟早会忘掉你，遇见另一年轻人，结婚。活人都是这个样子。"

阿特塞站了起来，开始来回踱着。这是好久好久以来第一次想做点什么事，但是在天堂里无事可做。他怀念他父亲，思念他母亲，渴念阿克萨；他想研读些什么东西；他梦想旅游，他想骑他的马；他想和朋友聊天。

终于，他无法掩饰他的悲哀。他对一个仆人说道："我现在明白了，活着不像我所想的那样坏。"

"大人，活着是艰苦的，要读书，要工作，要经管事业。在这里一切轻松。"

"与其坐在此地，我宁愿去砍柴，搬石头。这种情况要维持多久？"

"永无尽期。"

"永无尽期地待在这儿？"阿特塞急得乱抓头发，"我宁可自杀。"

"死人不能自杀。"

到了第八天，阿特塞绝望到了极点。一个仆人照预先的安排，过去对他说："大人，原来是错误了，你并没有死。你必须离开天堂。"

"我还是活着吗？"

"是的，你活着，我带你还阳。"

阿特塞喜欢得忘其所以。仆人蒙上了他的眼睛，在房屋的长廊上来回走了几趟，然后带他到他家人等候的房间，打开他遮眼的布。

是晴朗的天气，阳光射进敞着的窗户。外面的花园里，好鸟时鸣，蜜蜂嗡嗡。他快乐地亲吻他的双亲和阿克萨。

他对阿克萨说："你还爱我吗？"

"是的，我爱你，阿特塞。我不能忘记你。"

"果然如此，我们就该结婚了。"

不久，婚礼举行了。优兹医生是上宾。乐师奏乐，宾客自远方来，都给新娘新郎带来精美的礼物。庆祝七天七夜。

阿特塞与阿克萨极为幸福，白头偕老。阿特塞不再懒惰，在当地成为最勤奋的商人。

婚礼之后，阿特塞才发现优兹医生治疗他的经过，原来他是住进了蠢人的天堂。后来他和阿克萨时常把优兹医生的神奇治疗法讲给他们的子孙听，以这样的一句话作结束："天堂究竟是个什么样子，当然没有人知道。"

点 评

在生活中，你也许有过和阿特塞一样的梦想：有吃有喝睡懒觉，不用操心不用做事。故事中的阿特塞去"天堂"走了一趟，却体验到那里的生活也会空虚和无聊。

作者在故事的开始部分设置悬念，吸引读者猜测：阿特塞得了这种怪病会怎样？优兹医生会怎样治疗他的病？在中间部分，主要以精彩的人物对话来组织情节，展示了主人公由欣喜到无聊再到绝望的心理变化过程。而故事的结局既出人意料，又在情理之中。

魔 盒

［英国］大卫·洛契佛特

唐若水 译

在一抹缠绵而又朦胧的夕照的映衬下，我四周高耸着的伦敦城的房顶和烟囱，似乎就像监狱围墙上的雉堞。从我三楼的窗户鸟瞰，景色并不令人怡然自得——庭院满目萧条，死气沉沉的秃树刺破了暮色。远处，有口钟正在铮铮报时。

这每一下钟声仿佛都在提醒我：我是初次远离家乡。这是一九五三年，我刚从爱尔兰的克尔克兰来伦敦寻找运气。眼下，一阵乡愁流遍了我全身——这是一种被重负压得喘不过气来的伤心的感觉。

我倒在床上，注视着我的手提箱。"也许我得收拾一下吧。"我自语道。说不定正是这样整理一番，便能在这陌生环境中创造一种安宁感和孜孜以求的自在感呢。我把主意打定了。那时我甚至没有心思去费神脱下那天下午穿着的上衣。我伤感地坐着，凝视着窗口——这是我一生中最沮丧的时刻。接着，突然响起了敲门声。

来人是女房东贝格斯太太。刚才她带我上楼看房时，我们只是匆匆见过一面。她身材细小，银丝满头——我开门时她举目望了望我，又冲没有灯光的房间扫了一眼。

"就坐在这样一片漆黑中，是吗？"我这才想起，我居然懒得开灯。"瞧，还套着那件沉甸甸的外衣！"她带着母亲的慈爱拉了拉我的衣袖，一边嗔怪着，"你就下楼来喝杯热茶吧。噢，我看你是喜欢喝茶的。"

贝格斯太太的客厅活像狄更斯笔下的某一场面。墙上贴满了褪色的英格兰风景画和昏暗的家庭人像照片，屋子里挤满了又大又讲究的家具，在这重重包围中，贝格斯太太简直就像一个银发天使似的。

"我一直在倾听着你……"她一边准备茶具一边说，"可是听不到一丝动静。你进屋时，我注意到了你手提箱上的标签。我这一辈子都在接待旅客。我看你的心境不佳。"

当我坐下和这位旅客的贴心人交谈时，我的忧郁感渐渐被她那不断地殷勤献上的热茶所驱散了。我思忖：在我以前，有多少惶惑不安的陌生人，就坐在这个拥挤的客厅里面对面地听过她的教诲啊！

随后，我告诉贝格斯太太我必须告辞了。然而，她却坚持临走前给我看一样东西。她在桌上放了一只模样破旧的纸板盒——有鞋盒一半那么大小，显然十分"年迈"了，还用磨损的麻绳捆着。"这就是我最宝贵的财产了，"她一边向我解释，一边几乎是带有敬意地抚摸着盒子，"对我来说，它比皇冠上的钻石更为宝贵。真的！"

我估计，这破盒里也许装有什么珍贵的纪念品。是的，连我自己的手提箱里也藏有几件小玩意——它们是感情上的无价之宝。

"这盒子是我亲爱的母亲赠予我的，"她告诉我，"那是在一九一二年的某个早上，那天我第一次离家。妈妈嘱咐我要永远珍惜它——对我来说，它比什么都珍贵。"

一九一二年！那是四十年前——这比我年龄的两倍还长！那个时代的事件倏地掠过我的脑海：冰海沉船"巨人号"，南极探险的苏格兰人，依稀可辨的一次大战的炮声……

"这盒子已经历过两次世界大战了，"贝格斯太太继续说，"一九一七年凯撒的空袭，后来希特勒的轰炸……我都把它随身带到防空洞里，房屋损失了我并不在乎——我就怕失去这盒子。"

我感到十分好奇，而贝格斯太太却显得津津乐道。

"此外，"她说，"我从来没有揭开过盖子。"她的目光越过镜片好笑地打量着我："您能猜出里头有什么吗？"

我困惑地摇了摇头。无疑，她最珍惜的财产当然是非凡之物。她忙着又给我倒了点热气腾腾的茶，接着端坐在安乐椅上，默默地注视着我——似乎在思索着如何选词来表达自己的意思。

然而，她的回答却简单得令人吃惊——"什么也没有，"她说，"这里头空空如也，什么也没有！"

一个空盒！天哪，究竟为啥将这么一个玩意当作宝贝珍藏，而且珍藏达四十年之久呢？我隐隐约约地怀疑起来，这位仁慈的老太太是否稍稍有点性格古怪？

"一定感到奇怪，是吧？"贝格斯太太说，"这么多年来，我一直珍藏着这么一个似乎是无用的东西，不错，这里头的确是空的。"

这当儿我朗声大笑了起来——我不想再将此事刨根究底地追问个水落石出。

"没错，是空的，"她认真地说，"四十年前，我妈将这盒子合上捆紧——这是当我离开父亲的约克夏尔故居时母亲所做的最后一桩事。把盒子合上捆紧——同时也将世上最甜蜜的地方——家的声响、家的气味和家的场景统统关在里头了。自此以后，我一直没将盒子打开过。我觉得这里头仍然充满了这些无价之宝哩。"

这是一只装满了天伦之乐的盒子！和所有纪念品相比较，它无疑既独特又不朽——相片早已褪色，鲜花也早已化作尘土。只有家，却依然如自己的手指那么亲近！

贝格斯太太现在不再盯着我了，她注视着这陈旧的包裹，指头轻抚盒盖，陷入沉思之中。

又过了一会儿——还是在那晚，我又一次眺望着伦敦城。灯火在神奇地闪烁着——这地方似乎变得亲切得多了。我心中的忧郁大多已经消失——我苦笑着想到：这是被贝格斯太太那滚烫的茶冲跑的。此外，我心中又腾起一个更深刻的思想——我明白了，每个人离家时总会留下一点属于他的风味；同时，就像贝格斯太太那样，永远随身带着一点老家的气息，这也是完全办得到的。

> **点 评**
>
> 　　从"敲门声"到"纸板盒"再到"一只空盒"，作者一步步设置悬念，吸引读者一直把故事读下去。这样不仅推动了故事情节的发展，也展现了"我"从"沮丧"到"好奇"再到"大笑"的情绪变化。故事首尾呼应，同样是眺望伦敦城，"我"的心情前后已大不相同。文中对贝格斯太太神态和语言的刻画，对"我"内心感受的细腻描述，都值得细细品味。
>
> 　　贝格斯太太的爱心和充满天伦之乐的盒子，给了"我"莫大的鼓励和安慰，从而使"我"对一个游子与老家的关系有了更深入的理解。阅读本书中莫特尔的《神奇的记忆瓶》，体会那个瓶子和这里的盒子及其所装之物和作用有何异同。

祖父的表

斯坦·巴斯托

张晓菲 译

那块挂在床头的表是我祖父的，它的正面雕着精致的罗马数字，表壳是用金子做的，沉甸甸，做工精巧。这真是一块漂亮的表，每当我放学回家与祖父坐在一起的时候，我总是盯着它看，心里充满着渴望。

祖父病了，整天躺在床上。他非常喜欢我与他在一起，经常询问我在学校的状况。那天，当我告诉他我考得很不错时，他真是非常兴奋。"那么不久你就要到新的学校去了？"他这样问我。

"然后我还要上大学。"我说，我仿佛看到了我面前的路，"将来我要当医生。"

"你肯定会的，我相信。但是你必须学会忍耐，明白吗？你必须付出很多很多的忍耐，还有大量的艰辛劳动，这是走向成功的必经之路。"

"我会的，祖父。"

"好极了，坚持下去。"

我把表递给祖父，他紧紧地盯着它看了好一阵，给它上了发条。当他把表递还给我的时候，我感到了它的分量。

"这表跟了我五十年，是我事业成功的印证。"祖父自豪地说。

祖父从前是个铁匠，虽然现在看来很难相信那双虚弱的手曾经握过那把巨大的锤子。

盛夏的一个晚上，当我正要离开他的时候，他拉住了我的手。"谢谢你，小家伙，"他用一种非常疲劳而虚弱的声音说，"你不会忘记我说的话吧？"

一刹那，我被深深地感动了。"不会，祖父。"我发誓说，"我不会忘的。"

第二天，妈妈告诉我，祖父已经离开了人世。

祖父的遗嘱读完了，我得知他把那块表留给了我，并说我能够保管它之前，先由我母亲代为保管。我母亲想把它藏起来，但在我的坚持下，她答应把表挂在起居室里，这样我就能经常看到它了。

夏天过去了，我来到了一所新的学校。我没有很快找到朋友，有一段时间内，我很少与其他的男孩交往。在他们中间，有一位很富有的男孩，他经常在那些人面前炫耀他的东西。确实，他的脚踏车是新的，他的靴子是高档的，他所有的东西都要比我们的好——直到他拿出了自己的那块手表。

正如他自己所说的，那表不但走时极为准确，而且还有精致的外壳，难道这不是最好的表？

"我有一块更好的表。"我宣称。

"真的？"

"当然，是我祖父留给我的。"我坚持。

"那你拿来给我们看看。"他说。

"现在不在这儿。"

"你肯定没有！"

"我下午就拿来，到时你们会感到惊讶的！"

我一直在担心怎样才能说服母亲把那块表给我，但在回家的汽车上，我记起来那天正好是清洁日，我母亲把表放进了抽屉，一等她走出房间，我一把抓起表放进了口袋。

我急切地盼着回校。吃完中饭，我从车棚推出了自行车。

"你要骑车子？"妈妈问，"我想应该将它修一修了。"

"只是一点小毛病，没关系的。"

我骑得飞快，想着将要发生的激动人心的时刻，我仿佛看到了他们羡慕的目光。

突然，一条小狗窜入了我的车道，我死命地捏了后闸。然而，在这同时，闸轴断了——这正是我想去修的。我赶紧又捏了前闸，车子停了下来，可我也撞到了车把上。

我爬了起来，揉了揉被摔的地方。我把颤抖的手慢慢伸进了口袋，拿出了那块我祖父引以为自豪的物品。可在表壳上已留有一条凸痕，正面的玻璃已经粉碎了，罗马数字也已经被古怪地扭曲了。我把表放回口袋，慢慢骑车到了学校，痛苦而懊丧。

"表在哪儿？"男孩们追问。

"我母亲不让我带来。"我撒了谎。

"你母亲不让你带来？多新鲜！"那富有的男孩嘲笑道。

"多棒的故事啊！"其他人也跟着哄了起来。

当我静静地坐在桌边的时候，一种奇怪的感觉袭了上来，这不是因同学的嘲笑而感到的羞愧，也不是因为害怕母亲的发怒，不是的，我所感觉到的是祖父躺在床上，他虚弱的声音在响："要忍耐，忍耐……"

我几乎要哭了，这是我年轻时代最伤心的时刻。

点评

"表"作为行文线索贯穿了整个故事："我"渴望祖父的表，得到了这只表，偷偷从家里拿出表，最终摔破了表。作者从第一人称的角度叙事，故事情节曲折有致，文中有着多处的铺垫和照应，对"我"的心理活动描述真切细致。

文中的"我"，曾发誓不会忘记祖父关于"忍耐"的叮嘱，却因为虚荣心作怪，想要攀比和炫耀以致酿成大错；生活中的我们，是否也曾因缺乏忍耐之心而犯错，以致留下悔恨和遗憾？在你的人生经历中，是否也有"最伤心的时刻"？请把它写下来。

老山姆与橡树

卡瑞·布赖顿

郭国良 译

我看我们大家都能回忆起给我们留下至深印象的童年往事。反正我就能。有一件事儿，即使过了四十年以后，依然铭刻我心——不必说，它当时定给只有十岁的我留下了不可磨灭的印象。

当时，嗡嗡飞弹在伦敦和周边的郡县上空呼啸逞威，我父亲决定将我和母亲送到乡下避难。一颗飞弹就在我家附近爆炸，掀掉了我家屋顶，击碎了屋内所有的窗玻璃，房屋被炸得无法居住了。就这样，父亲把我和母亲安顿在萨默塞特郡的一所教区牧师宅院里。对我来说，这是激动人心的新生活的开端——一个城市孩童置身于乡间深处，必定会有这种体验。

这所牧师宅院非常古老，而且，在我这样一个孩童的心目中，庭园非常辽阔。庭园一面靠河，另一面环绕一堵年代悠久的残垣。我非常喜欢钓鱼，因此，这种毗河环墙的地形对我是最有利不过了。

这个庭园说有多大就有多大，由一位名叫山姆的老人悉心照管。他是从邻村来的。他年纪已有一大把，谁也不知道他到底有多大。小伙子们一个个都应征入伍去了，教区牧师没办法，就只得逮着谁就让谁来管理这不成模样的庭园。不过，老山姆倒是自告奋勇要做这份差事的。

人们一向称他为"老山姆"，其实他看上去精神矍铄，毫无老态龙钟之相，一点也不显年老：论干活儿，他完全可以与许多比他年轻二十岁的人平起平坐，虽说不一定超得过他们。他的主要职责就是给道路两旁除杂草，修剪草坪，料理菜园。他通常把这一切称作"我的战果"。

就像经常发生的那样，老山姆与我成了非常要好的朋友：老年人和年轻人往往能建立起这样一种友谊。他对乡村无所不知，简直是一部活的百科全书。无论我问什么，他总是不厌其烦地予以解答。他领我到河岸边的钓鱼胜地；他带我去看庭园里树上和灌木丛中的鸟窝和兽穴；他向我展示了许许多多的自然奇观，让我这个无知的城里人眼界大开。他有着无穷无尽的耐心。

在教区牧师宅院里过了数月后，我们成了知心朋友。在那段时间，我从来没有看到他对任何人或任何事流露出不耐烦的情绪。有一次，我就向教区牧师提起这一点。

"我从小就跟他认识了。我从来没有看到他发过一次脾气。我从来没有看到他对任何事生过气。要是大家都能像他那样，我们就可以在人生的紧要关头，在艰难困苦面前，保持一份镇静。"教区牧师答道。

虽然当时我并不明白"镇静"为何物，但这个字眼听上去非常堂皇气派。我觉得老山姆是个了不起的老人。显而易见，教区牧师也是这么认为的。

夏天过去了，秋天也不知不觉地为冬天开了路。老山姆依然每周来两三天，我在庭园里尽量助他一臂之力：扫扫树叶呀，锄锄杂草呀，堆叠堆叠柴木供冬天生火呀，等等——可他不太要我插手帮忙。春天早早地就来临了。虽然我母亲说我只能"新奇一礼拜"，但我帮助老山姆的热情依然高涨，丝毫没有任何消退的迹象。

那是在四月的一个晴朗的早晨，我才看到了老山姆出人意料的另一面。我知道他是信教的，因为他是一名教区副执事。但是，我对教堂外的任何说教还不清楚：连教区牧师也只站在布道坛上布道说教。

那天，老山姆和我正在给小径锄杂草。那是一条长长的小径，从停船的棚屋直到宅院后部。这份锄草的活儿可繁重了。在游访小河与探察小径旁灌木丛生的其他胜景的间隙，我已帮了他大约一个小时的忙。此时，我坐在草皮上，注视着干着活儿的老山姆，我的头顶是一棵棵橡树。他慢工出细活，绝不费多余的劲。他不时地往前推动手推车：锄了大约二十英尺的路面上的杂草后，他就折身返回去推手推车。就在他来来回回经过我身旁时，他突然看到我在漫不经心地拔小橡树。这些小橡树是春天从橡树上坠落下来的橡子生长而成的。我正在拔一棵橡树苗时，老山姆猛地吼了一声："住手！你给我住手！你别去碰那些橡树。"

我呆若木鸡地瞪着他。他越过草地，急匆匆地朝我奔来，其步速之快出人意料。

"不许拔，小伙子。你帮我忙我不介意，可你拔橡树哪里是在帮人呢？"

我继续瞪视着他，我可从来没有看到过他如此激动。他刚才急奔过来，跑得满脸通红通红的。他的脸扭曲着，上面分明写着劳累和愤怒。

"可是……可是……"我开口道。

"什么可是可是的。你给我住手。我没有说过你可以动它们。"老山姆站在那儿，居高临下地怒视着我，气喘吁吁地说道。

我蓦地回过神来，张口说道："我不明白。我做错了什么吗？今天我是帮您给小路锄杂草，而刚才我只是从草中拔掉这些东西。难道您不想把它们拔掉吗？"我自己也上气不接下气了。

老山姆似乎突然变小了，他不再怒视我，并用较温和的口吻同我说话。

"是的，小伙子，我是要拔掉它们的，但不是今天，大约再过一个月之后我才来整理草坪，到那时再拔吧。"

我越来越摸不着头脑了，虽然此时我已宽慰了许多，因为他看上去比刚才已消了一大半怒气。

"我还是不明白。要是您以后要把它们统统都拔掉，那么我为什么不能现在就拔了它们呢？"

老山姆欲言又止。他挨着我坐在草地上，开始捻卷一根细细的、不成形的香烟。

"要解释明白很难噢，小伙子，"他说道，"我们大家时常需要一点帮助。"

我一言不发。我心里想也许他已发疯了。帮助？他到底在说些啥呀？他看出我一脸的迷惘。

"我知道这似乎很难理解，小伙子，"他边说边将零零落落的烟丝塞进卷烟里，"就像我刚才说的，我们大家时常需要一点帮助。从树上坠落下来的每一颗橡子都有一段艰难的日子。假如它没有被昆虫或松鼠吃掉，可能也会成为鸟的口中之物。只有少数的橡子扎下根，长成橡树，而人类也没帮上什么忙。我们不应该过多地侵扰大自然。也许再过一两个月，我就要在这些树下做一番大清理，把这些小不溜秋的东西除个干净，唉……也许我不会到这儿来干活了。上个月我刚过完九十岁生日。所以，要是过一两个月我干不动了，那么这些小玩意儿就可以继续生长下去了。万物都有生长的时节，你可知道。"他打住话头，开始摸弄一盒火柴。火柴上面画有一艘航船，我记得清清楚楚的。

半晌，我都没有说一句话。最后，我终于开了口。

"可您是个园丁。您不让我拔这些橡树苗是有违您的利益的。我还是不明白您为什么不让我拔掉它们——您阻止我其实是在帮助这些小玩意儿。"

他不慌不忙地暗自一笑。他想点烟，但开始并没有点着，所以趁他再点之际，我在心里窃想他到底会用什么话来回答我。这一次，香烟终于点着了。他吐出一口烟，在宁静的晨曦中它显得那么温暖和煦，香气宜人。

"小伙子，要我解释个明白实在是太难了。你说得对，我是个园丁，阻止你拔苗是违背我的利益的。正像你所说，我这是帮助这些橡树苗。但是，有各种各样的帮助，牺牲你自己的利益去帮助他人，这才是真正的帮助。而要做到这一点，是很难很难的，小伙子。"

那时，我并没有真正明白此话的含义。但随着我慢慢成长，每年我都有更深切的理解。就在那年春天，山姆去世了。因此，无论是当年还是往后的岁月，都没有人去拔橡树苗了。老山姆的葬礼举行后不久，教区牧师也搬走了。教区牧师宅院空荒了多年，最后终于破败荒弃：要保养它费用太贵了，谁也保养不起。

几年前，我在附近旅游度假，就重返牧师宅院。我在庭园里逗留了一个小时。此时的庭园杂草遍生，荒芜不堪。但在河边，在一段残留的小径附近，一大片壮观的橡树林赫然在目。我心中暗暗一笑。我仿佛听到一个声音在我耳畔回响，"你别去碰那些橡树"，可是那只是河边吹来的一阵微风。

点 评

本文构思巧妙。首尾如同包子皮，包住了"我"十岁时发生的往事，而中间的回忆由两部分构成：前半部分通过"我"的观察、感受和牧师的语言，竭力表现老山姆的耐心和好脾气；后半部分通过一次"我"拔橡树苗引发老山姆发怒，来表现他对人生和生活的思考。前后两部分既形成反差，又和谐地融为一体。

作者在叙述"我"拔橡树苗事件时，细致地描写了老山姆的语言、神态、动作和"我"的内心感受，并通过老山姆和"我"的对话，在一步步设置悬念的同时，推动故事情节的发展，引发读者和"我"的不断思考。

如何体会别人的需要？怎样对待大自然？什么才是真正的帮助他人？这些老山姆谈到的话题发人深省，而文末那一片橡树林便是精彩的回应。

冒险旅程

［美国］卡尔文·路易斯·富吉

弘　文 编译

"亲爱的爸爸，"我写道，"我想回家。"我坐在拥塞的公路旁想了很久以后，将信撕掉揉成一团。这封信的开头我写了好多次，但从未真正写完过。我想回家，回到我父母及姐妹的家，但……

中学毕业后，我就逃出家了。我的父母坚持认为我必须上大学，但我对学习烦透了，我讨厌学校，我决定再也不去上学了。而且，我的父亲对我太严厉了，我有太多农场的杂事得做，我讨厌那些工作。

我和父亲大吵过，当时父亲在我的背后吼道："如果你走了就不要再回来！"我便将一些东西丢进袋子里，生气地离开了。我的母亲放声大哭，在那之后数百个无法成眠的夜晚，我依然会看到她的泪水。

该是写信的时候了。

亲爱的爸爸：

已经超过一年了，我从东部旅行到西部，做过无数的工作，没有一样工作赚得了钱。我总是遇到相同的问题：你的教育程度如何？看来，大家总是要把好工作给有大学学历的人。

爸爸，有好多事你和妈妈都说对了，我现在知道田里的工作对我无伤害，我也相信我需要上大学，我更相信你们两个都是爱我的。要我写这封信真不容易，一年前的我是不会写的。自从离开以后，我遇到过一些好人，也遇到过一些残暴苛刻的人。我以为我可以承受一切，但有时候那真的非常困难，特别是当晚上没有一个充满爱和安全感的家可以回去时。我从来没有真正意识到家的意义，直到我离家好几个月之后。

　　爸，我已经尝到苦头了。我想回家，我知道你说过，如果我离开就不要再回来，但我祈祷你会改变主意，我知道那天我让你非常生气，我也伤了你的心。如果你拒绝我，我不会怨你，但我还是必须要问候你。我知道我早应该写这封信，但我害怕你不想知道我的音讯。

　　我想回家，想再度成为家里的一员，我想上大学，想学会如何变成一个成功的农人。然后，如果你允许的话，也许我可以和你一起种田。

　　我现在正在回家的路上，所以你无法给我回信。但几天以后——我不知道要几天，因为我搭便车回家，我会经过农场。爸，如果你愿意让我回家，请让门廊的灯亮着，我晚上会在附近停留。如果灯没有亮，我会继续前行；如果门廊是暗的，我不会难受，我能体谅。

　　请将我的爱传达给妈妈及姐妹们。

　　　　　　　　　　　　　　　　　　　　　　　　　　　　爱你的儿子

当我将信折好放进信封里后，顿时觉得轻松了不少，就像重担从我肩上卸下一般。我把信放进衬衫的口袋，将我破旧的行李拖向路边，向经过的第一辆车竖起大拇指。在我得到答复前，还有好长的路要走。

　　从中午出发一直到晚上，我只前进了五六十里路，我在一个不起眼的邮局将信寄出。在将信投入外埠的投信口时，我有一些紧张，也许我不应该把信寄出去，但既然做了，就必须走上回家的路。

　　第3天，搭便车的机会变得很少，也隔得好远，前一晚我并没有睡，因此现在感到疲惫而且困倦。我越过马路走到另一边的农田，躺在一棵橡树旁的草地上试着入睡，但很难睡得着；因为附近田地上的拖拉机发出愉悦的声响，离我几码处有两只狗追逐着一只兔子，我还听到山丘上农舍里小孩子玩耍的声音。我闭上双眼想象着我正闻着苹果派诱人的香味，我仿佛看见我的家，那个我在一时愤怒下毫不犹豫离开的家，我想知道我的姐妹们现在在做些什么，还有，我妈妈会煮些什么吃的。当我们坐下来吃饭时，她总是说："儿子，这是我特别为你做的。"

　　我不能再想了，我必须走了。我带着新割稻草的香味，开始踏上漫漫归乡路，但那还是我的家吗？我的父亲是公正的，但他也很固执。

　　有一辆车停下来载我，有人可以聊天真好，司机是一位业务员，人很好。

　　"孩子，你要去哪儿？"他问道。

　　我沉默了好长一段时间才开口回答："回家。"

　　"你都去过哪里了？"他问。

　　我知道他不是爱打探别人的隐私，他脸上的表情告诉我，他是真的很感兴趣。"哪里都去过了。"我说。

　　"离开家很久了吗？"

我微笑着，有一点点得意地回答："一年一个月又两天。"

他没有看我，但他笑了，我知道他明白。他告诉我他家人的事，他有两个儿子，一个和我一样大，一个比我大。当黑夜来临时，他找到一个吃饭的地方，且坚持要我加入。我全身都很脏，因此我告诉他我会让他丢脸，但他不许我拒绝。他打算晚上待在那里，在我们吃完饭后，他说服我那晚也一起待在那里。他说我可以在那里清洗干净，休息一下再走。他让我想起我的父亲，我告诉他我没有什么钱，他已经帮我付过餐费了，我不能再让他替我花钱了。

但我还是留了下来。第二天早上吃完早餐后，我向他道谢，但他说："你是个好孩子，你知道吗？我的大儿子离家两年了——两年又十五天。"他看着远方，然后说："我希望有人也会好好地对待我的孩子。"

我不知该说些什么，他握了握我的手，温暖地对我笑了笑。

"谢谢你为我所做的一切，先生。"我结结巴巴地说。"不客气，"他说，"祝你好运。"

两天后，我离家仅剩五十里路，我已经走了好几个小时了，夜幕缓缓地降临，我仍然走着，并不期待有车会停下来。有一股内在的驱动力促使我向前走，往家的方向前进；但我走得越快，就越忐忑不安，如果门廊是暗的，我该怎么办？我要去哪里？

一辆大卡车减慢速度停了下来，我跑向前，坐了进去。

"你要去哪里？"黝黑壮硕的驾驶员问道。

"距离这里四五十里路的地方，你会开那么远吗？"我问他。

"更远。"他自言自语地说着。我们之间很少交谈，他不太和我聊天，我假装睡着了，靠着椅背闭上眼睛。

三十分钟后开始下雨，刚开始很和缓，然后急速地落下，我睡睡又醒醒。

当大雨倾盆而下时，我们已经很靠近我父亲的农场了，我相当地清醒。门廊上会有灯亮着吗？我在黑夜的大雨中睁大眼睛眺望着。突然，我们已经到了那里，我不敢看，我不能忍受看了却看不到灯亮，我紧闭双眼，心怦怦跳着。

这时，驾驶员突然大声地说："你看那个房子，我们刚刚经过的那栋房子里一定有人疯了，门廊上放着三四把椅子，每把椅子上都放着一盏亮着的灯，一个老人在那里拿着手电筒对着路照，而门廊的灯也亮着。"

点评

故事开头设置悬念："我"为什么想回家？两段插叙交代了"我"离家出走的原因，又插入一封信说明自己在外的经历、人生感悟和想回家的急切心情。这样既使叙述节奏有了变化，丰富了故事内容，又再次设置悬念：父亲愿意让"我"回家吗？

作者其实只叙述了不到两天发生的事，在这一过程中，对"我"内心感受的细致描写，却有"近乡情更怯"的意味。"我"记得自己离家"一年一个月又两天"，而业务员记得儿子离家"两年又十五天"，从如此精确的天数中，你又读出了什么？故事结尾让人感动，我们相信，从老父接到儿子的来信起，他就亮起了家里所有的灯。

故事题目"冒险旅程"指的是什么？

和威利一起散步

雷 龙 张 力 编译

威利身材矮小，但结实强壮，尤其是他那粗壮的双手可以修理各种东西，小到一只闹钟，大到汽车引擎。在我小时候生活过的小镇上几乎没有不认识他的。人们愿意和他聊天，经常被他幽默而诙谐的言谈逗乐。

威利非常喜欢散步，可能没有比散步让他更喜欢的事情了。他喜欢走人们都不走的山间小路，或是镇边密林中印第安人走的小径。他想安静的时候，他就独自漫步，或者和能够谈得来的人一起散步。小时候，我爱听威利讲山里的故事和曾经居住在这一带的印第安人的传说，像以勇敢著称的"黑鹰"将军的故事。我逐渐成了他的忠实伙伴。

我们镇上一周中最让人兴奋的日子就是周四了。那一天，每周的报纸可以发到订户。多数富人有自己的邮箱，其他人可以到邮政局长那儿领取自己的邮件。

威利，和平常一样穿着干净：整齐的工装裤，蓝色的工作衫，脚穿锃亮的皮鞋，去邮局取他的报纸。他没有别的邮件，只为报纸才去邮局。他总是走到窗口前，要来报纸，小心折叠好放进口袋里，高兴地说："这周的报纸看起来好极了，我要一字不漏地读完。"

我永远不会忘记，在经历了数周取报纸的喜悦之后的一天。那天，我和威利在杂草丛生、从来没有人把它当作路的地方走着，那儿是一片桦树、枞树和坚硬枫树的林子。在茂盛的枫树下的草地上，我们坐下来休息。威利露出了从未有过的严肃表情对我说："我们是好朋友，对不？是最亲密的好朋友？！"我点点头。"你能答应我下面要对你说的话你不告诉任何人，甚至你的家人吗？"

片刻，我揣摩着他要对我说的重要事情。他镇静，严肃，肯定是有关我们散步的事情。于是，我说："威利，我不会对任何人说，我对天发誓，那是咱们共同的秘密，没有人会知道，威利。"

"好，"威利说，"我从来没说过谎话，也不喜欢别人说谎话。但我却撒了一个弥天大谎，我要告诉你，你一定能帮助我。"

他瞥了一眼从树叶缝隙中透过来的阳光。"我每周四取报纸，并告诉人们我回家去读。"他犹豫了一下，"你瞧，我从来没上过学。我干过许多工作，学做过很多事。最后，我来到这个镇上，我就留在这儿。这一切都不是说谎。我说我阅读报纸……"他脸上的表情显露出内心的极大痛苦，"你瞧，我既不会读也不会写。这些报纸对我一点用也没有。"

他虔诚地望着我："我不能再说谎啦。我真想学会读书和写字。我有钱，可以给你报酬。你愿意教我吗？我会下功夫的。"

我真不知如何是好。当时我只是个八年级的学生，我怎么知道如何教别人读书和写字呢？从哪里起步，怎么开头？但威利已经向我倾吐了秘密，我一定要尽力帮助他。"我尽力帮你学。我入学前妈妈曾教我识字。我按她的办法教你吧。"我安慰他。

我和威利从学习字母开始。我教他识字、发音、组字、造句。他进步神速。我们照样散步，歇息，威利开始一个字一个字地写他的名字、我的名字。他逐渐能够认识报纸上的一些字，把它们放在一起组成个句子。我们还是散步，歇息。酷暑过去，严冬来临，接着又是一个春天。经过了两年的学习，当威利激动地宣布他能读完全部报纸的时候，我已经升上了高中二年级。他已经学习写字了。他说："我现在可以写支票而不必到银行里去拿现金了。"

我高中毕业时，威利参加了我的毕业典礼。那天，他穿了一套崭新西装，白衬衫上打着蝴蝶领结，鞋子依然锃亮。他送我一块手表作为纪念，但他给我的最好的礼物还是那张同手表一起送来的便条，便条是用吃力的手书体写成的："你帮助我做了我一直想做的事——读书和写字。毫无疑问你将要去读大学，去一个很大的城市，毕业后成为一名医生或律师。我希望你能永远记住和威利散步的日子。我将永远忘不了曾和你散步的时光。"

大学毕业后，我没有成为医生，也没有成为律师，我成了一名教师。每当想起威利，想起和威利一起散步的情景时，罗伯特·弗罗斯特在《无人走过的路》一诗中的诗句就步入了我的心灵。该诗写道："两条小径在林中分岔，我走了那条人们很少走的小路，生活就全变了样……"

点评

人们往往会忽视自己拥有的，殊不知你不在乎的东西，有时正是别人所渴望拥有的。故事中的威利，他是多么希望自己能够读书和写字呀。在这个故事中，"我"帮助了威利，改变了他的生活。其实，威利也影响了"我"的人生道路。一起散步的时光，成为我们人生中共同的最难忘的美好回忆。

作者用威利的语言设置悬念，当读者知道他的秘密后，才明白他先前取报纸的喜悦、一字不漏读报的说法都是装出来的，既为他的做法和谎言感到好笑，又为他的坦白和渴望而感动。作者还运用了细微的神态描写来表现威利的内心变化，值得品味。

推荐阅读：法国作家都德的短篇小说《最后一课》，体会一下韩麦尔先生和小弗朗士在最后一堂法语课上的表现和内心感受。此外，文末提及的诗题又译为《未选择的路》，可以细读理解全诗，思考作者引用这些诗句的目的。

寻 物

[日本]角田光代

那天的事我记得很清楚。我当时中学二年级。

从学校回来时，坐在餐桌旁的妈妈正在哭泣。

"老太太已经不行了。"妈妈一边哭泣，一边对木然站立着的我说道。老太太指的是妈妈的妈妈。

从见到妈妈哭泣的第二天开始，我每天前往医院。外婆一个人躺在床上。她有时看电视，有时和邻床的人闲聊。

"哎，羊子，我想找本书。"有一次，外婆这样说道。

"行啊，什么书？我去买。"

"楼下的小书店可没有，我猜得去大书店才行。"

"明白了，明天下课后我去看看，书的名字是什么？"

外婆深深地看了我一眼，从摆在床侧的桌子抽屉里拿出纸和笔，戴上眼镜，在上面写了些字。我看着她递过来的便条，那上面潦草地写着我没听说过的书名和作者名。

"出版社是哪一家？"

"这个嘛，你问书店的人就知道了。"

"好的，我找找看。"

第二天，我带着便条去了一家大型书店。当时还没有电脑这玩意儿，店员哗啦哗啦地翻阅着厚厚的本子帮我查询。

"这个书名对吗？"店员困惑地问我。

"我想是对的。"

"作者名也没错？没瞧见有相应的作品啊。"

我点头致谢，离开了书店。

"外婆，没有啊。"

我从书店径直去了医院，如此一说，外婆明显地露出了沮丧的神情。

"店里的人说，是不是把书名或作者弄错了？"

"没有错。"外婆坚决地说道，"我怎么可能弄错呢？"

"要这样的话，那就没有了。"

"你的找法太嫩了。"外婆注视着我的胸口，闹别扭般地说道，"反正，你肯定就去了一家，人家说没有，你就垂头丧气地回来了。店员大概也是和你一样的年轻姑娘吧。如果是更有办法的店员，肯定会这里那里询问一番，坚持不懈地帮忙查找的。"

然后，她倏然别过头，就那样打起鼾，睡了过去。从那天开始，我在去医院之前都会巡游一番书店。然而，无论是哪一家，都没有外婆要找的书。

"要是你找不到那本书，我可是死不了啊。"一次，外婆这样说道。

"说什么死不死的，别说那样的话啦，不吉利。"

我一边说，一边吃了一惊。要是我找不到这本书，外婆当真能够多活一阵子吗？

"如果我在你找到书之前死了的话，会变成幽灵跑出来哦。"外婆仿佛看出了我的想法，一脸认真地说道。

"可真的没有呢，我连新宿都去了，究竟是什么时候的书啊？"

"最近的书店哪，真是不顶事。书一旦有了年头，不管是好书还是不怎么样的书，立刻就被扔到角落里去了。"

今后会怎样呢？书能被找到吗？外婆会死掉吗？我通通一无所知。毕竟，那时我只有十四岁。

没等到圣诞，外婆就被转到了单人病房，点滴的数量增多，并戴上了氧气面罩。即便如此，我还是不能相信外婆即将死去。

那一年的圣诞节生冷生冷的。而那本书，我仍然没能找到。我想，要是能把它当作圣诞礼物送给外婆就好了，于是便前往更远的书店巡游。在其中的一家店，年迈的店主告诉我，这书大约已经绝版了。那人还告诉我，这是一位活跃于昭和早期的画家写下的散文集。因此，我连以前从没进去过的旧书店也开始涉足，却仍然没有找到。

寒假开始后，我一大早去了医院。作为没能找到的书的替代，我带了一个黑色的熊布偶。

"外婆，对不起，我眼下在旧书店找书。作为替代，给你这个。"

外婆伸出消瘦的手臂，解开礼物的包装，又用一只手拉开氧气面罩，大咧咧地说："你真是个孩子啊，给我个布偶有什么用嘛。"

这实在让人不快，我仗着是在单人病房而大声嚷嚷起来。

"外婆，你太任性了！你就不能说句谢谢吗？我可是每天都往书店跑。就连旧书店，尽管挺难进，我还是鼓足勇气进去……"

外婆眨巴着眼睛看了我一会儿，突然笑了起来。

"你也是该说就说呢。不知怎么搞的，现在每个人都温柔得不行，让我感到有些怪异呢。美穗子也是，从前我说点什么，她就横眉竖眼地回嘴，如今却变得特别乖巧。"

美穗子指的是我妈妈。外婆把移开的氧气面罩顶在下巴上，看向窗外，用轻微的声音说："我就快去了。这没什么。活了这么久，已经够了。可我不甘心的是，每个人，美穗子也好、菜穗子也好、沙知穗也好，如同变了个人似的温柔地待我。我说啊，要是互咬，人到了最后一天也互咬好了；如果有不能原谅的地方，那么到最后也不该原谅，这才是人与人之间的关系吧。不管对方是要死掉还是什么的，不痛快的事情就说不痛快好了。"

外婆说完这番话，把氧气面罩放到嘴巴上，让熊布偶躺在自己旁边，闭上了眼睛。

外婆在第二年死了。从圣诞节起一直睡在外婆旁边的熊布偶被放入了她的棺材。

守灵的夜晚也罢，追悼会那一天也罢，我都没有哭。我不是坚强，只是不相信外婆死了的事实。因为我还没找到那本书呢，因为外婆说过，只要我没找着，她就死不了。

于是，在那之后，我继续找那本书。在一直没找到书的情况下，我升上了初三。

那是一个春天的夜晚，从我房间的窗户仅仅能够瞥见一点儿路旁种植的樱花，在街灯的照耀下，花瓣是凝滞不动的白。我做厌了备考温习题，半看不看地眺望着樱花，这时，有人拍了拍我的肩。我一惊，转过头去，只见外婆站在那儿，我吓得惊叫了一声"咿呀"。

"咿呀什么，真是的。书怎么样了？"外婆以一如既往的口吻说道，"我说过的吧，你要是找不到，我就变成幽灵来找你。"

我摇头。外婆叹息一声，坐在我的床上久久地凝视着窗外。我追寻她的视线，发现那是街灯照耀下的樱花。

"外婆，那个……死可怕吗？"我下定决心问道。

外婆看向我，"可怕吗？"她挺起了胸膛，"死本身没什么可怕，可怕的是想象死亡一事。不管什么时候都是这样，比起发生的事，想象要可怕好些倍。"

外婆的突然访问一直持续到我升高三的时候。高中的三年确实发生了很多事：喜欢上了同班同学，告白，开始交往，初吻，一个月后被甩；交了一个名叫龟山宽子的朋友（龟山宽子时常帮我找书）；成为应考生，必须决定升学与否。

还有一件对我来说最大的事，爸妈离婚了。

高三的暑假，我和妈妈迁进此前一直居住的家附近的公寓，爸爸则搬到了市中心。

在那发生了各种各样事情的三年里，我一直回想外婆的话：不管什么时候，比起发生的事，想象更为可怕。

夏天过去，染上应考色彩的下半学期开始了，缓缓进入秋天的过程中，我拼命追赶着自己的每一天，几乎把那本书的事给忘了。

深夜，我在房间里温习功课，忽然想到，外婆好一阵子没有出现过了。

我想，说不定外婆的幽灵其实是我没能找到书的罪恶感所造出的幻象。我又想，或是不觉中我变成了大人，只能看到眼睛所能捕捉到的东西。

新的一年又来了，那年的冬末，我考上了心仪的大学。外婆仍然没有出现，我也没再找书，妈妈和我都开始习惯只有两个人的生活。对外婆的记忆在时间中慢慢地沉淀下去。

在大学三年级的时候，我为了找讲座的教材而走进大学旁的书店，并感到有谁在轻声呼唤我的名字。我停下脚步，转过头去。这时，一本平放着的书的封面跃入眼帘。那上面印的书名和作者名，正是我曾经不断寻找的。

外婆写在便条上的字与那个书名在脑海中完全重叠的时候，我不禁叫出了声。

"梦幻的散文终于重印"，书腰上写着这句话。我看向版权页，上面记载着母本的第一版是在昭和二十五年出版的。

"就是这本。"

大学毕业后，我在市中心的小书店找到一份工作，最初的薪水和打零工挣的差不多。在书店工作的，同学们中就只有我一个。可我还是下定了决心，要在书店工作。

我很快将满三十岁。我所工作的书店历经了几次低落，勉强维持着营业。我成了客服主任，为来店里找书的顾客寻找其目标书籍——调货、查询、寻找相关的书。

清楚地记得书名、作者名和出版社而来书店的人很少。"我想要登有大量婚礼献词的交际用语书"，这算是好的，什么"其中有狗出现，最后是大家抱在一起哭的小说"，或是"我在找一本从前读过的绘本，其中有把雨和雪缝进连衣裙里的画面"，不时还有这样的要求："我在女儿十二岁的时候和她分开了，想给如今二十岁的女儿送本书，希望帮我选一下。"每到这时，我便驱动电脑和人脉，找出他们寻觅的书籍。

外婆为什么寻找那本书，我认为自己懂了。大学时代，在重印的版本到手之后，我每晚都读那本书。

书中有一篇名为《简餐小店的女孩》的简短散文，似乎是太平洋战争开始之前许久的故事。作者的宿舍旁边，有一家极为寻常的简餐小店，这家店的东西难吃得让人惊讶。尽管难吃，可因为店主不到十八岁的女儿不时在店里帮忙。为了见到这个女孩，作者便总去这家简餐小店。

文章中描述了女孩桃色的面颊，总是水灵灵的浅茶色的眸子，宛如在抱怨什么似的总是撅着的嘴，头发稀疏，因而如电线般细的麻花辫子，她在空闲时无心哼哼的细微歌声，她与店主夫妇之间毫不造作的应对，都让人印象深刻。

这篇文章，让我望见了清晰的画面。由此，我记了起来，这个简餐小店的女孩一定是外婆。在外婆父亲亡故于战争之前，她的双亲好像正是在经营简餐小店。战后，外婆嫁到一位警官的家中，外婆的母亲便关了简餐小店，在自己家里教人缝纫。我曾经听说过这些。

我不知道，外婆有没有读过这本昭和二十五年出版的散文集，或许她是在读了之后意识到写的是自己，又或者，是从别人那里听说了这事也说不定。无论如何，躺在医院的床上，外婆一定是想要目睹如绘画般被截取下来的年轻时代的自己，那是作者用文字所截取的永远定格的家人与十来岁的自己。

在大学旁边的书店，我买了三本那书。一本供在妈妈家的佛龛上，一本放在书架上，一本总是打开摆在桌上。我想，若是有天国，外婆会在天国里；若是没有，她一定会在看得见樱花的我的床前坐下，反复翻阅她长久等待的书吧。

仍然有许多事发生。有悲伤的，也有愉快的。让人无法承受的痛苦的事情也时而发生。每到这时，我必定会想起外婆的话：比起发生的事，考虑事情才更可怕。于是，我尽量不去思考，而是把眼前的问题一个个解决掉。这样一来，事情便在不觉中完结。过去，沉淀于记忆的底部。

现在，我住在市中心的公寓，早上八点半离开家，用三十分钟抵达工作地点，然后从询问清单的顶部开始，依次拨打电话。在我忙碌的过程中，十点到了。卷帘门自动开启，顾客陆陆续续走入店内。

穿着水手服的小女孩以忐忑的心情在书架之间移动的情景映入我的眼帘。那孩子的目光不断在手中的纸片和书架间来回。我站起身，缓缓走近她。

"你在找什么呢？我们一起找吧。"女孩子松了一口气，畏畏缩缩地把纸片递过来。是我没听过的书名和作者名，出版社也没有写。

"没事的，一定能找到。我查一下，你稍等片刻哦。"我说着，把纸片拿在手中走向柜台。

"一定能找到，一定能送交那孩子，你会暗地里帮我，对吧。"在柜台的椅子上坐下时，我总是悄悄地对外婆说道。

点 评

作者借着一本旧书多次设置悬念，随着情节的发展，一个个疑问激发着读者的阅读兴趣。关于文中外婆幽灵的出现，也许你要问，这是真的还是虚构的？其实，连叙述者"我"也弄不明白，而这更增添了故事的神秘色彩。外婆这个人物，突破了常见的慈爱、温柔的形象，她有些费事、任性，却有着一种直率和通透。是她引导"我"真实地表达情感，更教会"我"直面生活，勇敢地去解决眼前的一个个实际问题。也许，这会推动你再读一遍莫顿·亨特的《走一步，再走一步》。

"寻物"，其实是外婆在寻找昔日的家人和年轻时的自己，也是今日的"我"在叙述这个故事时，寻找一段悲伤又温暖的旧时光。这不，虽然一切都过去了，文末的"我"分明从那个找书的小女孩身上看到了自己。

社会生活

青少年正处于人生的求知阶段，平日接触更多的是家庭生活和校园生活，很有必要开拓视野，初步认识社会生活。阅读优秀的文学作品，就是一种间接触摸社会生活、感受复杂人性、丰富人生体验的方式，值得重视。

在这里，我们可以读到一个老妇人半夜独自前往沙漠看鹤群起飞的独特体验，了解一对堂兄弟建造管道的梦想和实践，看到一个年轻人如何循着蛛丝马迹找到心仪的姑娘，借着一位妇人的眼睛看一个老人在对面窗口怪异的表演，品味一位游客和渔夫的精彩对话。

在这里，我们还可以读到一个偏远落后地区的贫困男孩的诚信故事，感慨一对穷困潦倒的鞋匠兄弟的职业操守和敬业精神，惊奇于一个老妇人带她的老奶牛来集市只是为了让它散心，并感受一个处于社会底层的独身小贩出人意料的葬礼氛围。

这些故事读来令人回味不已。让我们在欣赏这些精彩故事的同时，感受生活的缤纷和人性的美好，利用一切可能的机会，观察社会生活，运用学到的写作技巧，记录社会生活。

等待鹤群起飞

[美国] 弗朗西斯·E.卡兹迈克

吴 静 编译

她在黑暗中倾听着鹤的叫声，那声音听上去像是哈哈大笑，它们是在嘲笑她吗？

凌晨时分的沙漠寒冷刺骨，她不由得紧了紧风雪大衣帽子的松紧绳。她疲惫极了，肩、背和手指关节都疼得厉害。她把卷成一团的军毯靠在篱笆上，背朝干盐湖坐下。远处公路上一辆小汽车的灯光逐渐消失在东方。

卡尔不在了，她一个人还来这里干什么？是什么使她鬼迷心窍，半夜一点起床驱车几百英里来到这荒凉之地？除了悲痛，她还期望找到什么？"我真是老糊涂了，"她自言自语，"都七十六岁了，还是个傻瓜。"

她还记得他俩第一次来这里看鹤的情景，那年她正好七十岁。

"我们干吗要半夜三更起床，开车到某个上帝都遗忘了的角落去看一群鹤？"她问卡尔。

"干吗去？因为它们是沙丘鹤，老伴儿！几百只，也许几千只！想想吧，它们聚集成群，同时展开双翅飞向天空，脖子又长又直，就像矛一样，双腿还在空中摆动！干吗不去呢？我们都老了，还能看上几回？"

他去看了五次，直到被癌症夺去了生命。五年来，看鹤已成为他们生活的一部分。头天傍晚，他们总是早早吃点东西，看完6点钟新闻后就上床。午夜时分，卡尔会突然从床上跳起来，闹钟也不用，他总是说："一个老头的膀胱就是他的闹钟。"他准备好饮料和食品，悉数放进背包，然后把她叫醒。他总是用他那双长满老茧的园林工人的手挠她的痒痒，当她嗔怒着踢他时，他就威胁说自己先走，不管她了，就这样软硬兼施地把她从床上叫了起来。

第六次观鹤之旅还没到来，他就先走了一步，把她孤零零地扔给了无穷无尽的空虚日子和辗转难眠的夜晚。她一次次回忆往事，一次次泪水涟涟。

他们驱车去威尔克斯，一路上谁都没说话。沙漠的冬夜繁星点点，魅力无穷，他们不禁为之陶醉了。

凌晨时分穿过威尔克斯，然后向南驶往干盐湖。公路旁的小停车场总是空的，没有人会这么关心鹤，在如此寒冷的冬夜驱车几百英里跑到沙漠里来。他们先在车里喝上一杯热咖啡，然后沿着篱笆朝干盐湖走去。一路上，他们不时看到远处某个动物发光的眼睛，听到野狼唱出的世界上最孤独的歌曲，还有从干盐湖刺眼的白色盐层上飘过来的风声。穿过篱笆的一道门，他们来到一棵大牧豆树下坐好，用毯子裹住身体，等待鹤群起飞。

她背上包，拿起军毯，沿着篱笆往前走。她知道已经迟到了，因为她听见鹤群中有动静，很快它们就要冲向山谷中的玉米地了。可是，她每多走一步悲痛便似乎多了一分，她的双腿像灌了铅，眼眶里噙满了泪水。她明白自己走不到"他们的"那棵牧豆树下了。

当第一线曙光出现在东方，鹤群中会发出剧烈的叫声。她和卡尔从半梦半醒中醒来，他把毯子围在她的肩头，两人迅速离开牧豆树，他们的身影在田野上划出一条长长的弧线。

"它们准备好了，玛吉！它们准备好了！"卡尔压低声音说。

当第一群鹤喧闹着起飞时，卡尔会高兴得直蹦，他指着天空兴奋地说："它们飞那儿去了，玛吉，看哪，老伴儿，那儿！"

她却依然看着卡尔，这个八十多岁的小老头儿使她想起了在盐碱地里苗壮成长的肉叶刺茎藜树或一株墨西哥刺木，除了刺所剩无几，春天里枝头上依然挂着几片绿叶并开出几朵猩红色的小花。

她每年到干盐湖来都不是为了观鹤，而是为了看卡尔，她的快乐就是目睹他的快乐。

卡尔用双筒望远镜追随着鹤群的踪影，她的目光则追随着卡尔。当最后一群鹤消失在天际时，他们也许已经在一英里开外累得气喘吁吁了，然后他们手拉手走回到牧豆树下。

卡尔会绽开笑颜满足地说："生命中总有一些有意义的事……"

看着他疲惫的神情、蹒跚的步履，她不住地点头，同时把他的手抓得更紧了。

他们倒在牧豆树下，吃点带来的食物，静静地等着太阳爬上东边的山峰。当第一缕金光洒向山尖时，她口中喃喃念出圣弗朗西斯的祈祷词："主啊，在黑暗笼罩的地方，让我看见光明。"

卡尔会接着说："主啊，在忧伤笼罩的地方，让我看见欢乐。"

他们在对方的怀抱里入睡，直到临近中午。然后他们驱车到威尔克斯吃午饭，一路上兴奋地交流着刚才的感受。有一次，一个三十多岁的女招待被他们逗乐了，对他俩说："我真希望我和我那口子老的时候也有这么多可说的……对不起，我指的是在你们这个年纪。"

卡尔和她互相眨眨眼，对着这位年轻女士笑了。

可现在我已经老得连路也走不动了，她想，我已经精疲力竭了。她又一次在篱笆前坐下，低下头试图祈祷："主啊，在沮丧笼罩的地方，让我看见……"她怎么也说不出"希望"二字，在她进入梦乡以前能说出的最后两个字还是"沮丧"。

她梦见自己在拂晓前穿过白色的盐碱地和黄色的鼠尾粟草来到湖边。当她探下头去喝水的一刹那，太阳跃上山头，她全身洒满缕缕金光。一种悲喜交加的情绪笼罩了她。

突然，她周围出现了十几只鹤，体型巨大，至少比普通的鹤大三倍，有些是银色的，大一些的是金色的。它们同时亮出歌喉，不是那种平常的鸣叫声，而是她听过的最美妙的交响乐。"天使！"她高兴地放声大喊，"天使！"

当她呼唤它们的名字时，群鹤扑扇着翅膀，一阵旋风似的冲向天空，阳光洒在它们身上，发出炫目的光芒。它们在天尽头翅尖挨着翅尖围成一个圆圈，然后又飞回到她头顶上方，一起轻拍了一下它们的左翅为她祝福。紧接着，金色的、银色的鹤伸着如矛一样笔直的脖子重新飞向太阳。

阳光温暖着她，天已经大亮。她微微睁开眼，朝干盐湖看过去。她知道自己错过了观鹤，甚至连一两只掉队者也看不见了。一束沙漠小草被风吹着落到了她的毯子上，她想看看仔细，但就是睁不开眼睛，淡淡的困倦温柔地包围着她。她知道自己错过了看鹤，但她并不难过，还有时间，有时间看鹤，有时间再次看它们在牧豆树下起舞。

点 评

一个七十六岁的老妇，竟然半夜三更开车，孤身一人赶到几百英里外的沙漠，等待观看鹤群起飞。是什么力量在驱使她这么做？要知道，她以前来的五次，都不是为了看鹤，而是为了看老伴。

故事的结构安排很巧妙。作者把玛吉当下来看鹤的行动，与她往日和老伴卡尔一起来看鹤的经历，穿插着叙述，使得内容丰富而紧凑。细致的心理描写和丰富的细节描写，也给故事增添了魅力。玛吉最终错过了看鹤群起飞。然而，她却在梦中看到了为她祝福的鹤群，心情也由先前的悲痛变得平和——梦中的鹤群已成了曾陪伴她的老伴的化身。

管 道

[美国] 贝克·哈吉斯

刘军伟 邓金旭 编译

很久很久以前，在意大利的一个小村子里，有叫柏波罗和布鲁诺的两个年轻人，他们是堂兄弟，而且都雄心勃勃。

两个年轻人是最好的朋友。

他们是大梦想家。

他们不停地谈着，渴望有一天通过某种方式，让他们可以成为村里最富有的人。他们都很聪明而且勤奋，他们想他们需要的只是机会。

一天，机会来了。村里决定雇两个人把附近河里的水运到村广场的水缸里去。这份工作交给了柏波罗和布鲁诺。

两个人都抓起两个水桶奔向河边。一天结束后，他们把广场的水缸装满了。村里的长辈按每桶水一分钱的价钱付钱给他们。

"我们的梦想实现了！"布鲁诺大喊着，"我简直无法相信我们的好福气。"

但柏波罗不是非常确信。

他的背又酸又痛，提那重重的大桶的手也起了泡。他害怕明天早上起来又要去工作。他发誓要想出更好的办法，将河里的水运到村里去。

柏波罗，管道建造者

"布鲁诺，我有一个计划，"第二天早上，当他们抓起水桶往河边奔时，柏波罗说，"一天才几毛钱的报酬，却要这样来回提水，干脆我们修一条管道将水从河里引进村里去吧。"

布鲁诺愣住了了。

"一条管道？谁听说过这样的事？"布鲁诺大声嚷嚷道，"柏波罗，我们有一份很不错的工作。我一天可以提一百桶水。一分钱一桶水的话，一天就是一元钱！我是富人了！一个星期后，我就可以买双新鞋。一个月后，我就可以买一头母牛。六个月后，我可以盖一间新房子。我们有全村最好的工作。我们一周只需工作五天，每年两周的有薪假期，我们这辈子可以享受生活了！放弃你的管道吧！"

但柏波罗不是容易气馁的人。他耐心地向他最好的朋友解释这个计划。柏波罗将一部分白天的时间用来提桶运水，用另一部分时间以及周末来建造管道。他知道，在岩石般的土壤中挖一条管道是多么艰难。因为他的薪酬是根据运水的桶数来支付的，他知道他的收入在开始的时候会降低。而且他知道，要等一两年，他的管道才会产生可观的效益。但柏波罗相信他的梦想终会实现。于是他就去做了。

布鲁诺和其他村民开始嘲笑柏波罗，称他"管道人柏波罗"。布鲁诺赚到比柏波罗多一倍的钱，炫耀他新买的东西。他买了一头驴，配上全新的皮鞍，拴在他新盖的两层楼旁。

他买了亮闪闪的新衣服，在乡村饭馆里吃可口的食物。村民尊称他为"布鲁诺先生"。他坐在酒吧里，为人们买上几杯酒，而人们则为他所讲的笑话开怀大笑。

小小的行为等于巨大的结果

当布鲁诺晚间和周末睡在吊床上悠然自得时，柏波罗还在继续挖管道。头几个月，柏波罗的努力并没有多大进展。他工作很辛苦——比布鲁诺的工作更辛苦，因为柏波罗晚上和周末都在工作。

但柏波罗不断地提醒自己，明天梦想的实现是建造在今天的牺牲上面的。一天一天过去了，他继续挖，每次只是一英寸。

"一英寸，又一英寸成为一英尺。"他一边挥动凿子，打进岩石般硬的土壤中，一边重复这句话。一英寸变成一英尺，然后十英尺……二十英尺……一百英尺……

"短期的痛苦等于长期的回报。"每天完成工作后，筋疲力尽的他跌跌撞撞地回到自己的小屋时，他这样提醒自己。他通过设定和完成每天的目标来衡量工作成效。他知道，终有一天，回报将大大超过付出。

"目光盯在回报上。"每当他慢慢入睡，耳边净是酒馆中村民的笑声时，他一遍遍地重复这句话。

时来运转

一天天，一月月过去了。有一天，柏波罗意识到他的管道完成了一半，这意味着他只需提桶走一半路程了！柏波罗把额外的时间用来建造管道。完工的日期终于越来越近了。

在他休息的时候，柏波罗看到他的老朋友布鲁诺在费力地运水。布鲁诺比以前更加驼背了。由于长期劳累，步伐也变慢了。布鲁诺很生气，闷闷不乐，为他自己注定一辈子要运水而愤恨。

他开始花较少的时间在吊床上，却花更多的时间在酒吧里。当布鲁诺进来时，酒吧的老顾客都窃窃私语："提桶人布鲁诺来了。"当村里的醉汉模仿布鲁诺驼背的姿势和拖着脚步走路的样子时，他们咯咯大笑。布鲁诺不再买酒给别人喝了，也不再讲笑话了。他宁愿独自坐在漆黑的角落里，被一大堆空瓶所包围。

最后，柏波罗的好日子终于来到了——管道完工了！村民们簇拥着来看水从管道中流入水槽里！现在村子里源源不断地有新鲜水供应了，附近其他村子的人都搬到这个村来，村子顿时繁荣起来。

管道一完工，柏波罗便不用再提水桶了。无论他是否工作，水总是源源不断地流入。他吃饭时，水在流入；他睡觉时，水在流入；当他周末去玩时，水在流入。流入村子的水越多，流入柏波罗口袋的钱也越多。

管道人柏波罗的名气大起来，人们称他为奇迹制造者，政客们称赞他有远见，恳请他竞选市长。但柏波罗明白他所完成的并不是奇迹，这只是一个很大、很大梦想的第一步。知道吗，柏波罗的计划大大超越了这个村庄。

柏波罗计划在全世界建造管道。

招募他的朋友帮忙

管道迫使提桶人布鲁诺失去了工作。看着他的老朋友向酒吧老板讨免费的酒喝，柏波罗心里很难受。于是，柏波罗安排了一次与布鲁诺的会面。

"布鲁诺，我来这里是想请求你的帮助。"

布鲁诺挺起腰，眯着他那无神的眼睛，声音沙哑地说："别挖苦我了。"

"我不是来向你夸耀的，"柏波罗说，"我是来向你提供一个很好的生意机会。建造第一条管道花了我两年多的时间。但这两年里我学到很多！我知道使用什么工具、在哪里挖、如何排管。一路上，我都做了笔记。我开发了一个系统，能让我们建造另一条管道，然后另一条……另一条……"

"我自己一年可以建一条管道。但这并不是利用我的时间的最好方式。我想做的是教你建造管道……然后你教其他人……然后他们再教其他人……直到管道铺满本地区的每个村落……最后，全世界的每一个村子都有管道。"

"只要想一想，"柏波罗继续说，"我们只需从流进这些管道的水中赚取一个很小的比例。越多的水流进管道，就有越多的钱流入我们的口袋。我所建的管道不是梦想的结束，而只是开始。"

布鲁诺终于明白了这幅宏伟的蓝图。他笑了，他向他的老朋友伸出他那粗糙的手。他们紧紧地握住对方的手，像失散多年的老朋友那样拥抱。

在提桶世界里的管道梦想

许多年过去了。柏波罗和布鲁诺已退休多年。他们遍布全球的管道生意每年把几百万的收入汇入他们的银行账户。当他们到全国各地旅行时，柏波罗和布鲁诺遇到那些提水桶的年轻人，这两个一起长大的朋友总是把车停下来，将自己的故事讲给年轻人听，帮助他们建立自己的管道。一些人愿意听，并且立即抓住这个机会，开始做管道生意。但悲哀的是，大部分提桶者总是不耐烦地拒绝这个建造管道的建议，柏波罗和布鲁诺无数次地听到相同的借口。

"我没有时间。"

"我朋友告诉我，他认识的一个朋友试图建造管道，但失败了。"

"我这辈子一直都在提水桶，我只想维持现状。"

"我知道有些人在管道的骗局中亏了钱，我可不会。"

柏波罗和布鲁诺为许多缺乏远见的人感到悲哀。

但他们承认，他们生活在一个提桶的世界里，只有一小部分人敢做管道的梦。

点 评

　　故事通俗易懂，结构安排也很巧妙。开头部分结束时设置悬念，其余五部分的小标题巧妙地提示了本部分的主要内容。故事中人们对两个主人公称呼的改换，以及布鲁诺从请酒、独饮到讨酒的变化，既构成一种呼应，也表明他们当下境遇的变化。他们如同一个点发出的两条线，相距越来越远，最后又交织在一起。

　　在现实生活中，你是做管道的柏波罗，还是先提桶后做管道的布鲁诺，抑或是怀揣各种借口，连管道梦也不敢做的提桶者？

运 气

[英国] 克里斯廷·格尔曼

友 光译

一个姑娘把一束鲜花放在火车站的书摊上，选好一本杂志，然后打开钱包。那束花开始向边上滑去，我伸出手去将花挡住。她当即对我嫣然一笑，接着拿起杂志和花转身走了。

我上了火车后，又在车厢里见到了那位姑娘，她旁边还有一个空座位。"这里有人坐吗？"我问她。她抬起头说："没有，你请坐吧。"

于是，我就坐了下来。我想与她交谈，但又找不到话题，真是着急。于是，我就抬头看行李架。她的那束花放在上面，还有她的蓝色小提箱。我看见小提箱上印着她姓名的缩写字母Z.Y。这个名字不多见，我心里想。

火车开动了，驶出站台时，她站起身来推窗子。

"等等，让我来。"我说，连忙站起来把窗子打开。

"我本来是想把窗子关上的。"她微笑着说。自然，我表示了歉意，并把窗子关上了。从这以后就随便多了，我们开始交谈起来。

"你是去度假吗？"我问她。

"不。"她回答说，"只是去和父母亲住几天。"

"我也是，去一个星期。"

列车员推着食品车过来了，我提出请她喝咖啡。

"谢谢。"她说，"从早晨四点到现在，我还未喝一口水。"

后来，我们又交谈了一会儿。当火车到达一个车站时，她站起身来，从行李架上拿下她的东西。我问她是否要下车，她说："是的，要换车了。"

"希望能再次见到你。"我对她说。

她说她也希望如此，然后下车走了。火车离开车站时，我才突然意识到自己太笨了，竟连她的姓名也没有问。我不知道她住在哪里，也不知道她在哪里工作。我或许在这个城市里转上几年也不会再碰到她。

而我很想再见到她。但有什么办法呢？当然，我知道她姓名的首个字母是Z.Y，她叫"佐伊·耶顿"，还是"普诺比亚·亚罗"？

不得而知。

返回市里以后，我翻看电话簿，以Y开头的姓有好几页，但没有以Z开头的名字。看来是没有希望了。我努力回忆着，有关她的情况我还知道些什么。她有一只印着她姓名首个字母的小提箱，她还拿了一束花。

花！她不可能是早上买的花，因为花店要九点才开门，而我们乘坐的火车是8点50分开。对了，火车站的西边有一家已经开门营业的花店。要看得见这花店，她一定是从西边进站的。

在西边停的有哪些公共汽车呢？我查询着，一共有三路，都通向市郊。

我还能想起什么来呢？书摊，她在那里买了一本杂志。是什么杂志呢？我不知道，但我确实记得她挑选杂志的那个书架。我走到那个书架前看了看，上面摆放着各种杂志：《建筑业者专刊》《高保真画刊》《教师月刊》……她会不会是教师呢？这不可能——她乘车那天不是周末。还有《电子学评论》《护士杂志》……难道她是位护士？

我突然记起来，在火车上她说从早上四点起一口水也没有喝。早上四点，说明她刚下夜班。我又看了看公共汽车的路线表，其中有一路车经过一家医院——皇家医院。

我来到这家医院，站在门口的车道上，观察着该在哪里询问。我看到一个房间门上写着"问询处"，正想往那里走去，突然一辆救护车飞快地驶入。我不知道自己为什么没有及时让开，我只觉得被车的侧面撞了一下，以后便什么也不知道了。当我醒来时，发现自己躺在床上，我问道："我这是在哪里？"

"你在医院。"一位护士告诉我。

"你们这里有没有一位姓名的首个字母是 Z.Y 的护士？"我问她。

"我就是，"她说，"我叫泽娜·耶茨。有什么事吗？"

"你不可能是，"我说，"任何一家医院都不可能有两个姓名首个字母都是 Z.Y 的人。"

我在那里想了好几个小时，思考着如何才能找到我要找的人。后来我与这个名叫泽娜·耶茨的护士说起那件事，她解开了这个谜："我把自己的小提箱借给了另外一位护士，她的名字叫瓦莱里娅·沃森。"

我想见的她终于出现了。她坐在我床边，嘴角带着一丝愉快的神情。

"你是怎么找到我的？"她问道。

"运气，"我微笑着说，"就是一点小运气。"

点评

故事中的"我"简直就是一个侦探，逻辑严密，令人叹服。读者跟随"我"一步步去寻找那个姑娘时，情节又一转再转，先是"我"遭遇撞车，随后又是认错人，最后要找的姑娘终于现身。一切既出乎读者意料，又在情理之中。

文末和标题的"运气"到底指的是什么呢？是他被车撞了躺在医院病床上，而身边护士姓名的首个字母正好是 Z.Y，还是他平日在生活中锻炼出来的观察和推理能力？观赏过英国导演丹尼·博伊尔执导的影片《贫民窟的百万富翁》之后，你可能会有更深的感悟。

窗中戏剧

[德国] 伊尔泽·爱辛格尔

郑 莉 译

女人倚在窗子边，朝对面望去。风微微地从河边吹来，感觉和平常没什么不一样。她住在顶楼的倒数第二层，街道在远远的下面，就连马路上来来往往的车辆的噪音也很少传到这里。就在女人准备从窗边转身离开的时候，她突然发现，对面那个老人房间里的灯不知道什么时候已经打开了。天色还不晚，外面还很亮，老人房间里的灯光并不明显，那种感觉就好像太阳底下开着的街灯，又像是灯火通明的教堂里，某个人在窗边点亮的蜡烛。

女人站住了。

老人打开窗子，朝着这边点了点头。

他是在向我打招呼吗？女人心里暗自想道。她所住的房子上面一层是空着的，下面一层是一个工厂，这会儿早就关门了。女人于是微微地点了点头，作为对老人的回应。只见老人又冲着这边点点头，同时伸手去摘帽子，却突然发现，自己的头上并没有帽子。老人转身消失在后面的房间里。

很快，老人又出现在窗前。这次，他的头上多了一顶帽子，身上加了一件外套。他脱下帽子，微笑着向女人致意。接着，他从口袋里掏出一块白色的手帕，开始挥舞起来。一开始，是轻轻的，接着，越来越激烈。他把身子倾在窗台上，让人不得不担心他的整个身体会从窗子里跌出来。女人有些愕然地后退了一步。

这时，窗子对面的老人一抬手，将手中的帽子远远地甩开了。同时，他将围巾顶在了自己的头上，就像一个穆斯林一样，将自己的头包裹起来。接着，他将双臂交叉，合在胸前，开始鞠躬。每次抬起头时，他的左眼都闭着，仿佛在向女人传递着他们两人之间的某种秘密信息。女人饶有兴味地看着这一切，直到她突然发现，窗子中出现了两条穿着窄窄的、打着补丁的丝绒裤子的双腿。老人在做倒立！当他那满脸通红、满是汗水而又兴高采烈的脸重新出现在窗前时，女人终于拨打了警察局的电话。

老人仍然没有停下来。他披着一个床单，在两个窗子前交替出现。三条街道以外的警局接到了女人的电话，女人在电话中有些语无伦次，声音十分激动，以至于警察们也不知道发生了什么事。此刻，对面的老人笑得更厉害了，脸上的皱纹堆成了一团。他伸出一只手，做了个模糊的手势，在脸上一抹，随即，他脸上的笑容消失了，似乎，他的笑容已经瞬间被他攥在了手里。女人一直站在窗边看着这一切，直到警车赶到楼下。

女人气喘吁吁地跑下楼。警车周围已经围了许多人。一群人跟着警察和女人上了楼，有好几个甚至跟到了最后一级楼梯上。他们凑在一起，好奇地等待着——先是有人上前敲门，没有人应；然后按门铃，仍然没有回应。作为训练有素的警察，打开一道门并不是难事——门很快被打开了，干净利落。顺着窄窄的走廊，他们终于捕捉到了走廊尽头隐约的灯光。女人蹑手蹑脚地，紧紧地跟在警察后面。当通往里间的那道门被打开时，只见老人背对着他们，仍站在窗子旁。他的双手拿着一个大大的白色的枕头，放在自己头上，又拿下，不断重复着。那样子仿佛是在告诉什么人，他要去睡觉了。而他的肩上，还披着一块地毯。众人几乎已经走到了他的身后，老人仍然没有转身——这个老人的听觉已经非常迟钝了。女人的视线越过老人，望向对面，她看到了自己家那扇昏暗的窗子。

就像她所想的那样，底下那一层的工厂已经下班了。不过，在她家楼顶上，不知什么时候搬来了一对小夫妻。在他们房间的窗子旁，有一个围着栏杆的儿童床。一个小男孩正站在里面。

这个小孩儿头上也顶着一个枕头，身上披着一个床单。他不停地在床上蹦着跳着，朝着这边挥动着双手，嘴里咿咿呀呀地叫着。他先是笑着，接着，用手在脸上抹了一把，随即，他的脸变得严肃起来，仿佛他在一秒钟之内将自己的笑容攥在了手中。紧接着，小男孩伸出手，用尽全身力气将手中的笑容抛到了所有目瞪口呆的人们脸上。

点 评

　　故事从一个女人的视角叙述她的见闻感受。读者在跟随她的双眼，去看对面窗口老人的表演的同时，也体会到她细致的内心活动。作者设置的悬念，即女人心中的疑惑，一直也挂在读者的心头。对面这老人是谁？他是个怎样的人？他到底怎么了？他为何会有种种令人费解的举动？结尾出人意料。在好笑之余，我们是否也被这窗中戏剧所感动？一边是听力迟钝的老人，一边是咿呀学语的男孩，他们都是孤单的，却在彼此那里获得了快乐和安慰。

优哉游哉

［德国］海因里希·伯尔

雷夏鸣 译

　　在欧洲西海岸的一个码头，一个衣着寒酸的人躺在他的渔船里闭目养神。

　　一位穿得很时髦的游客迅速把一卷新的彩色胶卷装进照相机，准备拍下面前这美妙的景色：蔚蓝的天空、碧绿的大海、雪白的浪花、黑色的渔艇、红色的渔帽。咔嚓！再来一下，咔嚓！德国人有句俗语："好事成三。"为保险起见，再来个第三下，咔嚓！这清脆但又扰人的声响，把正在闭目养神的渔夫吵醒了。他睡眼惺忪地直起身来，开始找他的烟盒。还没等找到，热情的游客已经把一盒烟递到他跟前，虽说没插到他嘴里，但已放到了他的手上。咔嚓！这第四下"咔嚓"是打火机的响声。于是，殷勤的客套也就结束了。这过分的客套带来了一种尴尬的局面。游客操着一口本地话，想与渔夫攀谈攀谈来缓和一下气氛。

　　"您今天准会捕到不少鱼。"

　　渔夫摇摇头。

　　"不过，听说今天的天气对捕鱼很有利。"

　　渔夫点点头。

　　游客激动起来了。显然，他很关注这个衣着寒酸的人的境况，对渔夫错失良机很是惋惜。

　　"哦，您身体不舒服？"

　　渔夫终于从只是点头和摇头到开腔说话了。"我的身体挺好，"他说，"我从来没感到这么好！"他站起来，伸展了一下四肢，仿佛要显示一下自己的体魄是多么的强健，"我感到自己好极了！"

　　游客的表情显得愈加困惑了，他再也按捺不住心中的疑问，这疑问简直要使他的心都炸开了："那么，为什么您不出海呢？"

　　回答是干脆的："早上我已经出过海了。"

　　"捕的鱼多吗？"

　　"不少，所以也就用不着再出海了。我的鱼篓里已经装了四只龙虾，还捕到差不多两打鲭鱼……"渔夫总算彻底打消了睡意，气氛也随之变得融洽了些。他安慰似的拍拍游客的肩膀。

在他看来，游客的担忧虽说多余，却是深切的。

"这些鱼，就是明天和后天也够我吃了。"为了使游客的心情轻松些，他又说，"抽一支我的烟吧？"

"好，谢谢。"

他们把烟放在嘴里，又响起了第五下"咔嚓"。游客摇着头，坐在船帮上。他放下手中的照相机，好腾出两只手来加强他的语气。

"当然，我并不想多管闲事，"他说，"但是，试想一下，要是您今天第二次、第三次，甚至第四次出海，那您就会捕到三打、四打、五打甚至十打的鲭鱼。您不妨想想看。"

渔夫点点头。

"要是您，"游客接着说，"要是您不光今天，而且明天、后天，对了，每逢好天都两次、三次，甚至四次出海——您知道那会怎么样？"

渔夫摇摇头。

"顶多一年，您就能买到一台发动机，两年内就可以再买一条船，三四年内您或许就能弄到一条小型机动渔船。用这两条船或者这条机动渔船您也就能捕到更多的鱼——有朝一日，您将会有四条机动渔船，您将会……"他兴奋得好一会儿说不出话来，"您将可以建一座小小的冷藏库，或者一座熏鱼厂，过一段时间再建一座海鱼腌制厂。您将驾驶着自己的直升机在空中盘旋，寻找更多的鱼群，并用无线电指挥您的机动渔船，到别人不能去的地方捕鱼。您还可以开一间鱼餐馆，用不着经过中间商就把龙虾出口到巴黎——然后……"兴奋又一次哽住了这位游客的喉咙。他摇着头，满心的惋惜把假期的愉快几乎一扫而光。他望着那徐徐而来的海潮和水中欢跳的小鱼。"然后，"他说，但是，激动再一次使他的话噎住了。

渔夫拍着游客的脊背，就像拍着一个卡住了嗓子的孩子。"然后又怎样呢？"他轻声问道。

"然后，"游客定了一下神，"然后……您就可以优哉游哉地坐在码头上，在阳光下闭目养神，再不就眺望那浩瀚的大海。"

"可是，现在我已经这样做了，"渔夫说，"我本来就优哉游哉地在码头上闭目养神，只是您的'咔嚓'声打扰了我。"

显然，这位游客受到了启发，他若有所思地离开了。曾几何时他也认为，他今天工作为的是有朝一日不必再工作。此时，在他的心里，对这个衣着寒酸的渔夫已没有半点的同情，有的只是一点儿忌妒。

点　评

这是一个有趣的故事。故事以游客和渔夫的对话为主体，使读者在阅读过程中，也对游客描绘的景象心驰神往。文中多处对人物神态、动作等细节的简洁描述，前后照应，又表现了他们的心理变化。

你还可以思考，渔夫如果真如游客所描述的那样奋斗一生，最终优哉游哉地在码头上闭目养神，那和当下他在码头上悠闲地闭目养神真的一样吗？区别又在哪里？如果是你，你会选择哪一种生活？

尼泊尔的啤酒

［日本］吉田直哉

朱新华 译

那是四年前的事了，准确地说不是"最近"了，然而对我来说，却比昨天发生的事还要鲜明得多。

那年夏天，为了摄影，我在喜马拉雅山麓、尼泊尔的一个叫多拉卡的村庄待了十多天。在这个家家户户散布在海拔一千五百米斜坡上的村庄，像水、电、煤气之类所谓现代的生命线还没有延伸到这里。

这个村庄虽有四千五百口人，却没有一条能与别的村落往来的车道。不用说汽车，就是有轮子的普通交通工具也用不起来。而只能靠两条腿步行的山路崎岖不平，到处都被山涧急流截成一段一段的。

由于手推车都不能用，村民只能在体力允许的范围内背一些东西在这条路上行走。每当我惊奇于草垛何以移动时，定睛一看，下面有一双双小脚在走路。原来是孩童背着堆得高高的当燃料用的玉米秸。

以前在日本去村庄的公有山林砍柴时，禁止用马车拉柴，只允许背多少砍多少。当时人们认为背多少砍多少的话就能得到天神的原谅。

时代不同了，可正因为没有车道，多拉卡村的人们至今过着一种既能保护环境又能被天神原谅的生活。我不知道以前的情况，反正现在村民们完全知道他们的生活无法和世界上其他的地方相比。因此，他们是以一种苦楚的心情，在旅游者看来像世外桃源般美丽的风景中过着日子的。

特别是年轻人、小孩子都渴望离开村子去有电有车的城市。这也是理所当然的。就是我们，在没法用汽车的这里，也深感不便，每时每刻都是全副武装登山。从汽车的终点站到村庄，我们竟雇了十五个人搬运器材和食品，多余的东西不得不放弃。

首先放弃的就是啤酒，啤酒比什么都重。想过酒瘾，威士忌更有效果。我们四人带了六瓶，每人一瓶半，估计能对付着喝十天。然而威士忌和啤酒，其作用是不同的。

当汗淋淋地结束了一天的拍摄，面对眼前流淌着的清冽的小河时，我情不自禁地说："啊，如果把啤酒在这小河中镇一下的话，该有多好喝呀。"

现在再提经过大家协商放弃的啤酒真是没有道理。这时有人追问我说出来的这句忌语。他不是我的同僚，而是村里的少年切特里。

他问翻译："刚才那人说了什么？"当他弄清什么意思时，两眼放光地说道："要啤酒的话，我去给你们买来。"

"……去什么地方买？"

"恰里科特。"

那是我们丢了车子雇人的地方，大人也要走一个半小时。

"是不是太远了？"

"没问题。天黑之前回来。"

他劲头十足地要去，我就把小帆布包和钱交给了他。"那么，辛苦你了，可以的话买四瓶来。"切特里兴高采烈地跑了出去，到八点左右背了五瓶啤酒回来。大家兴奋地鼓掌庆祝。

第二天午后，来摄影现场看热闹的切特里问道："今天不要啤酒吗？"

"要当然是要的，只是你太辛苦了。"

"没问题。今天是星期六，已经放学了，明天也休息，我给你买许多'星'牌啤酒。"

"星"牌啤酒是尼泊尔当地的啤酒。我一高兴，给了他一个比昨天更大的帆布包和能买一打啤酒以上的钱。切特里更起劲了，蹦蹦跳跳地跑了出去。

可是，到了晚上他还没回来，到了临近午夜还是没有消息。我向村民打问会不会出事了，他们异口同声地说："如果给了他那么多钱，肯定是跑了。有那么一笔钱，就是到首都加德满都也没问题。"

十五岁的切特里是越过一座山从一个更小的村子来到这里的，平时就寄住在这里去上学。土屋里放一张床，铺上只有一张席子。因为我拍过他住的地方并问了许多问题，所以对他的情况是了解的。

在那间土屋里，切特里每天吃着自己做的咖喱饭发奋学习。咖喱是他把两种香料和辣椒放在一起夹在石头里磨了以后和蔬菜一起煮出来的。由于土屋很暗，白天在家学习也得点着油灯。

切特里还是没有回来。第二天也没有回来。到第三天也就是星期一还没有回来。我到学校向老师说明情况、道歉并商量对策，可是连老师都说："不必担心，不会出事的。拿了那么一笔钱，大概跑了吧。"

我后悔不已。稀里糊涂凭自己的感觉把对尼泊尔孩子来说简直难以相信的一笔巨款交给了他，误了那么好的孩子的一生。

然而我想也许还是出了事故吧。但愿别发生他们说的事。

这样坐立不安地过了三天，到了第三天深夜，有人猛敲我宿舍的门。哎呀，打开门一看，切特里站在外面。

他浑身泥浆，衣服弄得皱皱巴巴的。听他说，由于恰里科特只有四瓶啤酒，就爬了四座山到了另一个山岭。

一共买了十瓶，路上跌倒打碎了三瓶，切特里哭着拿出所有玻璃碎片给我看，并拿出了找的钱。

我抱住他的肩膀哭了。很久了，我不曾那样哭过，也不曾那样深刻全面地反省过。

点 评

作者在前半部分着力描述多拉卡村的落后状况，为下文故事的发展埋下伏笔。当切特里出现时，叙事开始有了起伏。先是他第二次去买啤酒没能回来，为读者留下悬念；又通过村民和老师的口，一次次强化读者可能产生的误会；结尾突然发生反转，一切既出乎意料又在情理之中。插叙内容不多，却极为重要。它交代切特里生活的贫困和艰难，似乎在证明他有拿钱跑掉的可能，同时也让人感受到他的勤奋和自立，为"我"内心的纠结和故事的结局做了铺垫。

品 质

[英国] 约·高尔斯华绥

沈长铖 译

我很年轻时就认识他了，因为他承做我父亲的靴子。他和他哥哥合开一爿店，店房有两间打通的铺面，开设在一条横街上——这条街现在已经不存在了，但是在那时，它却是坐落在伦敦西区的一条新式街道。

…………

我清楚地记得：有一天，我把幼小的脚伸到他跟前时，羞怯地问道："格斯拉先生，做靴子是不是很难的事呢？"

他回答说："这是一种手艺。"从他的含讽带刺的红胡根上，突然露出了一丝微笑。

他本人有点儿像皮革制成的人：脸庞黄皱皱的，头发和胡须是微红而鬈曲的，双颊和嘴角间斜挂着一些整齐的皱纹，话音很单调，喉音很重；因为皮革是一种死板板的物品，本来就有点儿僵硬和迟钝。这正是他的面孔的特征，只有他的蓝灰眼睛含蓄着朴实严肃的风度，好像在迷恋着理想。他哥哥虽然由于勤苦在各方面都显得更虚弱、更苍白，但是他们两兄弟却很相像，所以我在早年有时要等到跟他们定好靴子的时候，才能确定他们到底谁是谁。后来我搞清楚了：如果没有说"我要问问我的兄弟"，那就是他本人；如果说了这句话，那就是他的哥哥了。

人们不可能时常到他那里去，因为他所做的靴子非常经穿，一时穿不坏的——他好像把靴子本质缝到靴里去了。

人们走进他的店堂，不会像走进一般店铺那样怀着"请把我要买的东西拿来，让我走吧"的心情，而是心平气和地像走进教堂那样。来客坐在那张仅有的木椅上等候着，因为他的店堂里从来没有人的。过了一会儿，可以看到他或他哥哥的面孔从店堂里二楼楼梯口往下边张望——楼梯口是黑洞洞的，同时透出沁人脾胃的皮革气味。随后就可以听到一阵喉音，以及木皮拖鞋踏在窄狭木楼梯上的踢踏声；他终于站在来客的面前，上身没有穿外衣，背有一点儿弯，腰间围着皮围裙，袖子往上卷起，眼睛眨着——像刚从靴子梦中惊醒过来，或者说，像一只在日光中受了惊动因而感到不安的猫头鹰。

于是我就说："你好吗，格斯拉先生？你可以给我做一双俄国皮靴吗？"

他会一声不响地离开我，退回到原来的地方去，或者到店堂的另一边去；这时，我就继续坐在木椅上休息，欣赏皮革的香味。不久，他回来了，细瘦多筋的手里拿着一张黄褐色皮革。他眼睛盯着皮革对我说："多么美的一张皮啊！"等我也赞美一番以后，他就继续说："你什么时候要？"我回答说："啊，你什么时候方便，我就什么时候要。"于是他就说："半个月以后，好不好？"如果答话的是他的哥哥，他就说："我要问问我的兄弟！"

有一天，我有机会跟他谈了一件事，我忘不了那一天。我对他说："格斯拉先生，你晓得吗？上一双在城里散步的靴子咯吱咯吱地响了。"

他看了我一下，没有作声，好像在盼望我撤回或重新考虑我的话，然后他说："那双靴子不该咯吱咯吱地响呀。"

"对不起，它响了。"

"你是不是在靴子还经穿的时候把它弄湿了呢？"

"我想没有吧。"

他听了这句话以后，蹙蹙眉头，好像在搜寻对那双靴子的回忆。我提起了这件严重的事情，真觉得难过。

"把靴子送回来！"他说，"我想看一看。"

由于我的咯吱咯吱响的靴子，我内心里涌起了一阵怜悯的感情；我完全可以想象到他埋头细看那双靴子时的历久不停的悲惨心情。

"有些靴子，"他慢慢地说，"做好的时候就是坏的。如果我不能把它修好，就不收你这双靴子的钱。"

有一次（也只有这一次），我穿着那双因为急需才在一家大公司买的靴子，漫不经心地走进他的店铺。他接受了我的订货，但没拿皮革给我看；我意识到他的眼睛在细看我脚上的次等皮革。他最后说："那不是我做的靴子。"

他的语调里没有愤怒，也没有悲哀，连鄙视的情绪也没有，不过那里面却隐藏着可以冰冻血液的潜在因素。为了讲究时髦，我的左脚上的靴子有一处使人很不舒服；他把手伸下去，用一个手指在那块地方压了一下。

"这里疼痛吧，"他说，"这些大公司真不顾体面。可耻！"跟着，他心里好像有点儿沉不住气了，所以说了一连串的挖苦话。我听到他议论他的职业上的情况和艰难，这是唯一的一次。

"他们把一切都垄断去了，"他说，"他们利用广告而不靠工作把一切垄断去了。我们热爱靴子，但是他们抢去了我们的生意。事到如今——我很快就要失业了，生意一年年地清淡下去——过后你会明白的。"我看看他的多皱的面孔，看到了我以前未曾注意到的东西：惨痛的东西和惨痛的奋斗——他的红胡子好像突然变得花白了！

我尽一切可能向他说明我买这双倒霉靴子时的情况，但是他的面孔和声调使我获得很深刻的印象。结果在以后几分钟里，我定了许多双靴子。这下可糟了！这些靴子比以前的格外经穿，差不多穿了两年，我也没想起要到他那里去一趟。

后来我再去他那里的时候，我很惊奇地发现：他的店铺外边的两个橱窗中的一个漆上另一个人的名字了——也是个靴匠的名字，当然为王室服务的啦。他透过那副生了锈的铁架眼镜注视着我说：

"你是不是——先生？"

"啊！格斯拉先生！"我结结巴巴地说，"你要晓得，你的靴子实在太结实了！看，这双还很像样呢！"我把脚向他伸过去。他看了看这双靴子。

"是的，"他说，"人们好像不要结实靴子了。"

为了避开他的带责备的眼光和语调，我赶紧接着说："你的店铺怎么啦？"

他安静地回答说："开销太大了。你要做靴子吗？"

虽然我只需要两双，我却向他订做了三双；我很快就离开了那里。过了好几个月以后，我又到他的店铺里去，我记得，我去看他的时候，心里有这样的感觉："呵！怎么啦，我撇不开这位老人——所以我就去了！也许会看到他的哥哥呢！"

因为我晓得，他哥哥很老实，甚至在暗地里也不至于责备我。

我的心安下了，在店堂出现的正是他的哥哥，他正在整理一张皮革。

"啊，格斯拉先生，"我说，"你好吗？"

他走近我的跟前，盯着看我。

"我过得很好，"他慢慢地说，"但是我哥哥死掉了。"

我这才看出来，我所遇到的原来是他本人——但是多么苍老，多么消瘦啊！我以前从没听他提过他的哥哥。我吃了一惊，所以喃喃地说："啊！我为你难过！"

"的确，"他回答说，"他是个好人，他会做好靴子；但是他死掉了。"他摸摸头顶，我猜想，他好像要表明他哥哥死的原因；他头上的头发突然变得像他的可怜哥哥的头发一样稀薄了。"他失掉了另外一间铺面，心里老是想不开。你要做靴子吗？"他把手里的皮革举起来说，"这是一张美丽的皮革。"

我订做了几双靴子。过了很久，靴子才送到——但是这几双靴子比以前的更结实，简直穿不坏。不久以后，我到国外去了一趟。

过了一年多，我才又回到伦敦。我所去的第一个店铺就是我的老朋友的店铺。我离去时，他是个六十岁的人，我回来时，他仿佛已经七十五岁了，显得衰瘦、软弱，不断地发抖。这一次，他起先真的不认识我了。

"啊！格斯拉先生，"我说，心里有些烦闷，"你做的靴子好极啦！看，我在国外时差不多一直穿着这双靴子的；连一半也没有穿坏呀，是不是？"

他细看我这双俄国皮靴，看了好久，脸上似乎恢复了镇静的气色。他把手放在我的靴面上说："这里还合脚吗？我记得，费了很大劲才把这双靴子做好。"

我向他确切地说明：这双靴子非常合脚。

"你要做靴子吗？"他说，"我很快就可以做好；现在我的生意很清淡。"

我回答说："是的，我急需靴子——每种靴子都要！"

"我可以做时新的式样。你的脚恐怕长大了吧。"他非常迟缓地照我的脚型画了样子，又摸摸我的脚趾，只有一次抬头看着我说："我哥哥死掉了，我告诉过你没有？"

我对这几双靴子并不存什么指望，但有一天晚上靴子送到了。我打开包裹，把四双靴子排成一排；然后，一双一双地试穿这几双靴子。一点问题也没有。不论在样式或尺寸上，在加工或皮革质量上，这些靴子都是他给我做过的最好的靴子。在那双城里散步穿的靴口里，我发现了他的账单，单上所开的价钱与过去的完全一样。但我吓了一跳，他从来没有在四季结账日以前把账单开来的。我飞快地跑下楼去，填好一张支票，而且马上亲自把支票寄了出去。

一个星期以后，我走过那条小街，我想该进去向他说明：他替我做的新靴子是如何的合脚。但是当我走近他的店铺时，我发现他的姓氏不见了。

我走了进去，心里很不舒服。在那两间门面的店堂里——现在两间门面又合二为一了——只有一个长着英国人面貌的年轻人。

"格斯拉先生在店里吗？"我问道。

他诧异的同时讨好地看了我一眼。

"不在，先生，"他说，"不在。但是我们很乐意为你服务。我们已经把这个店铺过户过来了。毫无疑问，你已经看到隔壁门上的名字了吧。我们替上等人做靴子。"

"是的，是的，"我说，"但是格斯拉先生呢？"

"啊！"他回答说，"死掉了！"

"死掉了？但是上星期三我才收到他给我做的靴子呀！"

"啊！"他说，"真是怪事。可怜的老头儿是饿死的。"

"慈悲的上帝啊！"

"慢性饥饿，医生这样说的！你要晓得，他是这样去做活的！他想把店铺撑下去；但是除了自己以外，他不让任何人碰他的靴子。他接了一份订货后，要费好长时间去做它。顾客可不愿等待呀。结果，他失去了所有的顾客。他老坐在那里，只管做呀做呀——我愿意代他说这句话——在伦敦，没有一个人可以比他做出更好的靴子！但是也得看看同业竞争呀！他从不登广告！他肯用最好的皮革，而且还要亲自做。好啦，这就是他的下场。照他的想法，你对他能有什么指望呢？"

"但是饿死——"

"这样说，也许有点儿夸张——但是我自己知道，他从早到晚坐在那里做靴子，一直做到最后的时刻。你知道，我往往在旁边看着他。他从不让自己有吃饭的时间，店里从来不存一个便士，所有的钱都用在房租和皮革上了。他怎么能活得这么久，我也莫名其妙。他经常断炊。他是个怪人。但是他做了顶好的靴子。"

"是的，"我说，"他做了顶好的靴子。"

点评

这是一个让人感动又伤感的故事。无论外界如何变化，格斯拉兄弟俩始终保持着所做靴子的品质，从样式、尺寸到加工和皮革质量，力争做到最好。然而，他们却遭遇了失败，最终穷困潦倒。哥哥因失去一间铺面想不开而死，格斯拉因慢性饥饿而死。作者不疾不徐，将鞋匠的故事娓娓道来。人物刻画简洁传神，内心感受真实细腻。

在提倡"工匠精神"的今天，有人对这兄弟俩的职业操守和敬业精神赞赏有加，也有人认为他们迂腐、死板，不知变通。对此，你有什么看法？你身边有没有类似的人，请用笔记述他们的故事。

安恩和奶牛

［丹麦］约翰尼斯·延森

　　在瓦尔普峡集市的牲口交易场上，站着一位老妇人和她的奶牛。她带着那头孤独的奶牛悄悄地站在一边，也许是她太腼腆羞怯，也许是她故意要吸引更多人的注意的缘故。她身上穿着样式老掉牙的旧衣服，一条海蓝色的裙衫依然散发着乡下染缸中捞出来的那种土味儿。一条棕褐色的绒线方披肩交叉盖在她那干瘪瘪的胸上。她戴的那条头巾颜色褪得泛白，七皱八褶，好像是摺在抽屉里有了年头。脚上的木屐连后跟都磨平了，但是皮面上却抹了油擦得锃亮。她那瘦骨嶙峋的双手拿着毛线针飞快地翩然起舞着。除了这几根针之外，在她的苍苍白发上还另外横插着一根。她站在那里，竖起耳朵凝神倾听着杂货摊上飘过来的音乐声，但是她也不时地抬头看看在她身边摩肩接踵、熙来攘往的人群和买卖交易的牲口。她的周围一片嘈杂喧嚣，然而她却站在那里晒着太阳，打着她的毛袜。哦，真是旁若无人，安闲得很。

　　那头奶牛依偎在她的身边，头挨着她的肘部，神情厌烦，腿脚僵硬地站在那里，翕动着嘴唇不断地反刍咀嚼。这头奶牛已经上了年纪了，但这是一头很好的牲口，浑身披着密密黢黢的发亮的毛，连半根杂毛也没有。可以看得出来，它是真正出身高贵的纯粹良种。当然，要是存心找碴儿的话，那么在它的臀部和脊梁上长着一溜肉瘤，不过能挑得出来的最坏的瑕疵也就这么点了。它的浑圆的乳房胀得鼓鼓的，软绵绵、毛茸茸地垂在肚皮底下。它那黑白相间的美丽的牛角上的年轮还不太多。这是一头强壮结实的奶牛，曾经有过所有奶牛都有过的生活经历，它到了发情求偶的年龄，产下了小犊，然而连看它们一眼舔它们一下都没有来得及便给人带走了。在这以后便吃着粗粝的草料，心甘情愿地把牛奶奉献出来。

　　既然它是一头好母牛，而且显而易见已经成熟到可供屠宰的地步，不久就有人来端详它，用手指摸摸它那保养刷洗得干干净净的皮毛。"这头母牛卖多少钱，老婆婆？"那人问道，他把挑剔的眼光从奶牛身上转到安恩身上，锱铢必较地望着她。安恩自顾自继续打着毛线。"它是不卖的。"她回答说，然后好像是为了使讲话显得谦恭有礼起见，她一只手把毛衣针摺下，使劲地把鼻孔擦个不停。那个男人惶惑起来，踟蹰不决地站了半晌。

　　过了不大一会儿工夫，一个精明利落、脸刮得光溜溜的屠夫用他的棍棒敲了敲牛角，他用肥硕的手匆匆摸了摸母牛身上光滑的皮毛。"喂，这头母牛多少钱？"老太婆安恩敝帚自珍地瞅了瞅自己的奶牛，不屑地睥睨了一下那根棍棒，然后转过脸去，仿佛往远处张望发现了有什么使她感兴趣的东西。"它不卖的！"这笔交易就此告吹，这个身穿血迹斑驳的罩衫的屠夫扬长而去。紧跟着又来了一个人，死乞白赖纠缠着要做成这笔买卖，可是老太婆安恩摇摇头说："这头奶牛是不卖的。"她就用这副神情接连打发走了许多主顾，这便理所当然地引起大家对她的注意，对她说长道短起来。有个人已经来过一次想买这头牛，但是遭到拒绝，现在又折回来，出了一个简直令人难以抵抗诱惑的大价钱。安恩老太太用了非常坚定不移的口气回答说："不！"但是她似乎心烦意乱，为难得很。

　　"那么，它是已经卖出了不成？"那人问道。"没有，这头牲口是不卖的。""是吗？那么干吗老站在这里？难道光是让这头奶牛出出风头吗？"这个男人刨根究底地追问着，"是你自己的奶牛吗？""是呀，当然是的喽。"在这头奶牛还是条小牛犊的时候，就是她的了，那是一点都不假的。"难道你站在这里是为了拿大伙儿开心吗？"天哪！安恩老太太当头挨了这一闷棍只好闷声不响。她不再打毛线了，从牛角上解下拴牛的绳索，预备回家去了。在这个时候，她睁大了眼睛，用恳求的眼神盯住了那个人。

"它是一头那么孤零零的奶牛，"她推心置腹地吐露真情，"我的小农庄上就只有这么一头奶牛，而它又难得同别的牲口合群，所以我就想到不如把它带到集市上来，这样做它至少可以跟同类相聚一番，让它略为散散心……这样，我们就到这里来了。但是，我们不是来做生意的。既然已经弄成这样，我们只好回去了。不过，我方才本来应该讲一句'对不起，我很抱歉'才好。好吧，再见了，谢谢你。"

点评

　　故事看似简单，却非常精彩。开头两段，对安恩和她的奶牛都描写得细致入微。随后设置悬念，不断强化读者心中的疑问。到结尾，让主人公自己揭开谜底。

　　安恩和前三个买牛人的对话简洁有力，作者对双方的神态、动作描述细致，既前后呼应，又推动了情节发展。而她与最后一个买牛者的细致对话，与前面有了详略的区别，同时让人如临其境、如闻其声，印象深刻。

　　安恩把奶牛带到集市上，是为了让它跟同类相聚，略为散心，她自己是否也来散心解闷？她是否就是一头老奶牛？当安恩解释原委后，买牛者会有何反应？

　　推荐观赏：韩国纪录片《牛铃之声》，看一位八十岁老农和一头四十岁老黄牛之间的动人故事。

小贩的葬礼

[美国] 杰克·布恩

　　一九七一年二月三日上午，牧师离开教堂到坟场去，心想也许最多只有五六个人出席赫伯特·华思的葬礼。气温在冰点以下，天色阴沉，还刮着风，眼看就要下雪了。他暗忖，葬礼不妨简简单单，大家敷衍过去算了。

　　两天前，停尸所一位执事打电话给他，说华思没有亲人，尸体也没有人认领，希望牧师去主持葬礼。

　　牧师只知道这老头儿是个卖家用杂货的小贩。牧师太太跟他买过擦碗布，牧师自己也依稀记得见过他：身材瘦小，灰白头发梳得很整齐，从不强人所难，总是彬彬有礼。我们即使没什么要买，通常也向他买点东西。

　　谁会来参加这么一个人的葬礼？

推销的是快乐和真情

华思七十三岁，身高只有一点五米左右。他没有亲人，没有朋友，孤零零住在印第安纳州印第安纳波利斯市北区一幢整洁的木屋里。

华思二十七年来一直挨家挨户兜售杂货，最后十一年更是每星期至少有六天在街上奔走。他手里提着两个大购物袋，每样东西都只卖两毛五，唯有花哨的端锅布垫卖五毛。布垫是他邻家一个十几岁的女孩手织的，他替她卖，但是不拿佣金。"我从批发商那里买不到这么漂亮的布垫呢，"他对女孩说，"有这些布垫卖，我对顾客服务就周到了。"

他每天早上八点半左右出门，踏上仔细考虑过的路线，八九个钟头后回家。他从来不当自己是小贩，"我是推销员，"他对主顾说，"做买卖懂得运用心理学。我只卖顶呱呱的货色。我的路线是研究过的，每年到每户人家三趟，不多不少。这样才不惹人家讨厌。无论你买不买东西，我一定说谢谢。我要大家知道我是懂规矩的。"

他提高嗓子叫喊："今天要不要端锅布垫？买一条漂亮的红手帕给小弟弟吧？"之后，总希望跟人家聊聊天，解解闷。他喜欢谈他母亲，而他过去一向孝顺母亲。天气暖和的那几个月里，他每个星期天都到公墓去，在母亲坟前献一束鲜花。那墓碑是双人用的，留了空位用来刻上他自己的姓名和生卒年月。一九六八年三月，他给自己挑选了一具灰色棺木，又预付了丧葬费用。

华思一直有件憾事，他的主顾大多都听他说过好几次："我年轻时应该结婚。没有家，生活真寂寞。我一个亲人都没有。"不过他只是说说罢了，并不是要人家可怜他。

有一次，听他说话的那位家庭主妇虽急于回屋里去做家务，听了他辛酸的感慨，不免感动，就安慰他道："什么话，华思，你朋友多着呢！"

"是呀，我做买卖的确认识了许多人。"他回答，然后提起购物袋，半走半小跑地匆匆往另一户人家去了。无论是在热得他满头是汗的夏天，还是在冻得他流眼泪鼻涕的冬天，这个瘦小曲背的老头儿从来不改变他的步速。

大家都喜欢他，因为他自尊自重，不求人，自食其力，从不向人要什么，最多是在大热天向人要杯冷水。他也从不向邻居推销，如有邻居要向他买东西，他就说："我是你的街坊嘛。希望你当我是街坊，而不是站在你门口的推销员。"

他常常替人家扫树叶、铲雪，而且做这类吃力工作时也总是尽心尽力。"我手脚也许慢一点儿，但从不马虎。"他得意地说。

"我一定要去参加葬礼"

华思每天傍晚回来，都会在他家附近的加油站歇息，在那里坐一阵，聊聊天，吃杯香草冰激凌，同时把口袋里的零钱换成钞票。"我不抽烟，不喝酒，"他常说，"就喜欢吃香草冰激凌。"

一月三十日是星期六，华思将几条车道的积雪铲清之后，跟平时一样到超级市场去。但是在等面包送到的时候，他悄无声息地倒下了。

那天，邻居听到他的死讯之后，大多数都立即放下了工作，沉默良久。谁都没听说过他有病。大家都不相信这小老头儿竟然就这样过去了。

两天后，华思的名字在报纸讣告栏里出现。他的顾客打电话彼此询问："是我们的华思吗？"

一位检察官太太打电话问停尸所的职员："你们对于无亲无故的人怎样安排葬礼？"

"呃，我们会找牧师来祈祷，"那职员回答，"派两三个人送灵柩到坟场并参加葬礼，尽力而为就是了。"

"华思下葬时如果没有熟人在场，那就太凄凉了。"这位太太心想，"哦，会有熟人在场的，我一定去。"许多认识华思的人也打定了同样的主意。

葬礼前一天，《明星报》一位记者写了段关于华思的讣告。这位记者访问过华思，写他的小贩生活。他在讣告中提到，华思告诉过他，就怕将来死了没有人送殡。华思的大多数顾客这才知道他去世了。

那天晚上，左邻右舍都在谈论华思、怀念华思，想起他生前多么寂寞。突然之间，每个人都想起自己也经历过寂寞。大家想起华思曾担心死后没有人送终，人人都感到难受。许多人决定无论如何都要参加葬礼。

人山人海，为孤独的小贩送葬

对这些人来说，参加华思的葬礼只是尽个人义务，所以没有向别人提起。男人照常离家上班，没想到在坟场碰到太太。

男女老少，穷人阔人，九点钟就开始陆续来到坟场，比预定举行葬礼的时间足足早了一个钟头。貂皮大衣、喇叭裤及破旧布袄混杂在一起。穿制服的军人和穿深色衣服的商人在面积二百二十公顷的公墓里大步走向华思的墓地。老年人，有些还拄着拐杖，拖着疲乏的双腿坚定地一步步前进。卡车司机、计程车司机和送货工人把车停在公墓外面，步行将近一公里到达墓地。年轻的母亲抱着小宝宝，东遮西掩，唯恐小宝宝受到凛冽寒风的侵袭。

街上车辆拥挤，牧师的车来到离公墓还有两个街口处就被挡住，无法前进。他只好绕道到另外一个入口进去。公墓里面，职员在拥塞狭窄的道路上指挥车辆。牧师糊涂了，怎么都想不起今天究竟是什么知名人物下葬。他停好车，步行到墓穴旁边，这才恍然大悟：这些人一定都是来给华思送葬的。

坟场方面没料到会有这么多人来。"我们全体职员都出动了，设法维持秩序，但是没有用。"公墓经理后来说，"汽车一定不少于六百辆。谁也不知道停在更远处的还有多少，更不知道有多少人因为无法驶近坟场，只好离去。"

印第安纳史迹基金总干事布朗也认识华思，怕没人参加华思的葬礼，便决定自己去一趟。他和别人一样，看到墓地里竟人山人海时，不禁大感意外。他忽然想起坟场里历史悠久的永别亭，上面有座五层高的钟楼，楼顶挂着口古钟，不久前刚重新系好绳索。这口钟可能四十多年没有敲过了。他走到钟绳旁抓住绳索，使劲一拉，敲出清晰的钟声，三公里外都能听到。他足足敲了半个小时，双手都起了水泡。最后，他敲起丧钟：一声声隔得很久，响得很长，充满哀思。

十点半钟，雪片纷飞，牧师缓缓扫视了周围的逾千群众，讲了一篇简短而真挚的悼词：

"华思做梦也没想到他有这么多朋友。人情冷淡，人对人有时候漠不关心，不过今天上帝一定很高兴。"

祈祷结束，群众还是流连不去。志同道合的感觉使陌生人变成了朋友。有些人很兴奋，有些人很满足，每个人都因为来这里而觉得欣慰，没有人急于离开。"那天华思使大家有了同感，"有位商人后来说，"他使我重新对人类肃然起敬。"

华思一生自食其力，他只希望自己下葬时有几个人来送丧。其实，他施舍的恩惠远远超过他所要求的。

点 评

在开头部分设置悬念，随后采用小标题的形式分三部分来组织材料，分别介绍了兜售杂货的独身小贩华思的人生经历、他去世后人们的反应和众人参加他葬礼的情形。

第一、二部分插叙往昔内容，虽各有侧重，却有逻辑关系。正因为华思生前的善良、孝顺、自尊和热心，左邻右舍和记者才会关心他的葬礼；而停尸所职员的答复电话，也呼应了故事开头部分。第三部分是第一、二部分的发展，也紧承开头部分，通过牧师、公墓经理和布朗等人的感受、语言和行动，表现了人们对华思的沉痛悼念。

第二部分

说 明 文

••• 怎样应对说明文 •••

何为说明文 ▶

顾名思义，说明文就是以说明为主要表达方式的文体，对事物进行说明或对事理进行阐释，简而言之，即介绍事物，阐明事理。

说明文是一种最具实用性的文体，广泛应用于文告、广告、说明书、解说词等，与人们的工作和生活密不可分，其重要性愈来愈凸显出来。按照课程标准要求，阅读和写作说明文也是考生需要掌握的一种基本技能。

说明文，按照其作用，可以分为应用型说明文和阐述型说明文；按照说明对象和内容，可以分为事物说明文和事理说明文。

为了把事物说明白，就必须把握事物的特征，进而揭示出事物的本质属性，即不仅要说明"是什么"，还要说明"为什么"。应用型说明文一般只要求说明事物的特征，阐述型说明文则必须揭示事物的实质。

这并不是说，说明文就只能是一种干巴巴的形态了，借助说叙、议论、描写等表达方式，也可以使文章生动活泼、趣味盎然。

要清楚地说明事物特征或事理，合理安排说明顺序和说明结构就显得尤为重要。说明文的顺序可以按照时间顺序、空间顺序和逻辑顺序来安排。一篇文章可以独立使用一种说明顺序，也可以几种综合运用。请注意，各种顺序在文字上都有一定的标志，阅读时要抓住有标志作用的字词，比如序数词、基数词，表明逻辑关系的词和句子等，这样才能准确地分析说明顺序。

说明文的结构主要有下面三种：

1. **总分式**：这是说明文常用的结构形式。总—分，先总括，然后分头说明，如《苏州园林》；总—分—总，在总—分的基础上，再加一个总结，如"科学"一辑里《假如你经历了一场核战争》一文。

2. **递进式**：这是事理说明文常用的结构形式。各层之间的关系是由浅入深、由表及里、由现象到本质。如"文明"一辑里《谁会杀死那个孩子》一文。

3. **并列式**：文章各部分的内容，按照一定的次序分列，却无主次、轻重之分。"自然"一辑里《被误读的狼群》即是范例。

说明文的说明顺序和结构密不可分，分析时需同步进行。

说明文写作必须遵循以下原则：

1. 秉持求真求实的准则，对说明对象进行真实准确的介绍。

2. 合理安排顺序和结构。

3. 选用合适的语言风格。平实说明一般用在实用性强的内容上，生动说明则适用于知识小品文。也可以两种风格综合运用。

如何阅读说明文 ▶

在阅读说明文的时候，请注意以下三点。

一、把握说明对象的特征

首先，抓住标题，明确说明对象。"标题是文章的眼睛"，说明文的标题往往揭示了说明的中心意思。

其次，抓住文章的结构，归纳说明对象的特点。说明文往往会围绕一个主要问题或内容进行说明，而有的说明文则需要把小的说明点归纳起来，构成全文的说明点。在逐段概括要点的基础上，用同类合并法，把全文划分为相对独立的几部分，概括出每部分的大意，把各部分大意依次连缀起来，说明对象的特点也就一目了然了。

另外，概括要点时，要重视首括句、结尾句或提问式语句的作用。

理清文章的顺序，就能比较清楚地显示全文的说明条理了。

二、抓住主要说明方法

说明文要想把事物或事理说清说透，离不开说明方法。因此，抓住主要说明方法，弄清楚各种说明方法的联系和作用，才能准确把握说明的内容。不妨从以下两方面入手：一是先从全文提取各部分的说明方法，然后列出表格，这样就可做到一览无余；二是抓住重点段落，精要分析具体的说明方法及其作用。

三、捕捉咀嚼情感点

说明文虽是以说明事物特征或说清事理为主，但也会体现作者的情感态度。阅读时，要从文中找出能表现作者情感态度的句子，多加体味。

在中考现代文阅读中，说明文是其中重要的组成部分。从各地中考试卷来看，说明文阅读的考点主要有：

1. 认识并把握说明对象，概括其特征。

2. 辨别与判定说明的顺序。

3. 分析说明的方法，理解其在文中的作用。

4. 品析说明文语言的特点。

5. 整体理解说明的内容，正确筛选和提炼文中的信息。

6. 阅读图形，辨识表格，解说表格，或者根据文章内容设计表格。

7. 从结构上分析文中段落、句子的作用。

8. 联系文章与生活实践谈自己的感悟、发现或创造发明。

说明文考题常会设置干扰性因素，比如：

1. **增减扩缩**。通过增加某些字或减少某些词语的办法，扩大或缩小说明范围。

2. **鱼目混珠**。用似是而非的词语或句子来替代正确的，造成歧义。

3. **颠三倒四**。设置选项时，颠倒因果关系，搅乱先后次序，有意将原文句子关系打乱，造成理解的难度等。

4. **无中生有**。利用考生的思维惯性，诱导考生用想当然代替清醒的理性思考。

说明文阅读，首先须从整体着眼，准确地抓住文段的中心句、关键句，了解中心句与支撑句的关系，探寻文段的组合规律，概括文段内容；其次，还要结合文段内容，运用联想、想象、推理、印证等方法进行个性化表达。

说明文的解题技巧 ▶

关于说明文的解题程序，有句顺口溜："先读原文通大意，再读题干做标记，找出范围对应句。"

读原文时，必须完成三个任务：

1. 了解文章大意，即说明的对象、各段之间的联系、作者的见解及相关材料。

2. 给段落标上序号。

3. 给重要句子和关键词语做上记号。

首先，读懂题干，给重要词语做上标记。其次，明确题干中提示的答题范围和要求。最后，找出答题的范围和对应句，这是答题的实质性阶段。一般来说，答案的检索区间应在命题点附近，这样找对应句就变得非常重要了。可以说，找到了对应的句子，就大致找到了答案。

比较选项找出差异是最后一步，即完成答题。

具体而言，对说明文语言的品析，一般从两个角度谈：一是准确，这是说明文的共同特点；二是形象生动或简明平实。对这种评析整篇文章语言特点的题目，一定要结合文章具体内容进行分析。规范性的答题格式如下：这篇文章充分体现了语言准确/生动形象/简明平实的特点，如"……"一句，就准确（生动形象、简明、平实）地说明了……的……特点。

对有关说明方法分析的题型，首先要明确：所有的说明方法都是为了说明事物的某个特点或事理。然后再结合文章内容和具体的说明方法谈其作用。规范性的答题格式如下：这篇文章主要运用了……的说明方法，说明了……（内容：事物特征或事理），使说明……（明确其作用）。

针对分析说明文中其他表达方式的作用的题型，可以根据题干提示和要求，结合文章的表达方式谈：记叙、描写使说明更具体、形象；抒情、议论使说明更富有感情。从这个角度分析说明文的写法。规范性的答题格式如下：这篇文章综合运用多种表达方式，除了说明外，还有……（从"记叙、描写、抒情、议论"中，根据内容选择），如……（具体举例），就是……（表达方式）的运用，使说明更具体形象/富有感情。

本书所选74篇说明文，涵盖自然、科学、文明、历史、生活诸领域，视野开阔，文笔生动，兼具知识性、思想性和趣味性，可以为我们提供充足的思考和写作养分。请各位认真品味吧。

••• 自 然 •••

宇宙的视角

万维钢

美国天体物理学家尼尔·德格拉斯·泰森在《给忙碌者的天体物理学》中说，天体物理学带给我们一个"宇宙学视角"。

那宇宙学视角意味着什么呢？最根本的一点就是，这个世界不是因为你而存在的。

我们生活在地球上，这是多么难得的机缘。一个行星要想有生命存在，就必须有液态水。这就意味着行星不能太冷，也不能太热；这就要求行星的轨道距离恒星不能太近，也不能太远。宇宙中，绝对零度是 $-273.15℃$，最高温度是 4 万亿℃。只有在 $0℃\sim100℃$，水才是水。我们的地球正好落在这个区间。而且，地球的大小和密度也正好合适。如果重力太大，就不允许大型动物出现；如果重力太小，什么东西都太轻了，也不行。可是，这么偶然的机缘，整个宇宙中有多少呢？据天文学家估计，仅仅银河系中，类地行星就至少有 400 亿颗。这就相当于，给古往今来每个曾经活过的地球人都发一颗类地行星，还绰绰有余。

在太阳系里，地球的确是非常特殊的，人类这种高等生物的出现难能可贵。可是放眼宇宙，甚至仅仅是放眼银河系，我们似乎一点儿都不特殊。这个宇宙不可能是专门为了我们而存在的。

所以我们现在有个矛盾：考虑到生命，甚至组成生命的每个粒子出现的概率之小，我们应该觉得自己特别幸运；可是考虑到宇宙之大，我们又觉得自己特别渺小。

那么，从宇宙学视角出发，人类该如何自处呢？

纽约市某座博物馆曾经放过一部关于宇宙的穹幕电影。观众沉浸其中，以一个假想的视角，从地球出发，飞出太阳系，再飞出银河系，镜头越拉越远，观众能直观地感受到宇宙之浩瀚、地球之渺小。

某常春藤大学的一位心理学教授，看了这部影片深受震撼，感觉自己实在太渺小了。他就给泰森写信，说他想用这部影片搞个现场观影调查，研究一下"渺小感"。

泰森说："我是专门研究天体物理学的，我整天面对宇宙，可是我并没有'渺小感'，我的感受是跟宇宙连接在一起的，我感觉我很自由。"

在宇宙学视角之下，每个人都是宇宙的一个成员。

我们生命最关键的 4 个元素——氢、氧、碳和氮，遍布于整个宇宙。这些元素都不是本地生产的，它们来自早期的宇宙，产生于某个大质量恒星，是恒星爆炸才使得它们在宇宙中传播。宇宙非常非常大，但再大，我们每个人跟它都有联系。

如果我们永远都不可能访问宇宙的绝大部分，那么遥远星系的存在对我们有什么意义呢？

泰森说，就像你观察小孩，小孩总是把身边的一点小事儿当成天大的事儿。他们以自己为中心，因为他们经验太少，不知道世界上有比这些大得多的事儿。

那我们作为大人，是不是也有同样幼稚的想法呢？我们是不是也会不自觉地认为世界应该绕着自己转呢？别人跟你信仰不同，你就要打击对方；别人跟你政治观点不一样，你就想控制对方。如果你有一点宇宙学视角，你可能就会觉得人跟人的区别不但不是坏事，反而还值得珍视。

探索宇宙可能会给我们带来一些实际的物质好处，也可能纯粹是因为有趣。但是，探索宇宙还有一个功能，就是让我们把眼光放得更长远。

如果只看到自己这一亩三分地，慢慢地，你就会认为世界就应该绕着你转，你一定会变得无知和自大。愿意向外探索，是一种谦卑的美德。

制造一个人要花多少钱

［英国］比尔·布莱森

闫 佳 译

许多权威人士曾尝试计算制造一个人要花多少材料费。近年来，最全面的一个尝试来自英国皇家化学学会。根据皇家化学学会计算，制造一个人需要 59 种元素。其中，碳、氧、氢、氮、钙和磷占了我们身体的 99.1%，其余的大部分元素都有点出人意料。谁会想到，没有体内的钼、钒、锰、锡、铜，我们就是不完整的呢？必须说明的是，我们人类对部分元素的需求量其实非常少，只能以百万分之几，甚至十亿分之几来度量。

人体最多的成分是氧，占可用空间的 61%。所以说，几乎人体的 2/3 是由这种无味气体组成的，这似乎有点违背我们的常识。我们之所以不像气球那么轻盈有弹性，原因是氧大多跟氢相结合（氢占了另外 10%），构成了水。氧和氢是人体内较为廉价的两种元素。假设你的体形跟本尼迪克特·康伯巴奇（英国演员，曾主演电视系列剧《神探夏洛克》——编者注）相当，你体内的氧价值 8.9 英镑（约人民币 78 元，下同），氢价值 16 英镑（约 140 元）多。氮（占 2.6%）的单价更高，但按人体内的含量计算，仅值 27 便士（约 2.3 元）。除此之外的一切就相当昂贵了。

根据英国皇家化学学会的数据，你需要大约 13.6 千克的碳，这将花费 44300 英镑（约 39 万元）。钙、磷和钾，虽然需要的量极少，但它们会让你的价值再增加 47000 英镑（约 41 万元）。其余的大多数元素，每单位体积的价值更加昂贵，好在你只需要很微小的分量。钍用 21 便士（约 1.8 元）就能买到。你需要的所有锡，价值 4 便士（约 0.3 元），而锆和铌只需花费 2 便士（约 0.2 元）。钐显然不值钱，在皇家化学学会的账本上，它的登记费用是 0 英镑！

在我们体内发现的 59 种元素里，有 24 种传统上被称为"基本元素"，因为我们没了它们真的不行。其余的则好坏参半：有些显然是有益的；有些兴许有益，但我们说不准是哪些方面有益；其他的既无害也无益；只有极少的几种是彻底的坏家伙。例如，镉是体内最常见的第 23 种元素，占你体重的 0.1%，但毒性严重。我们拥有它是因为它通过土壤进入植物，而我们吃植物时也顺便摄入了它。

人体在元素水平上的绝大部分运作方式，都是我们至今仍在研究的课题。把你体内几乎所有的细胞抽出来，它们还包含 100 多万个硒原子。硒能制成两种重要的酶，高血压、关节炎、贫血，以及某些癌症都与缺少硒有关，为体内加入一些硒（坚果、全麦面包和鱼类中的硒含量很丰富）是个好主意，但要是摄入过多，你的肝脏会受到无可挽回的毒害。跟生活中的大部分事情一样，找平衡是一桩微妙的活计。

总的来说，按皇家化学学会的说法，制造一个人的全部成本（以本尼迪克特·康伯巴奇为样板）是个非常精确的数字：96546.79 英镑（约 84 万元）。据说，2012 年，美国电视网在老牌科学节目《新星》里播出的名为《寻找元素》中，做了一项和英国皇家化学学会完全相同的研究，计算出人身体内基本组成要素的总价值是 168 美元（约 1150 元）。这说明，有关人类身体的各种细节，往往都十分不确定。

这其实并不重要。无论你花多少钱，也不管你怎么精心地装配材料，你都没法用这些材料造出一个人来，更别说复制出本尼迪克特·康伯巴奇了。

最让我们震惊的事情是，我们只是一堆惰性成分，就跟你在一堆泥土里找到的东西一样。构成你的元素唯一特殊的地方，就在于它们构成了你。这是生命的奇迹。

你只是 0.25% 个人

［英国］马库斯·乔恩

孔令稚 译

你身体内有一半的细胞都不是你自己的。科学家曾经认为，人体内的外来细胞比例高达 90%。直到近期，才有研究成果将该百分比下降到 50%。但毫无疑问，这仍是个耸人听闻的消息，毕竟这意味着你身体的一半（多达 38 万亿个细胞）都不属于你。

真菌会依附在你身上搭便车，细菌也会。但是，如果不是你胃里那几百种细菌，你连吸收食物里的养分都做不到。这也是为什么吃了抗生素后人就会拉肚子，因为抗生素会不分青红皂白，既杀了致病细菌，也吊打益生菌。

细菌可比你身体的细胞小多了。虽然细菌的数量和细胞差不多，但它的重量很轻。一个 70 千克的人体内只有 1.5 千克的细菌。

"人类微生物计划"是美国政府开展的为期 5 年的科学研究，简称 HMP。研究旨在识别人体内所有外来微生物并鉴别其作用。这是一个庞大的项目。HMP 于 2012 年发布的研究结果表明，人体内有超过 1 万种外来细胞——这是你自身细胞种类数量的 40 倍。事实上，每平方厘米的皮肤上居住着大概 500 万个细菌。即使是针尖大小的地方，都有 500 个细菌凑在一起呢。而耳朵、后颈、鼻翼两侧和肚脐眼更是细菌最为密集的地方。这些外来物种究竟在人身上搞些什么名堂，我们还不是很清楚。比如，寄居在人类鼻子里的细菌就让科学家摸不着头脑。HMP

研究了这么久，仍对 77% 的细菌的功能知之甚少。

HMP 发现有 29% 的人鼻腔通道内含有金黄色葡萄球菌，即 MRSA 超级细菌。听上去好像很可怕，其实在健康人群中，此类细菌都在免疫细胞的监管之下，不敢为非作歹。但对体弱多病的人来说，金黄色葡萄球菌就很危险了。比如，在病弱人群聚集的医院，这种病菌就是让人头痛的问题。

越来越多的证据表明，人体微生物群失衡将导致多种病症。包括各种肠道炎症——克罗恩病，以及溃疡性结肠炎。有一些迹象表明，微生物群失衡可能导致阿尔茨海默病。

没有人生来就带着各种细菌和其他微生物。但自出生时起，母亲的乳汁以及生长环境都会使细菌和其他微生物找到机会，携家带口住进你的身体里。当你长到 3 岁的时候，所有微生物群大致到位。这也是为什么说，你生来是一个 100% 的人，但去世的时候就只是半个人了——你的另一半身体是由租住的各种微生物组成的。

更为耸人听闻的是，HMP 发现人体内微生物共有 800 万个基因。每个基因都是个编码，可以编写出某种具有特定功能的蛋白质。然而，人类染色体组只含有 2.4 万个基因。也就是说，影响人体的微生物基因是人类自身基因数量的 400 倍。或者这么说吧，你体内 99.75% 的基因都不是你自己的。要是从基因角度看，你连半个人都不是呢，你只是 0.25% 个人。也可以说，你生来是 100% 的人，去世的时候却是 99.75% 的异种！

大脑的巅峰时刻

游识猷

人们总以为自己的大脑登上巅峰，是在自己记忆力最强的时刻，比如十几二十岁时。我们那时上知古文，下背单词，能在一周内（有时甚至是一天内）学完一学期的课程，还能拿到及格……

然而，十几二十岁，也是我们不忍回顾的"黑历史"最多的日子。如果我们的大脑那时候最棒，为什么它会把我们一次次领到沟里去呢？

美国得克萨斯大学达拉斯分校大脑健康中心的主任桑德拉·邦德·查普曼就认为，记忆力远不能代表大脑功能。用记忆力来衡量大脑功能，就像凭外表来挑选终身伴侣。然而，外表不是亲密关系中最重要的因素，记忆力也不是大脑最强的能力，深思熟虑才是。负责深思熟虑的，是大脑最靠近前额的部分——额叶。科学家曾以为额叶是大脑最不重要的部分，毕竟，因手术或外伤失去额叶的人也能存活，而额叶不成熟的人看上去活得还挺好。

但今天的研究表明，在涉及幸福生活时，额叶远比记忆力重要。记不住清朝皇帝的顺序不是大事，总是忘记待办事项稍有点麻烦，然而，只要额叶运作正常，你就能评估出"该使用辅助记忆的工具了"，然后做出"用本子或软件提醒自己"的明智决定。

如此重要的额叶，却是大脑中成熟得最晚、衰退得最早的部分。许多人的额叶功能差不多二十来岁才发育成熟，四十岁就开始走下坡路……

除非，我们努力锻炼额叶。额叶功能就像骨密度，可以通过锻炼来提高。骨质可以储备，认知功能也可以储备。

查普曼提出，额叶功能可以从如下三个方面衡量：

★ **策略性注意力**。实际上就是我们的专注力。在信息超载的重压下，额叶需要判断哪些信息可以置之不理，哪些值得关注，并迅速调动大脑集中于重点信息。

★ **综合推理能力**。额叶能从繁杂的信息中提炼出要点，确定解决方向，并不断观测应用效果，及时进行修正和反思。

★ **创新力**。运作良好的额叶不会因循守旧，而是会跳出固有的观念和做事方式，用不同视角看待问题，用多种方法来解决问题。

这三种能力，都能通过持续锻炼额叶来获得提升。

只要没有罹患大脑疾病，大脑的绝大部分神经元都能健健康康地陪伴你一生，还会因为不断锻炼而愈发高效。比如综合推理能力，许多人 60 岁后才达到高峰期。大脑的巅峰时刻，不在过去，也非现在，而是将来——但是你得精心照料你的额叶。

顺便说一点。科学家将爱因斯坦的大脑和 90 个平均智力的人的大脑做比较，形状和尺寸都无明显不同，不同寻常的是爱因斯坦大脑各部分的复杂性，额叶尤其复杂。哈佛大学医学院的神经系统科学家艾伯特·格拉伯达提出一个问题："爱因斯坦是天生具备特殊的大脑让他成为一名伟大的物理学家，还是由于进行伟大的物理学研究导致他大脑的某些部分出现变化？"

树木生长，风说了算

海 生

一棵树长到一定高度就开始分叉，长出几根枝丫来，每根枝丫又继续分叉成几条小枝丫，小枝丫上又长出小树枝，最后直到每根小树枝上都挂满了一片片叶子……树木的这种倒锥形生长方式对于我们每个人来说都不陌生，但恐怕很少有人注意到：一棵树在任何一个高度，其所有树枝的截面积之和是不变的。这一现象是 15 世纪意大利画家达·芬奇首先观察到的，但一直没有人解释为什么树木要这样生长，直到最近科学家才给出一个解答。

几乎所有种类的树木都遵从这一生长规律，后来一些计算机图形学家甚至利用这一点来绘制通过计算机自动生成的树。这条规律也相当于告诉我们，一棵树不论其上部枝丫如何多、如何复杂，但其在任何一个高度，它实际的粗细总保持不变。这就带来一个便利，当估算一棵树实际占有的体积时，我们只要在树的根部量出它的截面积，再乘以它的高度就可以了。

倘若用数学的语言来表达，这条规律可以这样来表述：在某个分叉点，假设一根主干分叉出 n 条枝来，主干的直径是 D，各枝的直径是 $d_i (i = 1, 2, \cdots\cdots n)$，那么，$D^2$ 等于所有 d_i^2 之和。不过，对于现实中的树来说，指数并不始终都是 2，根据不同树种的几何形状，一般在 1.8 到

2.3之间浮动。经过这样的修正，这个达·芬奇公式对几乎所有的树种都适用。

植物学家原先猜测达·芬奇所观察到的这一现象可能跟植物把水分从根部抽吸到高处的树叶这一过程有关，也许从下到上，只有运输水分的纤维管截面积相等，才能保证水分能浇灌到每一片叶子。

但最近一位法国流体力学专家对这一解释起了怀疑，他认为这跟水分的运输没关系，而是跟风力对树叶的作用有关。

他的这一解释理解起来可没有那么直观，因为他是通过计算机模拟得到的。让我们来看看他是如何得出这一结论的。

他先遵循分形的原则通过计算机生成一棵虚拟的树，所谓"分形原则"就是：始终让树的每一个细节与整体保持相似，比如说在第一个分叉点上有三个分枝，三个分枝相对主干有三个伸展角度，那么以后在任何分叉点上都只有三个分枝，而且相对主干的伸展角度与原先的保持一致。

然后他在计算机上模拟风吹树叶，看看这些树枝在何种条件下最不容易被风刮断。他发现，当把树的主干和分枝之间的关系调整到符合达·芬奇公式时，这些树枝是最不容易被刮断的。

所以，尽管世界上的树木有成千上万，但它们为了抵御风的摧折，却遵循着同样一条简洁的规律，即达·芬奇公式。

树木的力量

[日本]光野桃

胡 菡 译

我的家地处高层建筑林立的商业街，这里有一棵我最喜欢的道边树。某天深夜，我经过那棵树时不经意一抬头，发现它枝繁叶茂，我莫名地被它伸展出的枝条散发的柔和气息所召唤，不由自主地走上前去抚摸它的树干。

以深夜为背景，在如射灯般的街灯的笼罩下，它的树叶呈圆形，泛着光泽的深绿色显得生机勃勃。"每天都被这大都市的尾气污染，你竟然还这么有精神！"我看似自言自语，实际上在和树说话。从那之后，每当我经过那棵树时，总觉得我们的关系变得越来越亲近。

没过多久，在与朋友们到诹访旅行时，我学会了与树木交流，第一次知道如何感受来自树木的力量。

那天一大早，我在鸟居前看到一棵巨大的桦树，具体的树龄已经无从考证。它参天而立，树枝犹如巨大的屋顶伸展开来。树干靠近根部的地方分裂成两股，中间空出来的地方刚好能容纳一个人。

果然是有历史的土地。正当我这样想的时候，身边一位朋友开始上下摇晃手臂，同时手掌不停摆动。

"你这是干什么？"

"这样做，手掌能够感受到来自树木的力量。你也试试看。"

真有这样的事？我半信半疑地跟着她有样学样。首先把手掌对着树干，如同轻抚一般上下晃动，感觉就像隔着空气抚摸少女的秀发。最初我并没有特别的感觉，渐渐地手掌开始感受到一股暖流。接下来我由下而上、由上而下地摆动双手，那股暖流源源不断地沿着树干传递到我的手掌中来。

摇摆了一阵之后，不知道为什么，我突然想被树干抱紧，于是我试着走进树干分裂成两股之间的部分，将背脊紧贴住树干。我感到暖流包围全身，一直附在肩膀和后背上那近乎麻痹的紧张感逐渐得以缓解。真希望就这样一直待下去。

自从我学会这个方法，但凡遇到有感觉的树，我都会伸出双手，如今已经习惯成自然。此外，普通的小山丘、城市的街心花园和马路边栽种的树都不可被忽视。

在意想不到的地方遇见这些树，我会按捺不住内心的兴奋，对着树说："哎哟，原来你在这里呀！"

世界上最安静的大陆

［挪威］艾林·卡格

邹雯燕 译

南极是我去过的最安静的地方。我孤身前往南极点，在广袤而单调的风景中，除了自己的声音，那里没有任何人为的动静。独自行走在冰面上，深入无垠的白色王国，我能听到并感觉到安静。

由北向南穿越世界上最冷的大陆，所有的一切都是白色的平面，一千米又一千米，向着地平线延伸。在你脚下，是压在地表的 3000 万立方千米的冰。

不过，在独自度过那么长时间后，我发现没有什么东西是完全平的。冰和雪构成大大小小抽象的形状，单调的白色变成无数有细微差别的白色。雪呈现微微的蓝色，加上一点点红色、绿色和粉色。我感觉到自然在不断变化，但是我错了，周围的景物没有变，是我变了。"在挪威的时候，我只会享受那些大的东西。到了这里，我学会享受小小的快乐：雪原上细微的颜色变化，风，云的形状，安静。"在旅程的第 22 天，我在日记里写下这样的话。

小时候，我总觉得蜗牛很神奇，因为它一直把家背在身上。在南极的这次探险中，我更加感受到了蜗牛的神奇。在整个旅程中，我拖着一个大包裹，包裹里装着食物、装备和燃料。我没有开口说过话，一直保持沉默。50 个日夜里，我没有无线电或网络，也没有带任何活的东西。我每天不断向南前行。哪怕是在因为绳子断掉或差点儿掉到裂缝里而无比愤怒的时候，我都忍住了说脏话的冲动。

在挪威，你身边总有车经过，有电话在响——铃声或者振动，有人说话——低声细语或者大喊大叫，周围的声音多到你听不过来。但在这里，一切都是那么不同。自然化身安静与我交谈。越安静，我能听到的就越多。

当我停下来休息的时候，如果风不猛烈，我就能体验到那种震耳欲聋的安静。当风停下的时候，连雪花也显得那么安静。我越来越关注我所在的世界。我不被任何东西干扰，脑海中只有自己的想象和想法。未来不再重要，我也不再留意过去。我体会到的是我生命中的此刻。哲学家马丁·海德格尔说过，世界在你进入其中的时候就消失了。这正是发生在我身上的事情。

我感觉到，我就是周围环境的延伸。没有人和我说话，我就和大自然对话。

在南极探险日记里，我写道："我们很容易觉得一片无法去旅行、去体验和见证的大陆没有价值。我们觉得一个地方的价值在于我们去那里拍下照片并和别人分享……南极对绝大多数人来说依旧是遥远而陌生的，但当我来到这里，我希望它今后还能继续保持这样。我这么想不是因为我不希望更多人能拥有和我一样的体验，而是我觉得南极的使命之一就是保留一块陌生之地。"在旅程的第 27 天，我写下了这些文字。我现在依然相信，我们需要知道，在这个世界上还有一些地方没有被彻底研究和了解，世界上还有一块大陆是神秘的，几乎没有被触碰过，能让人依旧保有幻想。

安静存在于我之中。与世界断开联系，只有自己。我被迫回想曾经有过的想法，甚至感觉。南极是世界上最大的荒原，这里由水组成，日照时间比加利福尼亚南部还要长。这里没有可供你躲藏的地方。在这里，我们在文明社会里习惯的善意的谎言或者半真半假的事情没有任何意义。

听上去，你可能会觉得我一路都在冥想。事实并不是这样。当寒冷和狂风袭来的时候，我好像被撕扯。我冷到痛哭。鼻子、手指和脚趾慢慢变白，然后失去知觉。在肢体刚被冻伤的时候，你会感觉到疼痛，之后就感觉不到了。解冻时，疼痛会再次袭来。不过，就在同一天，当我身体里储存了热量之后，我又有精力做白日梦了。

在南极点，有一个美国人建的基地。科学家和后勤人员在这里一待就是好几个月。有一年，一共有 99 个人在基地过圣诞节。其中有一个人拿出 99 块石头，发给大家做圣诞礼物，自己也留了一块。这些人在好几个月里没见过一块石头。有些人甚至在超过一年的时间里只能看见冰和人造的东西。所有人都静静地坐着，观察和感受自己拿到的那块石头。他们把它握在手心里，感受着，没有人说话。

举国哀悼与"永恒"坠落

[冰岛] 安德里·马纳松

舒愉棉 译

如何为冰川写一份悼词？试想一下，如果你从小就生活在犹如天赐、宛若永恒的冰川旁，你该如何对它的消亡说再见？

　　当美国得克萨斯州莱斯大学的学者致电，邀请我为冰岛首个消融的冰川撰写纪念碑文时，我发现自己遇到了上述问题。这让我想起美国作家库尔特·冯内古特所著的《第五号屠宰场》中我最喜欢的一段对话：

　　"当我听说有人写反战作品时，你知道我对他们讲什么？"

　　"不知道。你说啥，哈里森·斯塔尔？"

　　"我说呀，与其写反战作品，何不写反冰川的作品？"

　　他的意思是：战争总会有的，反战就像拦截冰川一样，谈何容易。我也这样想。

　　然而，哈里森·斯塔尔，你猜怎么着？我们人类成功了。地球上几乎所有冰川都停止了生长，并且其中的大部分正以惊人的速度缩小。奥克冰川就是冰岛第一个被官方宣布死亡的冰川。在喜马拉雅山、格陵兰岛、阿尔卑斯山和冰岛，所有的冰川都在融化。按照冯内古特的说法，可以说得克萨斯州的教授邀请我撰写的其实是"前冰川"的文案。

　　这座故去的冰川的名字有多层含义。"奥克"（Ok）在冰岛语里的意思等同于英语中的"扁担"（Yoke），也就是过去挑水时用来挂水桶的长杆；除此之外，还有"负担"之意，指那些将人压垮的东西。奥克山川曾以冰的形式荷载着水，如今这些水变成海水，成了未来人类日益加重的负担。

　　按照目前的趋势，冰岛的冰川会在未来的 200 年内全部消失。奥克冰川的纪念碑是冰岛那即将消失的 400 座冰川中的第一个纪念碑。凡尔纳在《地心游记》中描述的地心入口——斯奈菲尔冰川则可能在接下来的 30 年内消失，这将会是冰岛的一个重大损失。毕竟，斯奈菲尔冰川之于冰岛犹如富士山之于日本。

　　冰岛所有冰川的消融会让全球的海平面升高 1 厘米，看上去这好像并不多；但当这一现象在全球一再发生，所产生的水潮将影响数以亿计的百姓。在所有即将消融的冰川中，最令人担忧的当数喜马拉雅冰川，因为它荷载着可供给 10 亿人口的水。

　　我的家族与冰川有着不解之缘。我的祖父母是冰岛冰川研究协会的创始人。1955 年，当我的祖父说他希望能够带我的祖母一起进行为期 3 周的冰川考察时，好些人问他是不是疯了，因为带着一个女人进行冰川考察是一件不可思议的事。后来，我的祖父母和考察团在对冰川进行测量和地图标记时，被困在一个小帐篷里三天三夜。"你们不觉得寒冷吗？"我问他们。"寒冷？我们可是新婚宴尔呀。"他们回答。他们驻扎的那座冰川在当时还没有名字，而如今它被人们称为"布鲁瓦尔本加"，意为"婀娜的新娘"。

　　目前，冰岛约 10% 的面积是被冰川覆盖的，而冰川最厚的地方在瓦特纳伊库尔，大约有 1000 米厚。想象一下，将 3 个帝国大厦一个接一个叠起来，再将它整个横过来沿着地平线伸展开去，这样雄伟的存在其实很脆弱，每每想到这一点，都会让人觉得无法理解。当我的祖父母测量那些冰川的时候，它们还是永恒不变的白色巨人，可计算一下它们在这日渐变暖的气候里能存续的时间，再怎么往好里说也只能是前景暗淡。绝大多数冰川如今剩下的时光仅仅能与那些现在出生并活到一个不错的年龄的人差不多。冰川生长，然后消融，这个过程我们能够理解，可如今发生的一切却是全线崩塌，是慢镜头下的爆炸。

　　这并不是我们所熟悉的大自然的变化：在冰岛，有比我还年轻的山峦，有比布鲁克林大桥更年轻的火山口，有猛烈有力、让所有人类活动相形见绌的火山爆发。

一次火山喷发就会喷出上百万吨的二氧化碳，我们人类又算得了什么呢？人们不禁问道。2010 年，著名的冰岛埃亚菲亚德拉火山喷发，让欧洲国家关闭了所有的机场，但其二氧化碳排放量仅仅是一天 15 万吨，而人类活动会造成每天 1 亿吨的排放量——人类日常活动的影响超过 600 座这样的火山喷发的效果。试想，这样的火山喷发在地球上每日每夜全年无休地进行，你还会对自己说，这对气候没有一点儿影响吗？

自然界正以惊人的速度发生变化。西伯利亚冰冻着猛犸象的冻土层正在融化，而海洋酸化的速度达到了 5000 万年以来的最高峰。垂死的冰川并不是一个戏剧性的夸张事件。冰川融化的戏剧性甚至比不上如今春天夸张的气候：头一天还有雪，第二天就消失了。我们正身处大解冻和大消融时期，我们必须提醒自己，这些现象是不正常的，为一座名为奥克的冰川写悼词是令人难以接受的。我们要用一块纪念碑提醒自己，我们就像寓言里那只慢慢被温水煮熟的青蛙。各位"青蛙"同伴，我们正在炖自己，这该怎么办？

人类文明的一个根本缺陷是不能跳出当下进行思考。当科学家谈论 2100 年时，我们觉得那个时代和我们毫无关联。所以有时候，当我和大学生交谈时，我会请他们做一个简单的计算，做一个思想实验。我告诉他们，如果你出生在 2001 年，你可能会健康地活到 90 岁。在那个时候，你的生活里可能有一个你最喜欢的 20 岁的年轻人，也许那是你的孙子，一个你熟识并爱了 20 年的人。那么当他成为一个 90 岁的健康老人，比如可能还会跟别人说你是他生命中对他影响最大的人的那个时候，会是在哪一年？

学生们算了算，最后得出类似 2160 年这样的答案。这并不是通过抽象的计算而得到的答案，这是某些如今正身处高中或大学的人未来的私人时光，是他们触手可及的日子。如果我们能够与一个未来的时刻像这样深度地联结在一起，那么对于科学家们做出的可能发生在 2070 年抑或 2090 年的灾难的预警，我们又会做何感想？那怎么可能还会是一个超出我们的想象、好似未来科幻小说的故事情节？

因此，在纪念奥克冰川的铜碑上，我们给这些身处未来的亲人写信说道："我们知道现在正在发生什么，也知道现在我们需要做些什么。但只有你们知道我们是否真的做了这些。"

动物如何看待死亡

［日本］阿部弘士

烨 伊 译

动物是怎么看待死亡的呢？大象似乎知道死亡是怎么一回事。有同伴倒下的时候，它们会用鼻子拱它，帮它站起来。如果还是不行，它们就知道那头象已经死了。之后它们就会待在死去的同伴身边，仿佛在凭吊，久久不肯离去。黑猩猩的孩子死后，就算孩子的身体已经干瘪得像木乃伊一样，妈妈还是抱着不放。动物多半是懂得死亡的吧。

"我快要不行了吧？"它们也许会感受到死亡的气息。动物的听觉和嗅觉比人类的敏锐很多，有时候可以感受到我们觉察不到的异样。

我的一位朋友是兽医，同时还是动物摄影家。他告诉过我这样的事情：染上传染病的斑马似乎会发出类似"快杀了我""把我吃掉吧"的讯息，狮子收到这种讯息，便将狩猎的目标选定在它身上。如果它在斑马群中散播传染病菌，整个斑马群都会灭亡。如果这匹染病的斑马不早点死，斑马群就会有麻烦。如果它死得早一些，病毒就不至于蔓延到整个斑马群中。因此，狩猎动物吃掉患上传染病的那匹斑马，就能阻止病毒波及整个斑马群。

野生动物的世界里，大家都在尽职尽责地扮演着自己的角色。

人们都说，野生动物生活在一个弱肉强食的世界里。但真的是这样吗？那只不过是人类观察到每个物种之间的关系后，随口发出的感叹罢了。"强壮的狩猎者狮子"和"柔弱的猎物斑马"，看上去的确符合弱肉强食的逻辑，其实并不尽然。狮子和斑马只不过是构成了一条合情合理的生死关系链，而这并不代表其中一方强大，另一方弱小。所谓的"百兽之王"，不过是人们强加的称谓。大自然中的狮子并没有那么威风凛凛，生了病会死，捕不到食物照样也会饿死。它们对生命同样专注和谦逊。我去过非洲的热带稀树草原，反而觉得成群结队的斑马比狮子更有风采。

大自然是建立在生态平衡之上的。如果没有食肉动物扮演狩猎者的角色，食草动物的数量一味增加，最终会把所有植物都吃光，原本扮演猎物的一方就会灭绝。因此，负责保持平衡的狩猎者肩负着十分重要的任务。

北海道的狩猎者——狼，因人类的猎杀而灭绝，已经一匹都不剩了。于是，北海道的鹿群暴增，如今森林、草原、田野都被啃噬得一片荒芜，非常凄凉。

走遍世界，见过世界各地的野生动物后，我想，也许不被人类干涉的死亡都是正确的。无论是非洲的热带稀树草原，还是热带的亚马孙雨林，无论是严寒的西伯利亚，还是日本——一切自然界生物的生长和死亡，都应该顺应自然规律，不受任何外在因素的打扰。

探访第二生物圈

汪品先

第一位潜入深海的科学家叫毕比，他在 1934 年写了本《下潜半英里》畅谈观感。他认为，陆地上没有任何环境能够与奇特的深海相比拟，唯一可以与之相比的是太空。到了 20 世纪晚期，科学家里的深潜高手巴拉德也写了书回顾深海探险的历史，正题就叫《永久的黑暗》。

的确，习惯于陆地生活的人，潜入深海最大的感受就是无尽的黑暗。下到一二百米阳光早已消失，潜器窗外是无穷无尽的黑暗，只有星星点点的"海雪"反映着潜器的灯光。有什么样的生物能够在这黑暗世界里享受生活？

深海生物至少有两大特点很早就引起公众的注意：一是个体大，二是会发光。欧洲自古就有传说，讲深海里的巨型水怪。从 13 世纪起，就传说挪威海海水里有种极大的水怪叫"克拉肯"，大得能把整艘船抓起来，它掀起的巨浪足以把船掀翻。"克拉肯"所指的就是巨型章鱼。凡尔纳的《海底两万里》中就有章鱼来袭、尼摩船长血战章鱼的情节。

深海确实有巨大的头足类，包括章鱼和乌贼，不过到目前为止，已发现的最大的乌贼可达 14 米长，最大的章鱼才 7 米长，离"克拉肯"的传说还差得很远。还有一类"海怪"是指巨型的"海蛇"。在北欧的古代传说里，"海蛇"大得居然被错认为是一串群岛。其实，被误认为"海蛇"的常常是皇带鱼——一种深水硬骨鱼，生活在温暖海区上千米的深处，最长纪录有 17 米。所以说深海"水怪"的传说，并不都是空穴来风。许多动物，生活在深海里的往往比浅水里的大得多，连深海的虫子也大得惊人。

我们熟悉的潮虫，在地上只有 1 厘米左右，而深海类型的潮虫居然有 76 厘米长、1.75 千克重。为什么深海动物特别大呢？其中一个原因可能是食性。这些靠捕食为生的异养动物，在深海里觅食很不容易。只有个体大的动物才能够一次大量进食、经受长时间的饥饿，然后再进行长距离转移去寻找下一个猎物。

陆地生物发光的很少，只有萤火虫等几种；而海洋生物从细菌到鱼类，几乎所有的门类都有会发光的物种。海洋动物发的是冷光，主要是蓝色和绿色，发紫光、红光和黄光的少。不同于光致发光的荧光与磷光，生物发光不需要外来光源，而是在虫萤光素酶的参与下，依靠生物形成的虫萤光素进行氧化作用就能发光，所以发光是海洋生物一种主动的行为。

深海生物的发光现象，早在 19 世纪"挑战者"号环球航行和 20 世纪 30 年代毕比乘坐潜水球探索深海时就已被发现。不难想象，在漆黑的深海里，微弱的萤光可以起到很大的作用。一方面，这是一些生物重要的种内通信手段。一些鱼类、章鱼、介形虫会在交配季节，依靠发光的途径"找对象"。另一方面，发光也是诱捕猎物和摆脱敌人的办法。黑伞水母在遇到紧急情况时会喷发出荧光光幕来分散敌人的注意，赢得逃生的时间；有些鱿鱼的腕足很长，腕足末端可以发光，在逃不掉的时候可以放弃发光的腕足以误导敌人保全生命。

世界大洋平均 3700 米深，而有光带不到 200 米，因此海洋的 95% 是在"永久的黑暗"里。这种环境必然影响生物的演化，比如深海既然永久黑暗，眼睛就成了累赘。虾是鲜蹦活跳的动物，不但有突出的眼睛，有的还长有眼柄。但是到了大西洋中脊二三千米的深处，有一种盲虾就不长眼睛，密密麻麻"盲目"地挤在热液口附近。它们背上长着两块能够感光的斑，用来感知热液。深海热液本身不发光，但是有高温就有热辐射。大西洋盲虾吃细菌，依靠热液区化学合成营养的细菌为生，通过背上长的感光区来感知热液，以便和热液保持适当的距离。

这种不靠阳光靠热液、不靠氧靠硫的生物群，在深海海底，构成了一个"黑暗食物链"，与依靠太阳、以光合作用为基础的"有光食物链"相对应。

宏观地说，在化学元素周期表里，有光食物链靠的是氧，黑暗食物链靠的是硫；在能源产生的物理机制上，有光食物链靠的是太阳内部的核聚变，黑暗食物链靠的是地球内部的核裂变。

两个生物圈泾渭分明：一个光亮一个黑暗，一个氧化一个还原，一个靠光合作用一个靠化学合成，一个靠外来的太阳能一个靠地球内部能量。能不能再添上一项：一个常温一个高温？

错！常温之下，也有黑暗食物链。冷泉和热液一样，能支持化学合成生物群。

深海的发现，挑战了生物圈的基本概念——太阳能和光合作用才是一切生命活动的根源。如果我们再进一步放开时空视野，就有另外一个重要问题：这些深海中的生物从哪里来？我们在深海中看到的珊瑚、蠕虫、贻贝、蛤类、螺类、螃蟹、藤壶等，都和浅海，甚至潮间带见到的类型相近，并不是深海特有的门类。由此推想，现在生活在热液、冷泉、深海海底的生物，是从海洋上层迁移进入深海，然后适应深海环境继而繁荣的。进一步推论，它们可能是在显生宙五六亿年来五次生物大灭绝中，从上层浅海逃到深水避难，遂形成了现在的深海生物群。

为什么人类偏爱偶数

Octavia

数字本身是客观的，但人总是不自觉地把非数学的意义投射其上。阿姆斯特丹大学的认知心理学专家马林诺夫斯基曾研究过人们对 100 以内数字的评价（好 / 坏，令人兴奋 / 令人平静）。统计结果清晰地显示，偶数被认为是"好"，奇数则是"坏"。

新加坡国立大学商学院王教授和佛罗里达大学雅尼谢夫斯基也做过类似的联合研究，研究人员请被试者表达自己对 100 以内随机数字的喜好（喜欢 / 不喜欢 / 中立），结果显示，偶数和以 5 结尾的奇数比其他数字更受欢迎。

看来，来自不同地域和文化背景的人对数字的感性认识竟然相当一致。在西方文化中 13 是个不祥的数字，而东方文化对 6 和 8 的偏爱源源不断地反映在价格签上。WD-39 听上去是不是怪怪的？因为奇数总显得有点鬼祟神秘，令人不安。而道格拉斯·亚当斯的小说《银河系漫游指南》中"生命、宇宙以及一切终极问题的终极答案"——"42"，既不神秘也不会触发联想，人畜无害得有点无聊。

奇偶偏好带来的影响既直接又细微——王教授的另一项研究还显示，同一种清洁产品的商品名中含有偶数而不是奇数时，对消费者更具吸引力。他认为原因可能在于，大脑处理偶数比处理奇数更容易，所以含偶数的商品名能让大脑更流畅舒服地接受，于是自动点赞。

事实上，纽约佩斯大学神经生物学教授海因斯的研究已经证实，我们的大脑对奇数的反应时间比偶数要长一些。在他设计的测试中，随机数字在屏幕上成对闪现，被试者需要在两个数字同为奇数或同为偶数时按下按钮。结果显示，识别奇数对需要的时间平均比偶数对长了 20%。

对大脑来说，偶数是天然的，奇数则是不自然的和奇怪的。或许这也可以解释为什么许多奇数给人一种神秘感：对偶数，大脑可以从容舒适地放行；对奇数，则习惯于多留个心眼儿，审视盘问一番。奇数在数学上也更具挑战性，尤其是质数。它们更不常见，更难以计算、难以分割，甚至更有可能成为数学题的错误答案，从而使我们产生消极感受。唯一的例外是 5，大概因为人类每只手有 5 根手指，$5 \times 2 = 10$ 也是最常用进位制的底数。

然而，所有这些并不能解释不少人对数字 7 的偏爱。作为两只手能数过来的数字中最非主流的一个，它有点小神秘、小个性和一点点不确定，却仍然处于掌控之中，也许这正是 7 的魅力之源。

"鳄鱼的眼泪" 可以喝吗

Skin

在蝴蝶、蜜蜂和飞蛾界，流行着一种"网红饮品"，让人意想不到的是，这种饮品就是动物的眼泪。

几十年来，不少生态学家发现了这些昆虫喝眼泪的行为。在亚马孙热带雨林中，一群蝴蝶享受着黄斑河龟提供给它们的眼泪自助餐。在哥斯达黎加的一处生物站，一只眼镜鳄正在懒洋洋地晒着太阳，而蜜蜂和蝴蝶凑在它的眼前大口喝泪……

而人类的眼泪也没有被排除在外。在荷兰的一则报道中，一只蝴蝶停在一个女孩的脸上，用它长长的触角戳着她的眼睑。蜜蜂也很过分，它们十分喜欢喝人的泪水。

汗蜂是一种隧蜂科昆虫，不过它们有着神奇的习性，就是喜欢爬到哺乳动物和人身上吸食汗水和泪水，这也是它们名字的由来。

还有一种隧蜂科昆虫，不仅自己大喝一顿，还会分泌出一种信息素，召唤它的同伴一起来享用泪水。

泰国研究者班齐格发现，当他有一次正在花丛中观察授粉过程的时候，那些蜜蜂并未落在花朵上，而是选择落在他的眼睛上。

可是，眼泪到底有什么好喝的？

眼泪是咸的，因为泪水中不仅有水，也有钠、钾、氯化物等离子。这种盐水溶液能够让我们的眼球表面保持湿润和清洁，维持正常的细胞功能。

事实上，蝴蝶和蜜蜂正是通过喝眼泪来补充盐分。科学家托雷斯说，对飞舞在亚马孙热带雨林西部的蝴蝶来说，钠是一种很稀缺的矿物质，它们很难通过日常饮食获得，所以需要额外补充。毕竟，对生物体来说，钠是生存和繁殖所必需的营养素。

其他动物却能通过更丰富的饮食或肉类获得足够的钠，所以牛、马、大象都是昆虫们的"自助饮料站"。

鸟的眼泪也成了它们追逐的目标。一位生态学家观察到，当夜幕降临亚马孙热带雨林时，一只飞蛾偷偷靠近了一只熟睡的鸟，并且将它的管状口器插入鸟的眼睛，就像用吸管喝水一样，而这只鸟似乎一点儿也没察觉。

为了追求钠，昆虫们不仅会被眼泪吸引，还会出现让人迷惑的行为。研究者将这些行为叫作"玩泥巴"。

除了将体液作为食物，以蝴蝶为代表的一些昆虫还会从泥浆、腐烂的植物，甚至是粪便和腐肉中获取盐分和氨基酸。

有一种蝴蝶会趴在泥水边大喝一顿，边喝边吸收钠，然后再将多余的水排出体外。它们一次可能就会喝下比自己身体重 600 倍的水。

还有一种雄性蝴蝶为了顺利繁衍后代，甚至将富含钠和氨基酸的营养物质作为"彩礼"送给雌性蝴蝶，而这也的确让它们后代的成活率大大提升。

有些蝴蝶甚至会对血液、新鲜的粪便和腐肉感兴趣。虽然它们是素食者，而且也不会真的吃肉，但是腐食似乎能带给它们丰富的钠离子和铵离子。喜欢腐烂水果的动物还会吸取其中的糖类和有机化合物。

所以，当我们看到蝴蝶聚集在泥地里、树叶上或粪便上，它们可能正在贪婪地吸收着这些"营养加餐"。

事实上，被昆虫喝眼泪这件事情本身对哺乳动物来说没有什么害处，甚至很多动物都很难察觉。

不过这件事情也存在风险，专门研究蜜蜂喝眼泪的班齐格就自愿成为实验的"小白鼠"。为了观察蜜蜂喝泪行为，他让 200 多只蜜蜂飞到他的眼睛附近，喝他的眼泪。他发现有些蜜蜂为了顺利喝到眼泪，会抓住他的睫毛，然后把口器放入眼球和眼睑之间的凹槽中。

这个过程并不痛，也并未造成严重的伤害，只不过由于有太多的蜜蜂连续喝眼泪，班齐格的眼睛有一天发炎了。

但另一位何小姐就没有这么幸运，4 只喝眼泪的汗蜂直接寄生在了她的眼睛里，让她的眼睛十分刺痛，甚至发生了溃烂，这也导致了一定的视力障碍。

况且，就算它们不会产生实质性的伤害，也可能会感染其他细菌。研究发现，喝眼泪的苍蝇会在奶牛之间传播红眼病，而且就连"身经百虫"的班齐格本人也提醒大家，要小心携带传染病病原体的昆虫。所以，在野外还是要做好保护措施。

被误读的狼群

［德国］埃莉·H.拉丁格

张　静　赵莉研译

谁走中间

清晨，狼群在山谷中穿行。领头的是狼群中级别最高的 α（阿尔法）狼，其他成员都跟随其后。跟在队伍最后面的是级别最低的 ω（欧米伽）狼，它与前狼保持着距离，不敢超越，生怕头狼会斥责或撕咬自己。

想到这样一个场景的时候，你会觉得有什么地方不妥吗？还是让我来告诉你吧，整个画面都是错的！发生在拉马尔山谷的真实场景是这样的：

12 只狼穿谷而行，走在最前面的是狼群中的青壮年，它们体格强健，在厚厚的积雪中踏出一条通道，以帮助跟在它们后面的头狼夫妻节省体力；头狼后面是"女生"们，它们步履悠闲，就像在逛街购物；而在队伍最后拖拖拉拉地走着的是幼狼，它们慢腾腾地跟在后面，一会儿东闻西嗅，一会儿招兔逗鼠。突然间，狼群像得到了命令一般，全部停了下来，朝着一个方向望去。我也顺着它们的目光看过去，可惜我什么异常也没发现。不过，狼群显然发现了什么潜在的危险，连队伍最后面的小家伙儿们也感觉到情况不对劲，空气中充斥着紧张的气氛。之前负责领路的成员，此时退到一旁，头狼夫妻在大家的注视下毫不迟疑地来到队伍最前面，带领狼群继续前行。成员们则整队跟在后面，就连小家伙儿们此刻也严肃起来。

这才是我看到的真实画面。没有争吵、逃避，也没有少数服从多数那一套，有的只是头狼的绝对权威和义无反顾的担当，堪称领导的典范。

人们习惯把地位最高的狼称作"阿尔法狼"，有人花大价钱报培训班，专门学习"狼的领导艺术"。他们在周末前往狼舍，去观察"阿尔法狼"如何领导自己的狼群。这简直太荒谬了，因为就算是狼自身，也需要用一辈子的时间去学习如何带领狼群。

头狼的担当

在狼舍里学习并不是一个好的选择。如果你真的想感受头狼的管理艺术，就应该到大自然中去，观察真正的野狼。你会看到：领导狼群的往往不是最高大、最强壮或最勇敢的狼，而是那些个性鲜明的狼。在一些特殊场合，狼群中的某个成员会凭借自身的长处成为狼群的代班领导，有时领导大家生活的甚至是些年纪轻轻的家伙，而头狼并不会因此就觉得颜面受损。

在狼群中，领导地位的获得从来不是依靠暴力。野狼并不像某些人类，因为害怕丧失权力而不停地自夸或者挑衅别人——其实这恰恰证明此人不具备领导才能。

领导狼群，最重要的是经验。发生特殊情况时，有经验的狼会做出决定，而整个狼群都要无条件服从。例如，在狼群遇到危险的时候，做出决定的是头狼夫妻，因为它们的生活经验更加丰富。所以，管理其实是很个性化的东西。

要想被家族成员认可，除了经验，智商和情商也是必不可少的。等级高的成员更有责任维持成员间友好和谐的气氛，因为这有助于家族的团结一致。对一只成熟的头狼来说，因为享有积威，它根本用不着事事斡旋。在告诫别的狼什么能做、什么不能做的时候，头狼的手段往往简单利落：用眼神逼视，用咆哮威胁等。

狼群中处于领导地位的狼压力最大。研究证明，它们的粪便中会出现更多糖皮质激素的残留物，而这种激素在身体处于长期的压力状态下时，会分泌更多。用时下的说法讲就是，责任越大，压力就越大、越持久。这将导致机体的免疫力下降、繁殖能力减弱、寿命缩短等。所以，就算是出于自身利益的考虑，成熟的头狼也会致力于维护狼群内部的和谐。而明确的规则与是非标准的确立，仪式性活动的操练，以及准确的行为规范都是狼群内部必不可少的。

母狼能顶半边天

在狼群的领导问题上，还有一件事似乎是大家想不到的，那就是雌性头狼拥有决定权。原则上，重大决定都是由头狼夫妻共同做出的，但雌性头狼拥有最后的定夺权。即便狼群中有质疑的声音，但包括雄性头狼在内，大家都必须服从。

大多数雌性头狼的地位是世袭得来的，头狼妈妈的女儿经常会成为新的雌性领导者，因为"她"经历了母亲的言传身教。

头狼夫妻大多相伴终生，除非其中一位先死掉，才会有新的继任者填补空位。而继任者之所以能得到整个狼群的肯定，往往是因其具有出色的社交能力。所以，人们看到的那些为了争夺领导地位而进行的杀戮一般发生在狼舍里，在野狼群中则极为罕见。

团结最重要

狼群极其重视内部的和谐，头狼的领导原则中最基本的一条就是，拒绝分离，维护家庭的团结统一。这也是我希望人类领导能从它们身上看到的品质。

以前，人们没有条件像现在这样在野外观察狼群。研究者甚至一度认为，狼这种动物只在冬天才偶尔结伙形成狼群，以方便猎杀大型动物。为了更好地研究狼群，人们把狼圈到狼舍，结果就引发了它们之间的争斗。而狼群也因此形成了一种优势主导的等级制度，就好像鸡群里的啄食顺序制度。研究者甚至为此创造了术语，即"阿尔法狼"。

今天，我们已经知道：狼舍里圈养的狼，其行为方式不是狼的典型行为方式。它们像被关在监狱里的犯人一样，不管怎样都得生活在一起。长久以来，关于狼群领导和头狼统治的故事被传扬得神乎其神——"阿尔法狼"决定和统治着一切，它们带领群狼狩猎，优先享用猎物，只有它们拥有交配权等——但这些"故事"里说的最终都被野外观察研究推翻了。

最贵重的东西

卓 然

2015年底，英国牛津大学一所实验室合成出名为内嵌富勒烯的材料，它是由60个碳原子组成的一个笼状结构，里面装入氮原子后，可应用于制造小型便携原子钟，使无人驾驶汽车的导航做到精确定位。这种材料每克售价1亿英镑（约合9.6亿元人民币）。2016年初交易的200微克内嵌富勒烯材料卖了2.2万英镑，英国一年的GDP还买不到20千克，因此它也被认为是目前最昂贵的人工合成物质。

然而，目前世界上最昂贵的东西是反物质粒子。17年前，美国国家航空航天局预测，仅1克反氢原子，即氢原子所对应的物质，就需要花费高达65万亿美元，1克大约是一枚曲形别针的重量。沙特阿美石油公司的全部资产只能购买半克氢的反物质粒子，就是富得流油的美国，其全部资产也只能买25美分硬币一样重量的反氢原子。

何为反物质？反物质由反质子、反中子和正电子构成，它是宇宙里能量密度最高的物质，并能达到百分之百的质能转换。这意味着人类如果获得反物质，就找到了终极的燃料来源，只需很少的一点，便可满足我们千百年的能源需求。

那么，地球上还有比反物质价值更贵重的东西吗？

有。

那就是我们赖以生存的生物圈，即无法再生的地球立体空间，包括大气、水和土壤。科学家保守估计，制造类似地球生物圈的代价高达 300 京美元。

京是什么数字概念？一万万是一亿，一万亿是一兆，一万兆是一京，京是名副其实的天文数字。这个数字还只是人与自然的可持续环境的初步价值，不包括几百万种生物与人类和谐相处所需的环境修补费用。

有人可能会问，这个天文数字是根据什么计算出来的？是否具有靠谱的科学依据呢？

计算依据来自一项轰动全球的科学实验——"生物圈 2 号"实验。建于美国亚利桑那州图森市以北沙漠中的"生物圈 2 号"是一座密闭的微型人工生态循环系统，因把地球本身称作"生物圈 1 号"而得名。

该项目最初是为了测试在行星上建造一个能维系最多 8 名人类成员，以及一定数量不同种类的昆虫和植物生存两年的设施，看看它能否像地球生态圈一样自行循环起来。该项目历经数年，共耗资近 2 亿美元。可惜运转了不到半年，因实验环境内的二氧化碳达到危险浓度，且大多数授粉昆虫相继死去，同时也难以生产足够的食物，科学团队不得不宣布"生物圈 2 号"实验失败。再造地球生物圈 300 京美元的费用，就是以"生物圈 2 号"为蓝本得出的结论。

良性循环，才是最珍贵的。

为啥要荒废五年

张珠容

十年前，日本一个名叫前岛启二的人走进中国山东省东部的莱阳市，租下 1500 亩（等于 1 平方千米）地，开始了他的耕种生涯。

前岛启二精通中文，可在莱阳人看来，他只是个"语言通"，不是个"中国通"。怎么说呢？因为前岛启二的种地方式简直"逆天"。1500 亩地，他仅仅带几个日本农民去耕种，且这几个人就干了几天活——他们把地铲平之后，就开始四处转悠，再没动一下锄头。地里的野草在一天天疯长，莱阳农民看着心疼，却没有任何办法，因为他们已经和前岛启二签了 20 年的租赁合同。这 20 年，土地完全由前岛启二支配使用。

1500 亩地整整荒废了五年。到第六年春天，前岛启二终于有所行动。但他的一系列行动，看起来是一个接一个的笑柄。他引进 1800 头荷斯坦良种奶牛，散养在耕地上。散养时间久了，牛粪堆积成山，臭味弥漫四周，前岛启二他们却一句抱怨都没有。当这批奶牛开始产奶时，前岛启二就成天拿一堆仪器检测牛奶。那时他检测完牛奶最常做的一件事，就是指挥手下的农民把一桶桶鲜奶倒到事先挖好的地沟里。

之后，他们陆续搭建大棚种植小麦、芦笋、玉米和草莓等作物。对于这些作物，前岛启二不施化肥，全用牛粪堆肥；除草不施除草剂，而是用手拔；农药极少打，偶尔用，也需由专家指导。因为始终坚持这几个种植原则，前岛启二一直只投钱，不赚钱，亏到让人无法想象的地步。他们第一年种出的小麦，亩产量不到莱阳当地村民平均产量的一半。有一年，他们不打农药的玉米地遭受了严重的虫灾，人们看到成千上万只虫子爬过田埂……前岛启二的种地方式，人们根本就看不懂。

但是，又一个五年之后，前岛启二耕种的这片地的产出让所有人大吃一惊。他们养的奶牛产出的牛奶，每升售价22元；他们种植的甜玉米，不大的两个售价15元；他们种植的草莓，每公斤售价120元……最关键的是，价格如此高昂的牛奶和果蔬作物，根本供不应求。为什么？因为它们有个非常诱人的统称，叫"绿色无公害食品"。所以，每天大家都能看到各式各样的商人从北京、上海和青岛等地赶来找前岛启二，催他快点发货。

这个时候，前岛启二的来历，以及他带头干的许多"傻事"，人们开始有兴趣去追根究底了。

前岛启二何许人也？他其实是日本企业朝日绿源公司的副总经理。他来莱阳耕种，是受日本的三家大公司的委托，专做循环型生态农业。

中国这么大，为什么选中莱阳的地？前岛启二说："因为莱阳远离工业区，土地肥沃，水也没有被污染，能种出真正健康的农作物。"

为什么要让耕地野草疯长，荒废五年后才开始种植？前岛启二说："日本有句古训，'种植之前先做土，做土之前先育人'。虽然莱阳土地肥沃，但受到化肥和农药的影响，土地已退化，所以我们必须让它自由自在'长'五年，才能改善土质。"

奶牛产出的一桶桶白花花的牛奶，怎么就舍得倒掉？前岛启二说："我们要么不做，要做，就做最好。我们只卖最高标准的牛奶。"

不施化肥，不打农药，不用除草剂，这种种地方式不是在糟蹋土地吗？前岛启二说："施用化肥和农药是为了增产，但采取这种做法，农产品是增产了，土壤却在板结、盐化，严重退化。之后，种植出的农产品质量就一年年下降。这样的恶性循环与不施化肥、不打农药相比，哪个才是糟蹋土地？"

人们问，前岛启二就答。最后，前岛启二把所有的回答归结成三个字：顺天收。

"什么叫顺天收？就是始终坚持与自然之道相符，让种植模式符合自然和生态的规律。以这样的方式，种出的农产品不仅高质、安全，为所有人接受，更保护了环境，最终实现土地种植良性循环。"前岛启二说，"就拿荒废土地五年这事来说吧，一块地被荒废了五年，但五年之后，它创造出了巨大的价值。那么，荒废这件事就具有极大的意义。"

最糟的宇宙，最好的地球

阿 饼

"我快没电了，天色渐暗。"

2018年6月，一场火星尘暴后，美国国家航空航天局（NASA）收到了来自"机遇"号（Opportunity）火星探测车的信息。随后，它与地球失去了联系。

"机遇"号原本设计工作90天，但它带着人类的期盼，独自在遥远的火星辛劳了14年——它是21世纪初火星探测的双子星之一、"子午线平原"的主人、太阳系第一深的陨石坑"维多利亚"的客人、"火星马拉松"的首个完成者、"奋进"陨石坑的征服者……如果换作人，那该是怎样孤独而英勇的一生。

当时，NASA给"机遇"号回复了一首美国经典蓝调《再见，后会有期》。歌里唱着："我们将再次见面／在夏日让人愉快的每一天／去经历明亮鲜艳的一切……当夜晚渐渐来临／我看着那月亮／然后我们将再次见面。"

而下一次见面，或许是在下一个14年。

2018年8月，NASA宣称要用195亿美元在2033年将人类送上火星。但这将是一次有去无回的单程之旅——先不说火星上是否存在不明的危险，抵达火星需要200天左右，以目前的科技水平，尚无法提供大规模的物资运输，也就无法解决人类自身的生存问题。

不只是火星，太阳系的其他星球也不友好。在月球上，一个穿着宇航服的人只能存活7小时，之后会因氧气不足而死亡；在温度介于零下170℃至430℃的水星，人大约只能支撑2分钟；在超高压强的其他星球如天王星、海王星和土星，人一秒钟都活不了。

也就是说，当人类最终冲出地球，首先面临的就是死亡这道铁壁，如科幻作家刘慈欣在《流浪地球》中所说："这墙向上无限高，向下无限深，向左无限远，向右无限远。"

就算解决了在宇宙中的生存难题，人类也可能最终只得到一个"最糟的宇宙"。《三体》系列的第二部《黑暗森林》认为，如果宇宙中有任何文明暴露自己的存在，它将很快被消灭，所以宇宙一片寂静。这个结论被中国读者称为"黑暗森林猜想"。

再退一步说，即使人类顺利进入"太空大航海时代"、实现星际开拓大业，也要面对一个大问题：时间。试想，你坐上一艘巨大的宇宙飞船踏上"寻找新家园"的奥德赛之旅，在漆黑寂静的太空中飞向一个遥远的目标。出发时，它花了2000年时间加速；路途中，它保持巡航速度行驶了3000年；快到目标星球时，它再用2000年减速。飞船上一代又一代的人出生又死去，地球成为上古时代虚无缥缈的梦幻。

而你——星辰宇宙中的蜉蝣，当年对地球投以最后一瞥时，是否意识到自己并非什么高维度的造物主？你一辈子80~100年的寿命，还不够大陆漂移一米。与蜉蝣相比更为不幸的是，你现在就能想象到自己"朝生暮死"的图景。

那么，人类为何总想着逃离地球呢？

"'自己'这个东西是看不见的。人们撞上一些别的什么，反弹回来，才会了解'自己'。"日本设计师山本耀司说的这句话，很适合用来回答这个问题。

1968年12月，"阿波罗8号"上的宇航员比尔·安德斯拍下了地球从月球边缘升起的标志性照片《地出》，这是人类史上第一张能看到地球全貌的照片。安德斯回忆起当时绕行月球的情境时说："这个叫作地球的物体，它是宇宙当中唯一的颜色。"

有学者认为，这张照片点燃了一场大众环境运动。蕾切尔·卡森在彼时出版了《寂静的春天》，联合国则宣布了第一个"地球日"。地球突然开始占据人类的头脑，仿佛我们从司空见惯中突然警醒一样。

安德斯不是唯一一个从太空看到地球而感到惊奇的宇航员。最近在国际空间站上执行"远征 19 号"任务的巴拉特称，俯瞰地球时让他颇感震撼。他说："毫无疑问，当你从这里俯视地球时，你就会被它的美丽所折服。有两件事你会立刻醒悟，一件是你曾对它有多忽略，另一件是你多么希望能尽最大努力呵护它。"

对这些宇航员来说，住在太空越久，思念人间烟火之情越浓。解决"乡愁"的法子就是在空间站里干一些在地球做的事儿，如看电影、听音乐、上网、与妻儿通电话，甚至自己种菜、做比萨和蛋糕。1972 年，"阿波罗 16 号"的宇航员查理·杜克在执行第三次同时也是最后一次登月任务时，将随身携带的一张全家福照片用塑料膜裹着，放在布满沙粒的月球表面拍照留念。照片里，是他与太太多萝西、两个儿子查尔斯与汤玛斯。

现在，请重新认识一下地球给予我们的种种特权——磁场和大气层对太阳的双层防御、适温气候、一倍的大气压强、重力、食物遍地……这些因素全部都刚刚好，你才能够不穿宇航服普普通通地过着每一天。

当然，几分钟后，我们很快就会将这些恩惠忘得一干二净。

•••• 科 学 ••••

那个发现冥王星的年轻人

假装在纽约

不久前，"新视野"号探测器近距离飞过冥王星，人类第一次清晰地看到了冥王星的样子，那是人类探索太空历史的重要时刻。

"新视野"号上一共搭载着9件纪念品，其中最有意义的，大概是冥王星发现者克莱德·汤博的一部分骨灰。

汤博1906年出生在美国伊利诺伊州，后来，他的父亲在堪萨斯州买了一块农场，于是全家都搬到了堪萨斯州。在汤博小的时候，他的叔叔送了一架望远镜给他，让汤博养成了看星星的习惯。一场冰雹砸坏了农场所有的农作物，几乎让他家破产，也断送了他上大学去读天文学的希望。没有上成大学的汤博，继续坐在地里看星星。商店买的望远镜已经无法满足他的需要了，于是在20岁那年，他开始动手自己做望远镜，所用的部件是从家里一辆1910年出厂的别克汽车和农用机械上拆下来的，镜片也是他自己手工磨出来的。之后两年，他又自己做了两架望远镜。就是用这些简易望远镜，汤博细致地观测了火星和木星。他把自己绘制的图寄给了罗威尔天文台，希望能够得到专家的意见。

建于1894年的罗威尔天文台是由富豪商人帕西瓦尔·罗威尔出钱建立的私人机构。罗威尔也是一个很有故事的人，他38岁时读了一本写火星的书，随后对天文学产生了浓厚的兴趣，倾尽财力研究天文，成为一名天文学家。罗威尔天文台位于亚利桑那州的旗杆镇，那是一个地广人稀的高海拔山区小镇，很适合天文观测。

汤博自绘的观测图给罗威尔天文台的天文学家们留下了深刻印象。1929年，他们邀请汤博到天文台工作，参与"Planet-X"研究计划。

早在1781年人类发现天王星之后不久，天文学家就推断太阳系还有其他行星的存在。1846年，海王星的发现并没有消除这个疑团，因为在考虑了海王星的影响后，天王星的运动轨迹和理论值仍然存在偏差，这表明还存在其他星体的影响。

"Planet-X"计划的目的，就是找到这颗神秘的行星。而汤博日常工作的很大一部分，就是比较望远镜在不同时间拍摄下来的星空图片。每张图上少则有15万颗星星，多则可能会有上百万颗，要从中找出不同，真的是一件非常考验眼力的事。

1930年2月18日，这是一个历史性的日子，汤博在比较两个星期前拍摄的两张星空图时，发现了一个位置在变动的星体。

一个月后，罗威尔天文台经过确认，正式宣布了第九大行星的发现。他们面向全世界为这颗新的行星征名，最后采纳了一个11岁小姑娘的建议，用罗马神话中的冥王Pluto（普路托）为它命名。

发现冥王星之后的汤博获得了巨大的荣誉，他拿到了堪萨斯大学的奖学金，获得本科和研究生文凭。上完学后，他又回到了罗威尔天文台，直到 1943 年才离开。

1997 年，汤博以 91 岁的高龄去世。晚年他总结自己的一生时说："我游历了所有的天堂。"而这样的游历，始于许多年前那个在堪萨斯州农场看星星的小男孩。

那些古怪又让人忧心的问题

王新芳

兰道尔·门罗是美国科普漫画家。他曾在 NASA 制造机器人，能轻松玩转物理、天文、生物、化学、数学等学科知识。

一天，门罗收到一封邮件，发件人是 12 岁的男孩约翰。约翰在信中说："我和小伙伴保罗为一个问题产生了争执。你经常画科学漫画，也许能帮我们解答。如果地球上所有人都挤在同一个地方，所有人同时跳起，再同时落地，会发生什么？"看到这个问题，门罗忍不住笑了。这个问题太荒唐，如果被问的是家长或老师，他们一定拒绝回答。

但门罗决定给孩子一个答案。这问题看似简单，要想准确回答却很难。门罗是个较真的人，整整一天，他反复思考，却茫然无头绪。

门罗不甘心，去了一趟国家图书馆，查阅了有关的学术论文。有几个地方不甚明白，门罗又买了张机票，去遥远的城市拜访一位朋友，他是某个领域的专家。回到家，门罗又在电脑前查阅资料，一直忙到深夜两点。直到寻出完备的答案，他才兴奋地抽了一支烟。

他给约翰回了信，告诉孩子一个有趣的答案。

首先，假设全球人口被魔法运到罗得岛。随着正午到来，大家一起跳起。这个举动对地球一点影响也没有。地球的质量是所有人质量的 10 万亿倍以上。正常人良好发挥时，平均可以垂直跳起 0.5 米左右的高度。接下来，所有人都落到地上。严格说来，落地过程确实会传递给地球巨大能量，但受力面积太大，影响最多是在泥地上留下一堆脚印而已。所有人落地时产生的巨大声响可能会持续几秒钟。

等一切安静后，真正的后果随之而来。所有人的手机网络都在史无前例的重压下崩溃了。罗得岛外，没人操纵的机器开始慢慢停转。对于数量庞大的人类来说，机场和轻轨的运输能力是杯水车薪。燃油耗尽前，一些人逃离罗得岛。其他留在岛内的人难以获取淡水资源。不出几周，数十亿人在罗得岛上死去。

很快，门罗收到约翰的回信："感谢你，让我知道了如果之后的结果。而且，你的答案还证明我赢了。"

门罗发现，只要去求证，再荒诞的问题都可能有一个科学的答案，尽管那些假设性问题几乎不会发生，但对保护孩子的想象力来说意义非凡。他决定把这件事情长久地做下去，就开设了一个科普博客，并推出 WhatIf（如果）问答栏目，专门接收孩子们稀奇古怪的问题。然后，他会想尽一切办法，一一解答。

很多朋友不理解，认为这是一个疯狂的科普漫画家跟一群孩子在讨论一些疯狂的事，纯属没事找事。门罗却乐在其中。对他来说，那些古怪、令人忧心的问题，是以无用来对抗现实中太多的有用，以荒谬的假设来验证人最珍贵、自由的想象力的存在。

后来，门罗把在 What if 上的问答结集出版，书名是《那些古怪又让人忧心的问题 What if》，受到读者的热烈欢迎。该书横扫《纽约时报》《出版人周刊》《华尔街时报》等各大图书榜。

而门罗的目的只有一个：保护孩子们的想象力。

科学的地气与远方

王梦影

"卡西尼"号耗尽燃料坠落在土星大气层的当天，一群科学家在哈佛大学桑德斯礼堂扔出了满场的纸飞机。

这是 2017 年搞笑诺贝尔奖的颁奖典礼。一个浑身涂着油彩、只穿一条内裤的家伙负责打光，一个穿着蓬蓬裙的男人会粗暴地打断话多的发言者。所有获奖者均自费前往，奖杯是一个顶着红色问号的白色玩具人头。奖金是 10 万亿……津巴布韦币，曾经价值人民币 1 角 6 分，如今已经不流通了。

搞笑诺贝尔奖和"卡西尼"号可以算是同辈，都是 20 来岁，出生时都被质疑过不靠谱。1991 年的一个深夜，在麻省理工学院博物馆里，300 多个人偷偷摸摸地笑着。他们担心领导叫停这个不正经的颁奖典礼。6 年后，也是在初秋，"卡西尼"号从美国卡纳维拉尔角出发，冲进黑丝绒般的天幕。因为包括经费在内的一些现实考量，这个项目险些搁浅，在欧洲空间局的帮助下才重新启动。

只不过，"卡西尼"号的旅程安静而缓慢。它花了将近 7 年时间才迂回来到土星。土星的公转周期是地球的 29 倍，一年相当于地球上的 29 年。接下来的 13 个地球年里，"卡西尼"号将陪伴着这颗巨大的行星从秋天走到冬天。

而搞笑诺贝尔奖则保持着奇葩的"画风"，越来越热闹。今年，针对"如何科学地'吸猫'"这一"难题"，法国里昂大学研究者利用流体动力学的底波拉数得出结论："猫既可以是固体，又可以是液体。"

创立以来，该奖项获奖的成果主要分为 4 种。第一种，是那些"不说不觉得，一说真好奇"的日常谜题，比如："为什么切洋葱让人流泪？""啄木鸟用嘴高速啄木头为什么不会脑震荡？"第二种，则完全是"说了也没人关心"的"小题大做"，包括"端着咖啡走动时的流体动力学""踩到香蕉皮时的摩擦力研究""床单起皱的数学分析"。第三种，是"不研究你永远不知道"的神奇事实，比如："狗身上的跳蚤比猫身上的跳蚤跳得更高""屎壳郎其实很挑食"。第四种，则是一些看起来是胡搞瞎搞的发明，如"从牛粪中提取的香草精""鲸鱼鼻涕收集装置"。

2009 年的获奖者伊莲娜·巴特那医生的研究属于最后一类。她和伙伴发明了一种神奇胸罩，在紧急时刻可以一拆为二，成为两个防毒面具。在颁奖仪式的舞台上，聚光灯下，这位女士行云流水般地在黑色晚礼服里摸索了一阵，掏出亮粉色的胸罩，迅速分解，然后不由分说地为台上两位西装革履的男士戴在脸上。全场起立鼓掌。

乌克兰裔姑娘巴特那年轻时曾参与切尔诺贝利核电站事故的救助工作。无数人在她面前死去，死者中，很多人是在毫无防备和遮挡的情况下被空气中的剧毒颗粒物杀死的。这个姑娘后来辗转来到美国，有了新的事业，组建了家庭。一天，她看到小儿子从地上捡起自己的胸罩套在脸上玩耍，点子由此产生。

"胡搞瞎搞"的背后，是深沉的执着。这场热闹的大会，也不仅仅是一场玩笑。

看似荒诞的选题背后，站着一群严肃至极的科学工作者。那个只穿内裤的"人肉灯柱"是3D打印机的发明者。被胸罩糊脸的两位，分别是2001年诺贝尔物理学奖得主和2008年诺贝尔经济学奖得主。实际上，在搞笑诺贝尔奖的颁奖典礼上，不少人得过真正的诺贝尔奖。

那些看起来荒诞不经的研究，很多在数年后产生了实用价值。发现啄木鸟的脑部特殊骨骼结构，最终促进了预防运动损伤的研究。针对脚踩香蕉皮滑倒的研究，则催生了一种效果很好的肌肉润滑剂。

其实，"有用"从来都不是最关键的评价标准。

2017年搞笑诺贝尔奖的主题是"可能性"，而考核的准则一直没变。它寻找的成果，要能"先让你笑，再让你思考"。颁奖典礼不再偷偷摸摸，而是全网直播，收视率空前的高。

为了防止污染可能携带生命的土星卫星，"卡西尼"号的创造者为它选择了死亡，它传回最后的图像，融化在观察了一辈子的行星怀抱里。网络内外，很多普通人掉下了眼泪。

这是科学的两面：一面是泪水，一面是欢笑；一面朝着无垠宇宙，一面扎根滚滚红尘。它既是无数个被忽视的好问题，也是一个永恒而唯一的答案。

科学的眼审视这世间的一切，包括科学本身。它不断推翻自己，既不会拘泥于"高大上"的形象，也不会将目光局限于地球。

在它们二者前进的20多年里，一代人成长起来。孩子在课堂上高高举起手，询问"天为什么是蓝的"；少年仰起脸，反问"为什么不呢"；青年背起行囊，追寻一个解答。

那可能是我们人类最好的一面，怀抱着我们笨拙的、疯狂的、孤独的、滚烫的好奇心。

"元宇宙"离我们还有多远

思 客

究竟什么是"元宇宙"

早在2020年年底，腾讯公司董事会主席兼首席执行官马化腾就曾提出一个能够"由实入虚，帮助用户实现更真实体验的全真互联网"，这与元宇宙的概念十分类似。不久前，脸书首席执行官扎克伯格表示，未来几年，脸书将从一家社交媒体公司转变为一家元宇宙公司。今年，微软提出要建立"企业元宇宙"的解决方案。

元宇宙的英语是 Meta-verse，这个概念最早出现在 1992 年美国作家尼尔·斯蒂芬森的科幻小说《雪崩》中。

这部小说描绘了一个平行于现实世界的虚拟数字世界——"元界"。现实世界中的人在"元界"中都有一个虚拟分身，人们通过控制这个虚拟分身来相互竞争，以提高自己的地位。

2018 年，斯皮尔伯格执导的科幻电影《头号玩家》，被认为是最符合《雪崩》中描述的元宇宙形态。在电影中，男主角戴上 VR 头盔后，瞬间就能进入自己设计的另一个极其逼真的虚拟游戏世界——"绿洲"。在《头号玩家》设定的"绿洲"场景里，人们通过智能设备，将意识与平行虚拟世界连接，在"绿洲"设定的一套完整运行的虚拟社会流程里，通过控制自己的"虚拟分身"进行一系列的社会活动。

元宇宙为何突然火了

元宇宙概念的雏形早就出现于科幻作品中，那又是什么使得它在 2021 年火了起来？这要从三个方面来理解：

第一，从需求层面看，新冠肺炎疫情蚕食并减弱人们在物理世界的联系，同时加速促进数字世界的完善。人们在虚拟空间中留存和交互的时间越多，对虚拟世界的需求也就越多。

第二，从技术发展层面看，随着 VR、AR、5G、AI 等技术的发展，曾经只能出现在科幻小说和电影中的场景已经一一变为现实。这既是元宇宙的最初形态，也为元宇宙提供了一个可见、可触摸的样本。

比如在 2020 年，美国加州大学伯克利分校因为疫情，无法现场举行毕业典礼。于是学校在游戏《我的世界》中，搭建了一个和真实校园高度一致的"虚拟校园"。学生们通过相应的设备，以"虚拟分身"来到"虚拟校园"参加毕业典礼。

第三，从经济层面看，巨头们花真金白银去做"元宇宙"，一定是看到了未来的商业前景。就当前情况而言，游戏是元宇宙的雏形，但元宇宙为游戏的内容创作带来了更广阔的自由度和更高的用户活跃度，这意味着广大游戏厂商或将有机会开辟游戏产业的新阵地。而随着技术的不断成熟，元宇宙的下一个发展阶段是在数字化的世界中去重构现实中社交、消费等多个方面。在目前互联网行业的红利空间已经遭遇瓶颈的情况下，元宇宙似乎提供了新一轮的增长机会和升级风口。

如何影响我们的生活

元宇宙概念目前没有一个简单、具体的定义，这就使得各个互联网公司以自己的方式去理解、塑造自己的元宇宙。

从目前情况来看，这一概念在网络游戏领域得到充分运用。

熟悉网络游戏的朋友都知道，一些网络游戏的本质就是在构建一个虚拟的环境，而每个用户都可以在那个世界找到自己的存在。被誉为"元宇宙第一股"的美国游戏公司罗布乐思，就建立了一个沉浸式 3D 在线游戏创作平台。

元宇宙始于游戏，但绝不止于此。就在 2020 年，超过 1200 万名玩家参与了一个在游戏《堡垒之夜》上进行的沉浸式虚拟演唱会。演唱会歌手演出最新单曲，配合惊艳的游戏场景特效，给参与者带来别样的沉浸式体验。

除了娱乐活动，严肃的学术会议也与元宇宙扯上了关系。2020 年，顶级学术会议 ACAI（算法、计算和人工智能国际会议）选择在任天堂的游戏《动物森友会》上举行研讨会，演讲者在游戏中播放幻灯片并发表讲话。

虽说有科技巨头的关照和前面那些引人遐想的事例，但不得不承认的是，元宇宙的构建目前还处在一个萌芽阶段。

一项重要技术成果的成熟应用，离不开大量基础设施的提前布局。就像 20 世纪末，信息高速公路的建设为互联网技术的成熟铺平了道路，元宇宙的完善同样需要众多技术环节的长期建设。

具体来说，大致包括以下三个部分：首先，高度发达的全球互联网；其次，便是 AR、VR 的硬件水平；最后，是 5G 等新一代信息通信技术以及图形技术的发展。

目前，这些技术无论从规模还是质量上看，都还没有达到能构建元宇宙生态的水平。

上脑统治者与下脑主导者

游识猷

招财猫举起的是哪只爪子？榴梿和波罗蜜，谁的外壳更粗粝？在回答上面两个问题时，你的脑中是不是自动浮现了招财猫、榴梿和波罗蜜的样子？（顺便说一句，答案是左前爪、榴梿）如果我告诉你，解答这两个问题用的是大脑皮质中的两套不同系统，你会相信吗？

近百年来的研究显示，大脑是分块工作的，而哈佛大学研究者斯蒂芬·科斯林则将大脑皮质分为两个系统：上脑系统与下脑系统。解剖学上，上脑包括额叶上部和顶叶，下脑包括额叶下部、颞叶和枕叶。当你伸手，从额头一路往上摸到头顶，这部分就是上脑所在。从耳侧开始摸到后脑勺，这个区域就是下脑所在。

上脑负责拟定和执行计划。为了更好地驱动身体执行计划，上脑捎带处理了位置、距离、角度等空间信息。研究中，被切除上脑的猕猴，再也学不会寻找藏在特定位置的食物。

下脑负责感知、理解和信息分类，激活情感和记忆。为了更好地感知，下脑特别擅长识别颜色、形状和纹理。研究中，被切除下脑的猕猴，再也学不会寻找藏在特定形状下的食物。

下脑理解世界，上脑决定行动。上下脑既独立运作，又密切合作。上脑会不断提示下脑，这些信息很重要，要特别留意。而经下脑整理的信息则传给上脑，供上脑决策时参考。每个人都是这两套系统协作而生的产物，也都有自己的"惯用系统"。

根据对上下脑的惯用程度，人可被分为 4 种——行动者、刺激者、感知者和适应者。

双脑并重的行动者是天生的领导者，上脑帮他们制订计划、积极行动，下脑帮他们收集反馈、审时度势。

更倚赖上脑的刺激者有最多的新鲜点子，能在头脑风暴中创造出多套方案，有时这些方案不可行，因为他会无视现实。遇到挫折或阻挠时，刺激者更愿意坚持到底，而不愿意调整计划。

更倚赖下脑的人，则是感知者。感知者里出了许多艺术家，因为他们能敏感地体味世界和人生的细节。感知者也能成为极好的专家顾问，因为他们擅长理解与解释。感知者喜欢安静，乐于反思，但往往行动力不太好，而且很难去制订和执行一个详尽的大计划。

还有些人既不太倚赖上脑，也不太倚赖下脑——他们是适应者。适应者特别能随遇而安，活在当下。他们好相处、好合作，会接受突然出现的任务而不多问一句"为什么不让别人做"。适应者的行动力不亚于行动者，二者的区别在于，行动者为自己行动，适应者为适应环境而行动。

小测试：下列几项所形容的，跟你相似吗？（"截然相反"得 1 分，"不太像我"得 2 分，"说不准"得 3 分，"有点像我"得 4 分，"这就是我"得 5 分。）

1. 购物时，我就会仔仔细细地查看商品。

2. 一开电视，我就会试着辨认出现的人物是谁。

3. 听音乐时，我会试着分辨出现了哪些乐器。

4. 去艺术展时，我喜欢慢慢地欣赏画作。

5. 如果我很晚才能到酒店，我会事先给酒店打电话告知。

6. 在开始一个项目前，我会备好所有需要用到的工具。

7. 做出决定后，我会思考一下未来可能出现的状况。

8. 我非常喜欢制订计划。

前 4 题的总分是下脑分，后 4 题的总分是上脑分。

假如你经历了一场核战争

[美国]科迪·卡西迪　保罗·多赫蒂

王思明 编译

在"冷战"期间，世人彻底明白了一件事，那就是美国和苏联都有能力利用核武器摧毁世界。人们不知道的是，这两个国家摧毁世界究竟可以多么容易。

如今，由于建立了复杂的天气模型来分析全球变暖情况，我们知道，即便是相对较小的核战争都会带来很坏的影响。有核武器的小国家之间的全面战争，意味着两国会相互投掷亿吨级的炸弹。即使你住在地球的另一端，100 台核设备同时爆炸对你来说也绝对是个坏消息。你面对的首要问题是什么？辐射。

当核武器爆炸时，它们会辐射该区域，并且产生很多危险物质。那些核武器爆炸产生的有害物里，最糟糕的是一种叫作锶 -90 的物质。它很轻，所以不用爆炸很多次，就可以覆盖全球，并且深入食品供应链里去。人类一旦摄入，身体就会把它吸收进骨骼。20 世纪 50 年代的露天核测试过后出生的孩子，他们的牙齿里的锶 -90 是正常水准的 50 多倍。不幸的是，跟测试不同，一场核战争则会超越极限。

锶 -90 一旦进入骨骼，它的放射性衰变会破坏人体细胞里的 DNA，导致骨癌和白血病。所以，如果你在最初的核武器爆炸时存活了下来，随后你会罹患骨癌，这还是在你经历烟、灰和碳烟这些更严重的问题之后能够活下来的前提下，才会发生的。

第二个问题是，在最初爆炸的灰尘散清以后，它们不会散尽。成亿吨的炸弹在空气中爆炸，它们不仅会直接向大气上层释放碳，而且会引燃森林和城市，并释放出大量的烟雾。除此以外，爆炸会让成吨的灰尘飘浮起来——这些都会被太阳加热，最终浮在平流层上。

你在野外点燃的篝火的烟，会浮在云层下面，然后被雨水清理掉。而核爆炸产生的烟和灰，会飘浮在云层之上，不会被雨水清理掉，所以它们会在云层上飘浮数年，并且遮蔽太阳光。

甚至连保守的环境模拟都显示了，100 个核武器爆炸足以遮蔽足够的太阳光，让全球的平均温度下降好几摄氏度。全球温度的突然下降——即使只下降了几摄氏度，对世界食品供应的影响都是毁灭性的，因为它会破坏水稻的生长。水稻的生产受到严重影响的话，将导致全球范围内 20 亿人的死亡。

100 个核弹爆炸的战争一旦发生，近 1/3 的世界人口会因为爆炸、饥饿或癌症而死，但是人类不会灭绝。然而，更大规模的热核武器战争一旦爆发，就像 1983 年美国和苏联差点儿进行的那种，我们可能就没那么幸运了。

1983 年 11 月 7 日，美国带领北大西洋公约组织，进行了一次大规模军事演练，被称为"优秀射手行动"。此次演练模仿了一次对苏联使用核武器的战争。不幸的是，苏联以为这次演练是在掩护真正的进攻。所以，苏联的反应是将导弹运到他们的仓库，并且动员了他们的空军，这些行为引起了美军的警觉。幸运的是，美军空军将领莱纳德·派洛兹把苏军的行为当作一次简单的训练，没有给予回应。没得到任何回应的苏联没有再采取进一步的行动。

根据机密文件的说法，莱纳德·派洛兹的决定是一次幸运的误解。这可能是人类历史上最幸运的误会了。

如果双方都警觉起来，这种误会升级为全面核战争，数亿吨的炸弹会在全球范围内的目标上爆炸。即使你因不住在大城市里，而不会在一开始被炸死，那你也别想活太久。

核战一旦爆发，两周以内，1.8 亿吨的烟、碳烟和灰尘就会像黑色的油漆一样遮蔽全球，并且不会消散。

能见度会下降到如今的百分之几，所以中午看上去会像黎明前一样。北美的夏天温度会降到 0 华氏度以下。

好消息是，有足够的死去的树木可以用来燃烧取暖；坏消息是，你会挨饿。庄稼会死掉，而那些没有死掉的作物会受到虫害的严重影响。

蟑螂及其亲属对核辐射具有很强的耐受性，但是它们的天敌则没有这种"特异功能"。没有鸟类控制虫子的数量，吃农作物的害虫会变得越来越多。害虫会大量伤害那些从寒冷中挺过来的农作物。

但还是有好消息的。在把粮食变成蛋白质这一点上，蟑螂的效率比牛的更高，甚至在新的末世里，蟑螂也不缺食物。蟑螂富含维生素 C、蛋白质和脂肪，它们是一种健康的零食。所以，只要你不挑食，你就能比预计活得更久一些。

为了活下去，你得吃下去很多蟑螂，差不多每天 144 只。想想，你能否接受？

莱特兄弟的思维突破

王 昱

若说这世界上有什么创业故事听起来最为神乎其技，也许非莱特兄弟发明的飞机莫属。1903 年 12 月 17 日，莱特兄弟制造的第一架飞机"飞行者 1 号"在美国北卡罗来纳州试飞成功。从这一天起，人类正式进入航空时代，而莱特兄弟也随着这次成功永载史册。

之所以说这个故事神奇，是因为莱特兄弟的身份与他们达成的目标之间差距实在太大。两个人并非那个时代最顶尖的科技工作者，事实上，他们只上到高中毕业就回家创业，靠修自行车谋生。虽然那个年代教育尚未像今日般普及，高中文凭也很难得，而修自行车在当时也算"高新技术"，但这俩人的身份还是跟开飞机上天差得太远了。

很多励志书籍在谈到莱特兄弟时，总喜欢大谈他们怎样从小立志发明飞机，后来又如何潜心研究，付出了多少心血和汗水，终于修成正果。然而，如果细读史料，你会发现，相比于同时代的其他探索者，莱特兄弟并不十分努力。恰恰相反，他们其实是很偷懒的一对探索者：从 1899 年正式着手第一架模型机的制造，到 1903 年一飞冲天，仅仅花了不到 5 年时间，进行了几百次试飞就成功了。

这个速度实在令他们的竞争者汗颜。要知道，在整个 19 世纪后半叶，发明比空气重且自带动力的飞行器可是个热门项目，多少人豁出毕生的时间、精力、金钱甚至以生命为代价都未成功。比如德国航天先驱奥托·李林塔尔，一生中搞了 3000 多次飞行实验，还在最后一次飞行实验中因飞机坠落而摔断脊柱，为自己的理想献出生命。连这样拼命的人都搞不出飞机来，很多科学家都对这事基本死心了。就在莱特兄弟成功试飞前一个半月，当时的科学泰斗西蒙·纽科姆直接发文断言：任何重于空气的机械都不可能飞起来，即便能够成功起飞，也无法解决着陆问题。

那么，为什么偏偏是莱特兄弟这两个身份既不出众，也不比其他探索者更努力的人最先发明了飞机呢？这里面其实藏着一个至关重要的思维突破。事实上，在莱特兄弟之前，发明家这个行当与科学的结合并不如人们想象得那般紧密。比如著名的发明家爱迪生，他一生中的大多数发明其实都是靠频繁实验、"草垛寻针"的方式获得的。这种思路在飞机的发明上也是如此，前面提到的航天先驱李林塔尔，直到人生的最后 10 年才开始系统研究空气动力学，并对自己的飞机做相应改进，而更多的探索者压根儿不懂什么动力学知识，只是凭经验和想象搞出一台飞行器就想上天，很多人第一次试飞时就摔死了。

与这些蛮干的同行相比，莱特兄弟在着手设计飞机前，先是认真研读了19世纪初"空气动力学之父"乔治·凯利爵士的理论，在彻底弄懂之后，再基于该理论着手设计飞机。所以，你会发现一个很有趣的现象——莱特兄弟的飞机是同时代所有设计中最不像鸟的。正是这种基于客观理论而非主观臆想的设计思路，让他们从一开始就超越了绝大多数同行。

更了不起的是，即便有了这样靠谱的设计，莱特兄弟依然没有草率地试飞；他们十分超前地想到了先打造一个风洞，并在其中进行了上千次的实验，在风洞实验成熟后，才在自然环境下试飞。这个思路又为他们节省了时间，并且大大降低了风险。

莱特兄弟的成功是很多"心灵鸡汤"喜欢引用的故事，人们喜欢强调他们的勤奋、勇敢、拼搏。但事实上，这些品格是同时代所有航天先驱的共性。决定莱特兄弟成功的关键，其实是那些常为人所忽视的"小品格"：勤奋之前的理性、勇敢之前的谨慎、拼搏之中的勤于思考。

为什么空间站上能使用毛笔

3C 273

当宇航员进入太空时，因为传统的钢笔、圆珠笔必须依靠重力将墨水漏入笔尖，所以无法使用；铅笔虽然可以正常书写，但微小的导体石墨粉可能带来灾难性的后果；现代的太空笔则依靠气压将墨水压出。在神舟十三号的飞行任务中，翟志刚携带中国传统文房四宝进入空间站，将中华儿女骨子里的剑胆琴心展现得淋漓尽致。

为什么毛笔这种古老文具，能在21世纪的星海探险中发挥作用？

要回答这个问题，我们首先要思考一番，毛笔是怎么书写的。答案看起来很简单：毛笔上面吸收了墨水，在笔尖与纸张接触的时候，墨水就从笔尖转移到纸上。但是，如果深入思考，为什么只有当笔尖接触到纸张时，墨水才发生转移，其他时候呢？

实际上，墨水自动发生转移也是常有的事情。初学者有时候会蘸上太多的墨水，墨水就会从笔尖滴下来。拿毛笔蘸墨时有特殊的技巧：只需把笔尖的一部分浸入墨中，这样可以保证只吸入适量的墨水，墨水就不会从笔尖滴落。所以，一支毛笔能留住的墨水有一个上限。

透过现象看本质，既然毛笔可以留住墨水，那么一定有一个机制来克服重力，这个机制会是什么呢？我们不妨看一看墨水分子受到哪些力。由于毛笔笔尖是一个开放的区域，各处的大气压是平衡的，于是只需要考虑重力与分子之间的相互作用。这分为两种，一部分是液体分子之间的互相作用，另一部分是液体与容器壁分子之间的相互作用，使液体黏附或疏离。两种相互作用都有摩擦力，微观上体现为电磁相互作用，如果在宏观上结合起来，就带来一种叫作毛细现象的神奇现象。

毛细现象是指，将一根毛细管浸入液体中，相比管外液面，管内液面会自发向上或向下发生移动。毛细现象第一眼看上去违反自然规律。人们常说"水往低处流"，为什么水会自发往高处移动？能量守恒定律告诉我们，能量不会凭空产生或消失，液柱上升的过程伴随重力势能的增大，因此一定能找到另一种能量，在这个过程中是降低的。没错，这种能量来自液体的表面张力。

在液体表面与内部，液体分子之间形成的相互作用很不相同。表面的液体分子互相连接更少，相互作用更弱，于是两侧受力不均。在这种受力不均的情况下，内部受力较大，将自发向外部"突出"，于是在不受重力的情况下，一团液体将呈现球形。在这种情况下，表面张力将使液体分界面变弯，使之达到能量最低的稳定状态。

问题的解答就是这样。毛细现象实际上要求达到一种平衡：液体分子相互作用，和液体与表面相互作用的平衡。在达到这个平衡的过程中，液体表面会发生变形。毛笔的材料，兽毛，也就是蛋白质，可以被水浸润。由于分子间相互作用不受重力影响，毛细现象在空间站自然也可以发生，于是毛笔在失重条件下，也可以一如既往地吸入墨水，并正常书写。

当我们放眼星辰大海时，前人那些充满创意的智慧也凝视着我们。

如果飞机的窗户飞了出去

［美国］科迪·卡西迪　保罗·多赫蒂

王思明 编译

和大多数搭乘现代飞机旅行的人一样，你可能也花了不少时间盯着窗外那些可爱的云朵看，欣赏日落和美丽的景色。而且，像大多数人一样，你恐怕也思考过：如果窗户突然飞出去会发生什么？

答案取决于你所在的高度。如果飞机刚起飞没多久，仍然在2万英尺（6096米）以下，那么你可能没什么事。在这种高度下，你仍然可以呼吸上半个小时的空气，然后才会昏过去，而且压差没有那么大，不够把你吸出去。肯定会有些冷，但只要你还穿着T恤衫，问题就不大。可能会有些吵，风呼呼地从窗户吹进来，所以这时想叫空姐过来恐怕是不太可能了。总之，情况还好，比飞机在3.5万英尺（10668米）的高度时窗户飞出去的情况要好得多。

由于人们需要呼吸，机舱里的空气在7000英尺（2133.6米）处会增压。如果飞机已经飞到了3.5万英尺（10668米）处，然后窗户飞掉了，飞机会迅速降压，这会导致一系列问题。

你需要注意到的第一件事是，你身体所有孔口里的气体都被吸出去了。因为那些气体都是潮湿的，所以它们会凝结，以雾气的形式被吸出去。每个人都会这样，所以整架飞机里都飘着人们身体内的气体冒出来时凝结成的浓雾——好恶心啊。幸运的是，几秒之内雾气就会散去，因为飞机内的空气会从开着的窗户被吸出去。

假如你坐在过道边上，也就是距那个飞出去的窗户两个座位的地方，风会以飓风的速度，从外部往那个窗户的方向吹。但是，如果你系着安全带，那么就没事，你不会被吹跑。不幸的是，如果你正巧坐在窗户边上，那里的风速约为 134 米每秒，足够把系着安全带的你从座位上拽起来了。

坐在过道边上的人会获救的另一个原因是，飞机上的窗户要比人的双肩宽度小。哈佛大学对人体的研究表明，美国人的肩膀平均有 18 英寸（约 46 厘米）宽，而波音 747 飞机的窗户只有 15.3 英寸（约 39 厘米）高。所以，幸运的话，你不会被吸出飞机，只会卡到窗口。这对飞机上的每个人来说都是好事：第一，你不会从飞机上掉下去；第二，对其他人来说，你的身体就变成了一个能将就着用的塞子。这会减缓空气从飞机里往外流失的速度，这样其他人就有时间戴上氧气面罩了。

而你的麻烦才刚刚开始。

在你身处的这个新环境里，你可能会注意到的第一个变化来自风。风以每小时几百英里的速度拉扯着你，让你的身体呈 J 形被挤到机舱壁上。

你能注意到的第二个变化是寒冷的气温。3.5 万英尺（10668 米）高，那里的温度约为零下 54 摄氏度。温度这么低，你的鼻子在几秒内就会被冻伤。

你可能没注意到第三个问题，这个问题才是致命的。除了温度骤降，气压的变化更加剧烈。在 3.5 万英尺（10668 米）的高空，空气非常稀薄，你每吸一口气，都得不到足够的氧气，不过你注意不到自己在慢慢窒息。你的身体监测不到氧气太少这个情况，唯一能够让你感觉呼吸不畅的是你血液里过多的二氧化碳。于是你会假装没事一样继续呼吸，问题其实已经变得很严重。你只剩下不到 15 秒的清醒时间了，接着你会昏过去——4 分钟以后你就会脑死亡。

飞机里的人也一样。窗户飞掉以后，他们只有 15 秒的时间来戴上氧气面罩，动作慢一些就会昏过去。如果你的身体将窗户堵得足够严实，那么时间可能比 15 秒要长一点，但是延长的时间不会超过 8 秒——再过 8 秒，他们的大脑就会因为缺氧而变得混乱，无法使他们戴上氧气面罩了。

让我们来回顾一下：此时，你的身体大部分在飞机内，有一部分暴露在飞机外，你的面部会挤在飞机机舱壁上，你被冻伤了，而且你就快意识不清。但是令你感到意外的是，你还没有死，如果飞行员反应迅速，在 4 分钟内将飞机降到 2 万英尺（6096 米）以下，你可能会生存下来。我们之所以知道，是因为这种情况发生过。

机长蒂姆·兰开斯特曾于 1990 年驾驶一架英国航空公司的飞机，当他飞到 2 万英尺（6096 米）的高度时，飞机的其中一面风挡玻璃脱落了。风马上把绑着安全带的他从座椅上拽了起来，往窗外拉去。驾驶舱内的所有东西都飞了出去，舱门也被吸掉了，压住了控制杆，飞机急剧下降。当时正巧在驾驶舱的乘务员奈杰尔·奥格登，抓住了正被吸出去的机长。在随后的《悉尼先驱晨报》的采访里，他这样说道："飞机里的所有东西都被吸了出去，甚至连一个氧气瓶也不例外。那氧气瓶飞起来，差点儿砸到我的脑袋。我用尽全力抓住他，但是，我感到自己也要被吸出去了。约翰从我身后冲了过来，看到我已经快被完全吸出去了，于是抓住了我的腰带，让我不至于滑得更远，然后把机长的肩带挂在我身上。我觉得快抓不住机长了，幸好他的身体最终停止滑动，弯曲成 U 形被挤在飞机上。他的脸紧贴着窗户，鼻子流着血，双臂在胡乱舞动。"

风挡玻璃脱落约 20 分钟后，副机长成功使飞机着陆，在这个过程中，机长一直在窗户的另外一面盯着他看。

当消防员把机长从这个尴尬的位置上弄下来后，大伙儿才发现，机长不只受了冻伤，还有几处骨折。

因为你旁边飞掉的那扇窗户更小，所以你可能不需要依赖其他乘客的大力协助——只要你的飞行员行动迅速，你就可以"享受"一段不那么舒服的下降旅程，也许途中还可以"欣赏"一下美景。

科学实验挽救埃菲尔铁塔

安 妮

现在，对于许多人而言，埃菲尔铁塔无疑是爱与浪漫的象征。但是，在它 1887 年破土动工之时，就因设计图纸上的钢铁结构像个庞然怪物，而遭到巴黎民众的普遍反对。他们觉得，即使商业化严重的美国，也不会建造这样一个丑陋的建筑。

1887 年情人节当天，就有 300 多名社会名流联名在报纸上发表声明，抗议在法国首都的中心地带建造像埃菲尔铁塔这样无用的怪物。这批抗议队伍里有小说巨匠莫泊桑和《茶花女》的作者小仲马。法国一位数学教授甚至预计，当建到 230 米之后（埃菲尔铁塔设计高度是 300 米），这个建筑就会轰然倒塌，还有"专家"称铁塔的灯光将会杀死塞纳河中所有的鱼。

这些人为什么这么厌恶铁塔呢？因为 18 世纪以来的法国，古典主义建筑盛行，典型代表就是罗浮宫、凡尔赛宫，这些建筑普遍应用古典柱式，内部装饰丰富多彩。而由水泥浇灌、塔身全部是钢铁镂空结构的埃菲尔铁塔显然是现代工业社会产生的钢铁怪兽，与法国人的浪漫天性不符。

虽然批评声不断，埃菲尔铁塔还是顶着巨大的压力顺利竣工。埃菲尔名下的工程公司支付了 80% 的铁塔建造费用后，作为交换，埃菲尔获得了在博览会期间和此后 20 年经由铁塔而获得的各项收入。20 年后，其所有权将转交给巴黎市政府。但巴黎市政府并没有保存意愿，而是计划着届时将铁塔当废铁一样拆掉。

为了保护铁塔，埃菲尔试图找到一种方法证明铁塔具有军事战略作用。

1898 年，埃菲尔在铁塔的顶端安装了一根天线，并在铁塔上组织开展了一系列无线电报实验。幸运的是，铁塔在接收和发送无线电报方面表现得十分出色，它不但能作为电报通信站与城外援军取得联系，还为守军提供了远达 65 千米的辽阔视野。1905 年，法军已可以从埃菲尔铁塔向东线要塞群全天候发送电报。因此，在 1909 年许可期满后，铁塔被法国国防部和政府作为无线电通信的工具保存了下来。今天，在铁塔上有超过 100 个广播和电视天线，每天向全世界播放新闻和电视节目。

在铁塔的顶层，埃菲尔专门建了一个实验室，以供他和法国的科学家研究天文、气象、流体力学等。1889 年，埃菲尔开始安装塔顶并将其作为观测站，用于测量风速，他也鼓励几项科学实验，包括空气阻力实验和无线传输实验。1909 年，埃菲尔在铁塔的基座上安装了风洞，进行了上千次空气阻力实验。这些实验为现代航空器设计、机库建造乃至弹道学研究奠定了基础。

为了铭记那些为法国科学发展做出杰出贡献的人，埃菲尔在铁塔的第一层走廊上刻上了法国 72 位科学家的姓氏，每个字母半米多高。所以，在今人看来美丽的建筑，在当时，可能就是一个具有非凡价值的科学实验楼。

人类的体温为何是 37 摄氏度

混乱博物馆 chaosmuseum

我们已经太习惯自己的体温，以至对它视若无睹，除非中暑、发烧、寒冷，才会关注它。如果静下来思考我们的体温为何如此，会发现其中暗含着更加久远的故事：恒温动物异军突起，与变温动物争夺天下。这是一场考验能源获取、动员效率、反应速度，甚至抵御生化武器的持久战争。最终，恒温者彻底占据了天空和大地。

我们都知道人类的体温是 37 摄氏度，其实人类的体温因为身体部位和时间的不同，都会有所差别。

但变化范围有限，出于方便起见，大体上可以认为正常人类体温恒定在 37 摄氏度。

然而，恒定的体温并非理所当然。当体温高于环境温度，身体因为热传导与辐射持续丧失热量，且温度差越大，热量损失越快。若要维持体温不变，就必须在体表建立有效的隔热层，同时在体内源源不断地制造热量，才能平衡损失。

这意味着人类必须频繁地进食、进水，才能保证体温不会有大幅的变化。对于其他恒温动物，也就是大部分哺乳类和鸟类也是如此。

相比之下，变温动物在相同的体重下，对能量的需求只有恒温动物的 1/10。这让它们更加容易在食物匮乏的环境中生存下来。

这样看来，变温动物的生存策略似乎更加高明。但实际情况是，奢侈消耗热量的哺乳类和鸟类反而完全占据了大地与天空、高山与两极，它们才是当今世界占统治地位的物种。

这是因为，恒温具有明显的生存优势。

当气温太高，缺乏体温调节能力的变温动物必须躲藏起来，防止体温过高导致死亡；当气温太低，它们又需要寻找外部热源，或者进行休眠。

恒温动物受气温影响更小，因而能适应更多变的环境，抢占更多生态位。这也就解释了为何在南北两极有很多哺乳动物和鸟类，却没有爬行动物。

变温动物在外界气温变化较大时，还会行动缓慢、反应迟钝。这是因为，动物体内控制所有生化反应速率的酶，对温度变化非常敏感，相差 10 摄氏度，都会带来 2 到 3 倍的变化。而恒温动物总是保持在自己的最佳温度，生化反应速率更高，因而拥有更加出色的反应和运动能力。

然而，问题还是没有解决。虽然恒温具有这些优势，但人类的体温为何会停留在 37 摄氏度？

其实，不只是人类，一些常见的哺乳动物的体温也都接近这个数值。鸟类的体温更高一点，不过一般也相差不大。

如果我们把常温、常压下水的冰点和沸点及其之间的温度看作一条线段，那么就会发现，黄金分割的另一端是 38.2 摄氏度，非常接近我们的平均体温。这大概只是一个美妙的巧合。但生物学家卡萨德瓦利发现，黄金体温确实存在，而问题的关键与毫不起眼的真菌有关。

自然界中存在着种类繁多的真菌，其中不乏致命的杀手。比如蛙壶菌，对几种蛙类来说，感染就意味着死亡。熊蜂微孢子虫，会在熊蜂体内大量繁殖，导致它们肚子太大无法弯腰交配。（蝉）团孢霉，能吃光（周期）蝉体内的器官。

尽管能接触到超过 4000 种真菌，哺乳类动物却只会感染其中不到 500 种，大部分也不会致病。

对鸟类的研究也同样显示，真菌能引发的鸟类疾病非常少。这让它们相对于容易感染真菌的动物，具有很大的生存优势。

除了免疫系统的功劳，体温也在其中发挥着至关重要的作用。因为绝大多数真菌的活动温度在 4 摄氏度到 30 摄氏度，只有不到 1/3 的真菌能在 37 摄氏度以上的环境中存活。

提高体温可以杀灭更多真菌，但更高的体温也会消耗更多的热量，在不生病和不饿死之间，人类或其他动物必须选择一个平衡点。卡萨德瓦利对这二者进行建模和计算，发现存在一个投入与收益的最优解：36.7 摄氏度。

体温低于这个"黄金体温"的哺乳动物，都更易感染真菌。比如在北美，异温性的蝙蝠在休眠时体温会下降到环境温度，这让它们很容易感染真菌，引发白鼻子综合征，并大批死亡。

于是，在残酷的自然选择和简单的数学原理下，人类的体温就固定为 37 摄氏度。

疫苗是怎么起效的

Kelwalin Dhanasarnsombu

孙穆田 编译

1796 年，科学家爱德华·詹纳把牛痘病毒注射到一个 8 岁男孩的体内，让他免受天花的侵害，世界上第一支疫苗就这样诞生了。

但它是如何起效的？

要理解疫苗的起效原理，我们首先需要理解人体的免疫过程。当人的身体出现咳嗽、打喷嚏、炎症、发烧等症状，那么说明免疫系统开始工作了。我们所经历的这些反应能够帮助身体消灭病菌，同时，这些反应也触发了体内的第二道防线，叫作获得性免疫。有一些功用特殊的细胞，比如 B 细胞和 T 细胞，负责对付病原体，记录它们的信息，记忆入侵者长什么样，以及如何消灭它们。

这样做可以帮助身体为抵抗病原体再次入侵做好准备。但是，即使身体有免疫，依然存在风险。身体需要时间来学习和记忆如何抵抗病原体，但如果身体太虚弱或太年轻，这些抵抗就会显得力道不足。

在这些人染病之前，我们可以让身体提前做好准备，这就是疫苗出场的时候了。科学家通过疫苗激发身体中的获得性免疫，通过把灭活的病原体暴露给身体，从而激发身体中的免疫系统。疫苗就是这样工作的，每一种疫苗都有单独功效。

同时，疫苗也分很多种类。首先，我们有减毒活疫苗，这些是由病原体本身制成的，不过这是减弱伤害力的病原体。其次，我们有灭活疫苗，这里的病原体是已经被杀死的。减毒活疫苗和灭活疫苗这两种疫苗，是为了确保人体不再被这些病原体感染致病，但就像活的病原体一样，它们也能激活人体的免疫系统，教会人体提前学会如何辨认和攻击这些病毒。不过，减毒活疫苗很难制作，而且不适合免疫力低下的人群接种。而灭活疫苗的缺点则是无法产生长久的免疫效力。

还有另一种疫苗——亚单位疫苗，这种疫苗只含部分病原体——称之为抗原，也是真正诱发免疫反应的成分。而进一步分离出抗原中的特定成分，比如蛋白质或多糖，这种类型的疫苗可以立即触发特定反应。

为使身体对特定病原体产生免疫反应，科学家分离出目标抗原的基因。当人体注射后，疫苗内的基因会刺激体内细胞制造抗原，这会引发更强大的免疫反应，让身体准备好对抗任何潜在威胁。这类疫苗仅由特定基因的物质组成，不含病原体或其他危害人体健康的物质，如果能研发成功，就可能在几年内建立更有效的治疗方法来对抗病原体的感染。就像科学家爱德华·詹纳几十年前的发现促进了过去数十年的医学进步，随着疫苗技术的持续发展，也许有一天，我们可以对抗艾滋病、疟疾或埃博拉。

三色灯与柳叶刀

拾壹路

如果细心观察，我们很容易发现这样一个现象：几乎每个理发店门前都竖着一个旋转灯柱。好奇的我上周末剪头发时就顺口问了一下店长，店长任性地回答："别人家有，我家也不能少啊！"

不应该啊！秉承着对生活的热爱，以及对事物原理的追问精神，我回到家就查了资料，结果让人吃惊。

早在近代医学发展之前，欧洲中世纪的医生还是很牛的，由于他们是神职人员，因此不用担心"医闹"，认准一个理即能杀伐决断。这个理就是传说中的"放血疗法"。

西方早期的医学基础源自古希腊的医圣希波克拉底。他认为人体是由血液、黏液、黄胆和黑胆这4种体液组成的。人生病，也是因为这4种体液在体内不协调。到了中世纪，科学缓慢发展，医学界仍在推崇这个理论。

既然生病是因为体液的不协调，那就让它协调。而在这4种体液里，血液是最容易引出的一种体液，所以放血就成了治病的关键。但这里需要说明的是，在一定的条件下，放血疗法的确是可行的。譬如现在的西医，以及我国的中医、藏医和蒙医，都会用到放血疗法。

但凡事过度就不好了。在当时，不论病人是患感冒、发烧、肺结核还是拉肚子，都会用放血疗法治疗。美国开国总统华盛顿就是因为放血疗法导致失血性休克而死的——当时热衷放血疗法的庸医给他放掉了近2500毫升的血。

等等，说了这么多，它跟理发又有什么关系呢？

《病者生存》里讲："1506年的一本西方医书中就提到，人体有43处可以用于放血，其中14处在头部。在西方过去的数个世纪中，人们大多在理发店里进行放血治疗。理发行业的柱状标志就起源于放血之举：顶端的黄铜水池用于盛放水蛭，底端的水池用于收集血液；而柱子上的红色和白色条纹则源于中世纪理发师将洗过的绷带悬挂于柱子上吹干的举动，风中这些绷带互相扭转，缠绕着柱子。"

由于是宗教当家，从1163年开始，罗马天主教廷就宣布禁止神职人员参与任何形式的外科手术。于是，理发师便接手干起了放血的活儿。说起来，理发师是离外科医生最近的职业之一了。因为他们都拥有一套功能各异的刀具，手法纯熟精湛，习惯了在皮肉上动刀子。

当时的理发店一般都有洗浴设施，放血就在澡堂里进行。病人沐浴后血管扩张，理发师就用小木棍按压静脉使其突起，然后用柳叶刀割破放血。英国著名医学杂志《柳叶刀》的名称就是这么来的。

直到1745年，英国国王乔治二世敕令成立皇家外科医学会，理发师才开始与外科医生分家。不过，虽然作用变了，但理发店的三色灯还是保留了下来，直到在全民学习西方的历史进程中传入中国的大街小巷。

霍金的轮椅

SME

众所周知，斯蒂芬·霍金是一个传奇，他在成名时就几乎全身瘫痪，成天坐着轮椅，连与人交谈都困难重重。

很难想象，一个抓不起笔、开不了口，连生活都不能自理的残障人士不仅写了10余本畅销书，发表了多篇有影响力的论文，还参演了多部影视剧作品。这背后靠的不是什么伟大的女人，靠的是他的轮椅。

霍金在年仅21岁时就被诊断出患有肌萎缩性侧索硬化症（又名"渐冻症"），他的肌肉会渐渐萎缩，失去力量，最终蔓延至呼吸和吞咽的相关肌群，有很大概率死于呼吸衰竭。

随着病情持续恶化，霍金必须依靠拐杖才能出行。几年后，霍金已无法站立，虽然他曾十分不愿使用轮椅，但面对现实，他只有这一个选择。霍金与轮椅将近50年的羁绊正式开始。

起初，轮椅只是霍金的代步工具，他除行动上的不便之外，并没有什么异于常人的地方。他依旧能和别人谈笑风生，还能缓慢地写下一些公式。

不过很快霍金的病情再度恶化，他不再能写字，说话也开始变得含含糊糊。一开始大家还可以勉强听得懂，后来就只有他的家人和最亲密的朋友才能理解他说的内容。

1985年，霍金在欧洲访问时患上严重的肺炎，医生为他实施了气管切开手术。手术虽保住了他的性命，但他却永远失去了发声的能力。

对霍金来说，失声后如何与人沟通，是比生死更为重要的亟待解决的问题。他也尝试了很多方法，但没有一种能让人满意，比如最原始的拼写板。霍金需要用眼神选定区域，再确定颜色，最后挑挑眉毛表示确认，一个字母一个字母地拼成词语。这套"眉目传情"的功法必须两个人配合完成，拼一个单词要花上数分钟，麻烦至极。

重新让霍金"说话"，不仅仅是他自己的愿望，也是学术界迫切的需求。物理学家马丁·金最先想到用一套辅助软件跟霍金交流，他找到美国加利福尼亚Words+公司的CEO，请求他帮助霍金教授。这位CEO曾经开发过一套名为Equalizer的软件，以帮助同样患有渐冻症的岳母。当他得知要帮助的对象是霍金教授时，他立刻表示将全力以赴。

为了方便霍金运行这套软件，他们在霍金的轮椅上安装了AppleII电脑以及一个显示器。这套系统的运行原理其实很简单——光标会一行一行地扫过屏幕上显示的字母表，霍金只需要在光标经过他想要的字母时，给电脑一个确认指令，便能实现输入。

彼时，霍金每分钟能拼出15～20个单词。

恢复写作的同时，霍金的家人和朋友又找到一家开发语音合成器的公司，希望可以帮助霍金发声。

这家公司生产的设备主要用于电话自动应答系统。收到来自霍金的求助，他们备感荣幸。技术人员改造了一台CallText5010设备，用上了当时最好的文字转换语音处理器，并在1988年将其赠送给霍金。这样，霍金在输入文字后就能大声地"说话"了。

不过，这台安装在轮椅上的硬件并不完美，它发出的声音也并不是我们现在熟知的霍金的声音。霍金本人也对这点十分不满，他要求替换成自己的声音。

于是，麻省理工学院的工程师为霍金制作了3种声音，分别是他妻子、他女儿，以及他本人的声音。可能是因为这些工作都是由美国人完成的，霍金的语音至今都带有明显的美式口音。

靠着科技力量，霍金得以继续写作出书。他整理了之前的书稿，出版了震惊世界的《时间简史》。

1997年，英特尔团队重新设计了霍金的轮椅，将计算机集成在轮椅上，用轮椅的电池供电，并承诺每隔两年将硬件升级一次。

随着病情持续恶化，霍金仅剩面部的部分肌肉可以活动，他的装备面临又一次大的改造。

霍金的研究生助理为他设计了一个名叫"cheek switch"的装置，这个装置可以安装在眼镜框上，用红外线检测霍金右脸颊的一块肌肉活动。霍金用脸部肌肉替代手指打字，虽然仍能进行写作，但他的打字速度降到每分钟 5～6 个单词。

不幸的是，这块唯一能动的肌肉也在逐渐僵硬。

为了改善这种情况，英特尔的技术人员考虑用当时最新的眼球追踪技术来替代旧系统，用眼神当光标。这项技术，比如今手眼结合用鼠标控制屏幕光标还要精准、快速、方便。

可惜的是，由于霍金长期受疾病影响，眼睑下垂严重，因此眼球追踪技术无法准确地锁定他的目光，这项技术被迫放弃。

工程师团队不得不另辟蹊径，将研发重点放在改善软件输入效率上。团队与在智能手机输入法领域备受好评的 SwiftKey 公司合作，采集霍金的大量文档，分析词频以及上下文关联，在霍金输入时会给出最合适的预测词。比如输入"时间"，软件便会联想出"简史"。

同时，新软件还添加了很多便捷操作，包括：一键静音，全屏幕任意位置的鼠标点击功能，快速搜索，收发电子邮件。利用新软件，霍金不仅提高了输入效率，还能方便地上网。

目前，英特尔团队开放了这套 ACAT（Assistive Context-Aware Toolkit）软件的源代码，并将其托管在著名开源社区 GitHub，免费让残障人士使用。

除给霍金的轮椅提供计算机技术支持外，英特尔团队也改进了轮椅的很多设计：改善人体工程学设计；通过红外线操控霍金办公室和家中的电视机、音响、灯光、门；开发多功能感应系统——实时监控霍金的各项生理指标，评测他的健康状况，记录轮椅的使用状况，以及感应轮椅所到之处的安全问题。

机器人法则

熊　辉

当机器可以思考时

2018 年 3 月，在美国亚利桑那州的坦佩市，一辆自动驾驶汽车将推着自行车过马路的伊莲·赫茨伯格撞倒。当时，该自动驾驶汽车以每小时 70 千米的速度行驶，并且是在其车载电脑发现赫茨伯格 6 秒之后才将她撞倒。6 秒的时间足够汽车停下来或转弯，但它什么都没有做，而是直接撞向了她。赫茨伯格在被送往医院后死亡，这是第一个被自动驾驶汽车撞死的行人。

美国国家运输安全委员会通过对这一事件的初步调查发现，为确保更顺畅的驾驶，这辆自动驾驶汽车的紧急制动器被设计为在自动驾驶时禁用，而且也没有提醒操作人员注意危险的设计。

75 年前，美国著名科幻小说家艾萨克·阿西莫夫就提出了机器人三大定律，其中的机器人第一定律为：机器人不能伤害人类，或者坐视人类受到伤害。今天，我们已经处在一个机器人几乎随处可见的世界里，但对于我们应该如何与机器人共同生活的深层次问题，仍然没有完美的答案。

在过去的几年中，尽管出现了很多关于智能机器人的报告和政策建议，但到目前为止，阿西莫夫的定律仍然是一种幻想。

欧盟机器人法律报告的起草者麦迪·德尔沃将目前的情况与汽车首次出现在道路上的情况进行了比较。她说："第一批驾驶员在开车上路时没有规则可遵守，他们按照自己的想法合理或谨慎地驾驶。但随着技术的普及，社会就需要规则了。"

麻烦的是，规范机器人对人类事务的干预比制定道路交通法规更复杂。例如，保护乘客和行人免受自动驾驶汽车伤害的立法，无法阻止数据抓取算法对选民投票的影响。用于诊断和治疗的医疗机器人与战场上的机器人需要不同的规定。

机器人行为守则

关于机器人的立法还有另一个障碍，法律过于笼统，不会过多考虑背景。对阿西莫夫来说，背景可能构成规则的一部分。他的许多故事探讨了机器人试图在不同场景中应用法律的意外后果。在他 1942 年出版的小说《环舞》中，当机器人试图同时满足第二定律（遵守人类给予它的命令）和第三定律（保护自己不受伤害）时，机器人陷入了困境。阿西莫夫的定律非常适合小说，但不适合实践。

将这种法律解释为行动常识几乎是不可能完成的任务，有学者曾尝试这样去做，但最终因为太难而放弃。

最终，辩论归结为道德问题而不是技术问题。英国上议院人工智能委员会的史蒂文·克罗夫特说："人工智能带来的新力量需要一种新的道德规范。为了人类的繁荣，社会应该塑造规则，而不是让规则塑造社会，这一点至关重要。不能允许私营公司制定规程来决定每个人的利益。"

正如克罗夫特所强调的那样，不同的地方有不同的文化，不同的文化也有不同的规则。例如，相比其他许多国家，日本对伴侣机器人的接受度要高很多，欧洲国家对隐私和数据收集的态度与美国不同。

尽管如此，肯定有一些所有人都同意的指导方针。无论如何，机器人有能力对人类造成伤害——不管在手术室、战场上还是在路上。因此，人类的监控至关重要。

人们经常用"电车难题"思想实验来表明，允许人工智能自行决定所带来的危险。如果自动驾驶汽车必须选择在发生事故的情况下杀死谁，这对车上的乘客和路上的行人来说肯定是致命的。但美国华盛顿大学的瑞安·卡洛认为这个思想实验很荒谬，让机器人除了杀人别无选择本就是一个奇怪的假设，更值得思考的是技术带来的新的可能性。

卡洛设想了一种情景：想象一辆混合动力的自动驾驶汽车，可以通过汽油发动机为其电池充电。这款车的设计目标之一，是使其燃油效率最大化。在跑了几天之后，汽车发现使用充满电的电池时效率最高。它就会每天晚上在车库运行其发动机，这样早上就能使用充满电的电池了，但这样做可能会导致家中的人因一氧化碳中毒而死亡。

这明显违反了不能伤害人类的法律，而且很难被预见。在这种情况下，我们如何判断错在哪里以及应该责怪谁？有人认为机器人的责任应该由制造商承担，他们将商品投放到市场，理应承担责任。

问题在于，对于谁承担责任，法律通常要求被告预见其行为的结果。但是，对拥有学习能力的人工智能来说，这可能并不合理——就像卡洛设想的电池充电场景一样。为了避免出现这种不可预测的行为，有人建议自动驾驶汽车不应该有自学能力，但这明显与人们对自动驾驶汽车的期望不符。

我们可以要求的是，机器人的行为实现自洽。确保负责任地使用算法可能意味着我们需要新的人工智能混合算法，让机器学习软件与人类更容易理解的技术相结合。这是一个令人兴奋的新研究领域。

当机器人越来越像人

美国加利福尼亚州帕洛阿尔托未来研究所的理事安妮·伊马菲登说，如果我们希望人工智能以最小的伤害提供最大的利益，关键不仅仅是让人们理解机器人，而且要制造更好的机器人。她的答案是确保机器人不会具备我们对事物先入为主的执着。这样我们就可以避免一些悄悄进入人工智能的偏见，并扭曲自动化的决策制定。

如果我们能够克服这些挑战，那么，能拯救生命、行为自洽并公平对待我们的机器人将受到大多数人的欢迎。但是，随着我们能够创造越来越像人类的机器人，我们必须考虑让我们感到舒服的人机互动方式。

语音识别技术让我们能够或多或少地与我们的设备交谈。谷歌公司通过人工智能合成的声音，足以使另一端的人认为他们正在与一个人交谈。机器人专家正在制作具有栩栩如生的肉体和头发的人形机器人。与此同时，又产生了一个更大的担忧。人类很容易形成情感依恋。但是，无论机器人看起来多么逼真，我们都应该清楚自己是与机器交流，还是与人交流。

在日益自动化的世界中，人们很容易忘记机器是由人类编程、拥有和操作的。设计和使用它们是为了一些更高、更人性化的目标：安全性、舒适性、效率、利润。设计机器人遵循的法律是一个有趣的思想实验，但最终会分散注意力。真正的机器人法律应该对相关的人进行检查，而不是对机器。

作为人类，我们需要依赖深厚的传统智慧来解决这些基本问题，不能单靠技术来回答。然而，至少有一点我们都会认可：人类应该始终能够关闭机器。

机器人五大法则

任何普遍的机器人法则都可能包括以下内容：

法则1：机器人不得伤害人类或让人类受到伤害——除非它受到另一个人的监督。

法则2：机器人必须能够解释自己的行为。

法则3：机器人应该抵制任何先入为主的冲动。

法则4：机器人不得冒充人类。

法则5：机器人应始终有一个关闭按钮。

••• 文 明 •••

谁会杀死那个孩子

李静睿

反恐题材电影《天空之眼》于 2016 年 3 月 11 日在美国上映。十一天之后，比利时布鲁塞尔发生连环爆炸，造成三十多人死亡，340 人受伤，三名充当人体炸弹的嫌犯当场身亡，加上另外两人，均被警方认为和四个月前的巴黎恐怖袭击有关联。ISIS 随后宣布对该起爆炸案负责——一整套我们已经越来越熟悉的恐怖袭击流程：人体炸弹、人群聚集区、大规模伤亡，最后是 ISIS 以幕后主使的身份亮相，炫耀战绩。

就像用生命为电影做宣传，《天空之眼》讲述了暴恐案发生之前的故事：英国情报官员历经六年，终于追查到在东非恐怖分子名单上排名第四和第五的一对夫妻，二人正在肯尼亚首都内罗毕的一栋民宅内，策划一起新的人肉炸弹恐怖袭击事件，美军的无人机和两枚导弹已经就位，万事俱备，只等无人机驾驶员按下发射按钮。

但新的变量在此时出现，驾驶员发现在藏匿恐怖分子的院子隔壁生活的小女孩（之前有他通过无人机镜头看着小女孩转呼啦圈的温馨画面），她蹦蹦跳跳地出门，在院子围墙外设了一个小摊，卖妈妈做的面饼。小女孩天真可爱，笑起来的样子让人格外心动，于是驾驶员拒绝发射导弹，想给小女孩留下求生的时间——他期望小女孩能够迅速卖光面饼，离开爆炸区。

但与此同时，我们可以清晰地看到，恐怖分子正在穿上装满炸弹的背心，因为监控能力有限，一旦他们错失良机，人体炸弹进入平民聚集区，就会带来八十人左右的伤亡。电影向戏内戏外的所有人抛出一个难题：应该为了八十人的"可能"死亡，而让眼前的无辜小姑娘"确定"地死去吗？

和很多人一样，我最早是从桑德尔的公开课"公正"里听说那个著名的胖子：你站在一座桥上，一辆失控的电车沿着轨道从远处开来，轨道尽头有五名即将被撞死的工人，这时你发现身边有一个大胖子，如果你把他推下铁轨，他必死无疑，但电车会停下，你救了那五个人，却杀了一个无辜的胖子。

这个假设经公开课传播后为大家所熟知，以至于桑德尔将该课程内容结集出书的时候，只能用其他例子代替，但"电车难题"本就是伦理学上最有名的悖论之一。电车难题有无数衍生版本，上述胖子这一个大概最契合《天空之眼》的剧情。

戴维·埃德蒙兹的《你会杀死那个胖子吗》详细阐释了由电车难题产生的"电车学"，书中提到西点军校将此作为哲学必修课的一部分，因为这有助于学生区分正义战争和恐怖袭击。但不管是电影还是书，都没有给出令人信服的结论，就像电影片头打出的古希腊诗人埃斯库罗斯的名言："战争中，第一个倒下的是真理。"战争中我们做出选择，却不是依据真理。

陀思妥耶夫斯基在《卡拉马佐夫兄弟》中写下的一段对话可被视为"电车难题"的雏形，

书中伊万和阿辽沙对谈，伊万说："你想象一下，你在建造一座人类命运的大厦，最终目的是让人们幸福，给他们和平与安宁，但为实现此目的必须而且不可避免地要摧残一个——总共只有一个——小小的生命体，就算是那个用小拳头捶自己胸部的小女孩吧，用她得不到补偿的眼泪为这座大厦奠基，你会不会同意在这样的条件下担任建筑师？"书中代表纯善的阿辽沙毫不犹豫，轻轻地说："不，我不会同意。"

阿辽沙的回答在道德层面上看起来无懈可击，伦理悖论仅仅作为逻辑假设时总是有趣的，但当现实需要不断验证这些假设时，大部分人却没有选择道德完美。在宗教层面，生命不可量化叠加，但在当下，我们真的会为一个小女孩，放弃整个人类的命运吗？

《你会杀死那个胖子吗》一开篇，就是"二战"时丘吉尔面临的选择：军情五处可以使用假情报，诱导德国将飞弹轰炸的地点从伦敦市中区调整为更南边的郊区，这样会挽救超过一万人的生命，但本来居住在南郊的人则会被无辜牺牲。最后，飞弹导致了六千多人死亡，南郊众多区域被炸得满目疮痍。

埃德蒙兹说，做出这个决定时，丘吉尔可能没怎么失眠，因为他每天都得面对诸如此类的道德困境。同一个丘吉尔也曾说过："真理无可争议，恶意可以攻击它，无知可以嘲笑它，但最终，它屹立不倒。"没有人知道丘吉尔所谓的"真理"应当如何具化：是六千人的生命，还是一万人的生命？

这就像《天空之眼》的结局，在经过诸多官僚烦琐而低效的讨论，以及指挥官强行让技术人员移动导弹攻击点，将爆炸后小女孩的死亡概率降为 50% 之后，导弹发射了。第一枚没有完全炸死女恐怖分子，于是又有了第二枚。这一次，恐怖分子和小女孩一起失去了机会。

更为讽刺的是，伤心欲绝的父母试图在路上找车将小女孩送往医院，最终帮助他们的却是电影中被视为反派的当地军队。战争中正邪双方的标签，因为一个小女孩的生命，来了一次意味深长的对调。在电影的最后，是艾伦·瑞克曼饰演的军人对下属说："永远不要跟士兵说，他不懂战争的代价。"早在三百年前，康德已经警示世人，"永远不能仅仅把人作为达到目的的手段，而始终要将之作为目的"，但如果手段和目的同为人的生命时，我们将会在现实层面陷入死局。

这些年有不少影视作品探讨过类似主题：在《拯救大兵瑞恩》中，为了拯救瑞恩一人的生命，是否应该让八个士兵去冒险？在《战略特勤组》中，为了得到原子弹的下落，拯救几千万人的生命，是否应该以恐怖分子孩子的生命作为威胁？在《刺杀本·拉登》中，为了获取本·拉登的信息，是不是就可以对知情人士无底线地使用酷刑？……这些探讨从来不提供答案，但能够进行这些探讨，而非不假思索地做出抉择，本身就证明了人性。在关键时刻的犹豫，既代表软弱，也代表人道主义。

看完《天空之眼》后，我本来没想写这篇文章，因为类似的文章已经不少。但清晨起床，看见法国尼斯恐怖袭击后的照片，满地尸体，宛如地狱。最让人震动的一张，是被覆盖住的小女孩的尸体，旁边是她的粉红洋娃娃。这一场悲剧已经不可避免，但倘若在下一场悲剧之前我们有机会制止，但制止它发生的代价，是杀死一个抱着粉红洋娃娃的小女孩，作为手握武器的人，到底会不会扣动扳机？

邂逅1933年的中国公民

邓康延

这本《模范公民》是世界书局在民国二十二年（1933年）印制发行的，属民国时期小学四年级公民教育课教材。我在广州集邮市场偶然得之。巴掌大的小册子，从邂逅起一直置于我随身的手袋。它身轻不过二三两，但其中的理念却曾经勉励过几代人。

一、我看见新事物，要常常留心研究。

有一颗敏感的心，每天都新，每件事都藏有玄妙。

新事物旁边可能长出科技和人文，最不济的也是空旷辽远。

二、我发生了疑问，就想法去解决。

三、我要仔细地观察事物。

四、我不盲从，不随声附和。

如今多的是唯上是从，随声附和。

耿介诤言难于立世。天倒未塌，多了地陷。

五、我不信鬼神。

八十年前不信鬼神，五十年前打倒"牛鬼蛇神"，今日神州大地香火遍地、寺庙林立，风水堪舆，何处不神？早在唱自嘲歌的鬼神们被人虔诚地跪拜，被老官新贵争抢新年第一炷香。鬼神也知，那是拜钱、拜权、拜福、拜寿。当年批判称，宗教是麻痹人民的工具；如今，人民用各种工具麻痹了鬼神。

六、我使用公共器具，一定依照先后的次序。

公车忧惧私用，路上有了秩序；公器敬畏公民，社会有了公德。

七、我不私用公共或别人的物件。

八、我没有得到允许，不动别人的东西。

有些威武豪迈的人，偏要拿别人的东西，甚至别人的命。他就没想到他身后还站着更威武的人，还会对他如法炮制？老话说，没有规矩不成方圆；西谚说，与其让孩子们无法可依，不如让他们有法可违。人权、物权若都被权力打败了，还有什么人物？

九、我不轻易向人家借东西。

轻易借物，轻易许诺，容易轻佻，被人轻视，不能自重。自重，原是礼仪之邦很重的词。如果街上破口就骂、挥拳就打的事多了，那么再重的老罐子都被当破罐子摔了。

十、我不向人家借钱。

轻易不借钱——在慈悲之间，留下慈；在主奴之间，不做奴。

十一、我不浪费金钱。

代拟新一辈对老课文的致敬词：

我们是富二代、官二代，即便我们多金也不浪费金；我们是蚁族、蜗居者、白领金领粉领无领们，我们以不浪费金钱为贵，以浪费金钱为贱。我们敬畏钱也鄙视钱，爱钱也恨钱，花钱也被钱花。我们用卡刷一笔钱，犹如几千年前交换几个贝壳，沿袭着骨子里的价值和价值观。

十二、我能定期储蓄。

儿童银行一角起存，五十元为限，月利八厘。在小银圆和铜钱的叮当声里，存储民国童年的节俭和富足。

十三、我爱用本国货。

每一辈爱国游行的青年都呼喊过这类口号，振奋国人，支持国货。

一位很爱国的美国教师给中国学生授课时说，他弃美国车而买日本车，因为便宜省油，此外，美国车没压力怎么进步！这观点让中国学生颇感意外。

虽然产品、产地已经全球化了，虽然"国货既坚固又便宜"于今未必准确了，我们仍力挺国货，向一辈辈倡导国货的国民致敬。只是我们更须自省中国制造的质地与内涵。

十四、我遇见车马及一切危险，要敏捷地避免。

君子不立危墙之下，危墙倾覆君子不得。

但若看似好好的墙，里边却成了"豆腐渣"，让住的人猝不及防，怎么办？还有，明明知道事情很危险，但国家财产也危险，是否为财搏命，与天地斗与人斗？

十五、我看见同学有危险的举动，立刻劝止他。

见别人临险，立刻劝止。劝止不及，后悔莫及。被蛇咬的盲人看不明白，他的朋友看明白了却未能阻止，尤悔尤怵。道义还须方法。

十六、别人有危险的时候，我立刻去救护他。

庄子，不是鱼而知鱼之绝望。

在自救与他救中，易于产生哲学家。他们的疼痛穿山越岭，触动后世。

十七、我要随时随地帮助他人。

助人是助己。不在于循环回报，而在那心慈一念。于人于己的积极行为，如雷雨后布满云彩的天空，充溢着美的深意。

十八、人家有事问我，我要恳切地回答他。

恳切是个重词，浮华之辈扛不起来。

相问因需求，回应见姿态。正如旅游点的当地人，免不了每天被问路问事——和善能为故乡增分，烦躁只能让景点逊色。

十九、我说话要轻而和气。

和风细雨，有利庄稼；和风细语，有利人际。"义正词缓""理直气和"，或许更打动人。

面对暗夜前来的窃贼，轻轻的一句提醒，无雷霆万钧之势，却有苍天白云之气。"柔挽狂澜"，救了自己，也救了那贼。有时，怎么说比说什么重要，正如书法圣手怎么写比写什么重要。

二十、我对人要和颜悦色。

别人可做自己的镜子，面对别人也如面对自己。

和颜悦色是成功者的侧面，跋涉者的远见，青春的流光溢彩，长者的慈眉善目。感同身受，由己及人。说到底，和颜悦色是骨子里的善。

二十一、我自己不愿做的事，不叫别人去做。

很多悲剧的发生，就因为主事者未能"己所不欲，勿施于人"。这是道德，也是"人行横道"。

"将心比，同一理"，外婆在我童年时就用这六个字训示我。外婆去世多年了，我发现世事大到治国，小到化解邻里纠纷，都离不开这六个字。

二十二、我竭力做有益于公众的事情。

生而为人，是为幸运；更为幸运者，能时时给别人带来幸运。

英雄有益于公众，魔鬼加害于公众。历史最痛的是，将英雄视为魔鬼，将魔鬼幻化作英雄。古道血红的夕阳怎么就抹不去人类自造的愚昧和谎言？

善是最大的主义，力胜斗争。

二十三、我要爱护有益于人类的动物。

本册最后，落于南丁格尔幼时救护伤犬。一只伤足的犬，是一个跛足的世界。在她的包扎行为里，在民国二十二年的《模范公民》第八册里，人性闪耀——穿越世纪的日日夜夜，穿越所有的伤口，抵达今天，抵达你我心间。

宋人碗里的春天

刘万祥

在寻常的烟火日子里，碗是我们再熟悉不过的东西，有各种花纹和款式，四季皆可用。对宋人而言，却不是这样的。他们的碗，仿佛只属于春天，有春风拂柳的淡淡色泽，有春水游鱼的灵动花纹，也有盛满春菜的简淡清欢。

宋人的春天，在碗里。

宋人崇尚青色与白色，落到一个个碗中，便是青瓷如玉，白瓷胜雪。这种美最动人的地方，或许就在于那种淡淡的素雅之色，如春日薄雾，如春水初生，如江南三月的拂堤春风。而且光是宋瓷的青色，就有天青、粉青、梅子青、影青……似乎就连春天的时间流动感都被拉长了。

特别是宋人最有代表性的汝窑，釉色天青，又名雨过天青。第一次看到故宫博物院的那只汝窑天青釉碗时，忽然懂得，宋徽宗梦里的天空，分明就是江南三月的杭州：雨后初霁，一抹天青随风缓缓游动，带着淡淡的绿、淡淡的白、淡淡的粉。若不是传说中那样以玛瑙入釉，或许不会有这般"似玉非玉而胜玉"的质感和色泽。

陆羽的《茶经》里讲过，青瓷类银类雪，白瓷类玉类冰，是最适合喝茶的"冰瓷雪碗"。虽然我们如今常说，宋人点茶喜欢用黑色的建盏，但是，爱喝茶的宋人，平时仍会沿继唐代，使用这样的冰瓷雪碗。

把春天的团茶碾成茶末后，投入青瓷茶碗中，一边注水，一边用茶筅用力转圈击打，直到将茶汤打出犹如雪浪般的泡沫。端起那个天青色的茶碗，仿佛能看见春江浮沫、疏星淡月。这是宋人的碗，是宋人心中永不消逝的春天，也是宋人所崇尚的生命之色：纯洁、素净，质本洁来还洁去。

没有哪个朝代像宋朝一样，用单色釉把春天演绎到极致。但端庄内敛的宋人也有调皮的时候，既然不喜欢绚丽庸俗的美，那就在花纹上做文章。对于北宋时期的越窑碗，有人曾感慨：一碗春水。

那份诗意确实让人心中一颤，碗身盈盈流动的线条，有深有浅，仿佛淡淡的江南烟波。或许看到这件青釉水波纹碗，我们才能感受到，流淌在宋人心中的春水到底是什么样。

许是"翠眉曾照波痕浅"的南浦惜别，或是"暖雨晴风初破冻"的春心摇曳，也可能在"水是眼波横，山是眉峰聚"的眉眼盈盈处……

当宋人拎起一只梅瓶，将春酿汩汩倒入碗中，酒水的冲力在碗里回旋荡漾，连碗底的游鱼也差点儿跃出水面来。春碗盛春酒，或许只有这样，才能表达这件器皿所洋溢出的那种盛大却又内敛的喜悦。相对于青瓷来说，白瓷的釉更轻薄，正便于刻花。宋人便在这件定窑白釉碗的盘心刻上游鱼和折枝花的模样。

古人说："致广大而尽精微。"宋人的碗里，包含着春江游鱼的细微生活，也藏下了宇宙的生生不息。

中国传统色，一种诗意美

郭 浩

朱颜酡，出自《楚辞》，指红润的面色，原文是："美人既醉，朱颜酡些。"

美人醉了，面上的颜色就是朱颜酡。"颜色"，这两个字最早指面上的神态和气色。古人讲颜色，往往从面相是否端正来检视一个人的人品是否端正。面上的眼神和气色，讲究的是"见贤人则玉色"，贤德之人从内向外散发着玉一样纯粹的气质，因此眼神和气色也呈现莹洁的玉色。"颜色"两个字，就这样从"仪容气质"走向"具象色彩"。

朱颜酡是醉后欢悦的颜色，从屈原到李白，吟诵的是这种颜色背后的愉悦心情，"落花纷纷稍觉多，美人欲醉朱颜酡"（李白）。中国传统色也有"酡颜"的色名，本源就是"朱颜酡"。

宋徽宗写这种颜色如红玉："灯影四围深夜里，分明红玉醉颜酡。"留不住美好、热烈的欢颜，不妨沉醉，刻画在记忆里，记忆是有颜色的。

黄白游，讲的是颜色，似乎又不是颜色，这正是中国传统色的微妙之处。

颜色可以来自天地万物的具象，也可以来自人类心灵的意象。之所以将黄白游作为一种颜色名，是因为它兼具具象和意象双重美感。写《牡丹亭》的明代文人汤显祖，文采斐然，章句精妙，然而仕途不顺。友人吴序劝汤显祖到徽州去拜访退休在家的老师宰相许国，汤显祖却写了一首《有友人怜予乏劝为黄山白岳之游》："欲识金银气，多从黄白游。一生痴绝处，无梦到徽州。"

黄白，既是具象的黄山、白岳（齐云山），也是意象的神仙梦；既是具象的黄金、白银，也是意象的富贵梦。友人说得对：去徽州见见你的老师许国，黄白之间，气象万千，富贵袭人。在汤显祖心里，徽州的黄白已经不是神仙梦、富贵梦，而是他一生无法抵达的世俗之气，他选择了放弃：情不知所起，一往而深，请原谅我一生痴绝，不去徽州也罢，我这一生既没有神仙梦，也没有富贵梦。汤显祖之后，我们不但把黄白游看作黄、白中间的颜色，还把它看成我们挥之不去的神仙梦、富贵梦。

暮山紫，语出唐初文学家王勃的《滕王阁序》："潦水尽而寒潭清，烟光凝而暮山紫。"王勃写《滕王阁序》时，他的人生道路并不顺利，当时他还不知道自己差不多走到了人生的终点。

中国传统色的美学意境，往往借由天地万物的具象，引发微妙、曼妙、隽妙的意象，从精致细微之时刻、诗意浪漫之感触、丰饶深厚之底蕴，酝酿出独特的东方审美。"烟光凝而暮山紫"，就是诗人在黄昏时刻，观察到山间烟雾与夕阳落照的交织，薄薄的一层紫雾罩住了暮山，暮山见我，我见天地万物。如果将生命之有涯、宇宙之无穷、天地之不仁都想通透了，即使走到人生的终点，我们的内心也应该依然是充盈的。

巷

柯　灵

巷，是城市建筑艺术中一篇飘逸恬静的散文，一幅古雅恬淡的图画。

这种巷，常出现在江南的小城市中，有如古代的少女，躲在僻静的深闺，轻易不肯抛头露面。你要在这种城市里住久了，和它真正成了莫逆之交，你才有机会看见她，接触到她幽娴宁静的风度。它不是乡村的陋巷，湫隘破败，泥泞坎坷，杂草乱生，两旁还排列着错落的粪缸。它也不是上海的里弄，鳞次栉比的人家，拥挤得喘不过气；小贩憧憧来往，黝黯的小门边，不时走出一些趿着拖鞋的女子，头发乱似临风飞舞的秋蓬，眼睛里布满红丝，脸上残留着不调和的隔夜脂粉，颓然地走到灶上去提水。也不像北地的胡同，满目尘土，风起处刮着弥天的黄沙。

这种小巷，隔绝了市廛的红尘，却又不是乡村风味。它又深又长，一个人耐心静静走去，要老半天才走完。它又这么曲折，你望着前面，好像已经无路可走了，可是走了过去，一转弯，依然是巷陌深深，而且更加幽静。那里常是寂寂的，寂寂的，不论什么时候，你向巷中踅去，都如宁静的黄昏，可以清晰地听到自己的足音。不高不矮的围墙挡在两边，上面印着斑斑驳驳的苔痕，墙上挂着一串串苍翠欲滴的藤萝，简直像古朴的屏风。墙里常是人家的竹园，修竹森森，天籁细细；春来时，还常有几枝娇艳的桃花杏花，娉娉婷婷，从墙头殷勤地摇曳红袖，向行人招手。

小巷的动人处就是它无比的悠闲。无论谁，只要你到巷里去踯躅一会儿，你的心情就会如巷尾不波的古井，那是一种和平的静穆，而不是阴森和肃杀。它可能是一条现代的乌衣巷，家家有自己的一本哀乐账，一部兴衰史，可是重门叠户，讳莫如深，夕阳影里，野草闲花，燕子低飞，寻觅旧家。只是一片澄明如水的气氛，净化一切，笼罩一切，使人忘忧。

你是否觉得劳生草草，身心两乏？我劝你工余之暇，常到小巷里走走，那是最好的将息，会使你消除疲劳，紧张的心弦得到调整。你如果有时情绪烦躁，心境郁悒，我劝你到小巷里负手行吟一阵，你一定会豁然开朗，怡然自得，物我两忘。你有爱人吗？我建议不要带了她去什么名园胜境，还是利用晨昏时节，到深巷中散散步。在那里，你们俩可以随意谈天，心贴得更近。

巷，是人海汹汹中的一道避风港，给人带来安全感；是城市喧嚣扰攘中的一带洞天幽境，胜似皇家的阁道，便于寻常百姓徘徊徜徉。

爱逐臭争利，锱铢必较的，请到长街闹市去；爱轻嘴薄舌，争是论非的，请到茶馆酒楼去；爱锣鼓钲喤，管弦嗷嘈的，请到歌台剧院去；爱宁静淡泊，沉思默想的，深深的小巷在欢迎你！

厨房修辞学

甘正气

斟酒、分酒中可以见博弈论。下过几次厨，则深感其中有统筹法，更有修辞学。

懂得统筹法，可以让饭菜上桌快，不致出现这样的窘况：主人手忙脚乱，刚打破一个碗，又差点切到手，而客人已经饥肠辘辘，又不好相催，"心思不能言，肠中车轮转"。精通厨房修辞学，则可以令食客回味悠长，让厨神美名在朋友圈回响。

闻一多说，诗有三美：音乐美、绘画美、建筑美。菜肴的音乐美听名称，绘画美看配色，建筑美则在刀功与摆盘上显山露水。

姜丝、葱花、蒜蓉，像白乐天、张恨水、徐悲鸿，名字都像对仗。陈醋、生抽，犹如陆九渊、仇十洲，近似对偶。秋葵、冬笋，百合、千张，圣女果、罗汉豆，组合看来也略有诗味。

从"番"茄、"胡"椒、"西"芹、"洋"芋中，能发现我们在饮食文化方面的包容大度，可看出雄浑豪放。虽非我中华原产，但可吃一也，《二十四诗品》里说"超以象外，得其环中""观花匪禁，吞吐大荒"，大概有那点意思吧。

菜的色香味，"色"在"香"和"味"之前。菜之色，如同人的外表，具有优先性。人们常说，"一看就好吃"或"一看就不好吃"。菜相是影响食欲、决定口感的第一要素，是第一印象。

红椒、黄花、紫苏，虽非鱼翅、熊掌，单论色彩却不乏华丽之相，仿佛红墙黄瓦，满朝朱紫，富贵也。一碗高汤，点缀几段青翠的香葱，撒上数片碧绿的香菜，就像喜儿辫子上的红头绳和古龙笔下秦歌刀柄上的红丝巾，更增韵味、长精神，会引来老饕，勾出馋虫。

如果菜实在炒得太老，酱油放得太多，变得黑乎乎，无法挽救——总不能给菜敷面膜吧。

可以用西瓜、草莓、菠萝摆个水果造型，或放几根玉米棒子、煎几个鸡蛋。艳丽的红色、夺目的黄色，会让整桌菜都发光。

从菜形来看，莲藕适合切片，莴笋不妨削丝，做生菜可以不用刀，或剥或撕都行，黄鱼、对虾最好留头，蛏子、蛤蜊、鲍鱼不宜去壳，这样才能保留原味，而且形态多样，有层次感。例如，藕片就是圆中多孔，仿佛绘画里的留白、雕刻中的镂空，再炒一点切碎的青椒、红椒盖上去，它们会从藕孔跌落到藕片之间，似掩非掩，欲见不见，宛若苏州园林中的漏花窗，同有借景之妙。假使莲藕也切丝，这样虽然更易熟、更入味，却没有美感了。

汉语词汇之丰富，在厨房相关用语中可见一斑。例如小动物，根据动物的不同，我们就有"猪仔""牛犊""马驹""羊羔""鱼苗""凤雏"各种说法，只是我们一般就叫"小猪""小牛""小马""小羊"等而已；仅仅是"猪"，除了"豚"，还有"豕""豭""豝""彘"等各种表达。在厨房里，如果我们不懂"炒、炸、熘、爆、煮、煎、蒸、熬、涮、烫"等字的精髓，菜肴的味道肯定单调。

学修辞有专著可读，做菜有菜谱参考，但只读《修辞学发凡》《修辞学发微》，往往很难语出惊人，必须摆脱窠臼，发明自己的句子。照菜谱做菜也没什么趣味，做菜比洗碗有意思，就在于它可以是创造性的，配料、程序、切法都是可以创新的。传说金圣叹就发现，花生米配豆腐干，吃起来味如火腿。

再说了，想创造新的菜品，一顿没做好有什么关系？下次做。别人不爱吃有什么关系？可以自己吃。

留下来的东西

[日本] 赤木明登

蕾 克 编译

日渐消失的事物有种特别的美感。就如同夕阳，似乎下一秒就会消失不见，所以那种美更显触目，非同寻常。

爱惜即将消失的事物，将其珍藏保存，有人在这么做。

关氏夫妇出生于第二次世界大战结束后的日本，他们无数次返回韩国走访父辈的故乡。在韩国乡间路上行走时，他们留意到，不知从何时起，大量瓷器开始出现在二手旧物店门前。门口堆放不下，一直摆到大路边。曾经的矮墙小院，两三开间的平房，院角必然摆放着五六个瓮，这些最普通的日常风景，已经消失不见。现代化、都市化、小家庭化也已席卷韩国乡下。随着生活方式的巨变，过去每个大家族院落中都有的泡菜坛、放谷物和酱类的大瓮都成了无用的累赘。小家庭开始入住不带院落的现代高层公寓，过去用来腌制泡菜的瓷器，现在也被泡菜冰箱等电器产品和塑料容器取代。

如果现在不留住它们，它们就会永远消失，无法再现。关氏夫妇四处奔走，发现瓷器便买下收集起来，用集装箱运回日本，十几年下来，他们收集的瓷器数量已经超过两千个。我想知道关氏夫妇在努力挽留的东西，究竟是什么。

"我们在日本使用瓷器，让瓷器融入日常生活，更强烈地体会到自己是韩国人，由此感觉自己似乎在被一种亲切的东西包围守护着。"我由衷觉得，由人手做成、经人手使用的日常器物上带着记忆：制作瓷器时手艺人的手指动作，时而细腻时而粗犷的分寸拿捏，手艺人全心投入的忘我一刻，施展在细节上的技巧和匠心，身心的凝聚，肉体的劳苦，造物时的欢喜，生活的艰辛；在渐渐成形的瓷器边上玩耍的小孩子们的欢笑声，摆满待烧瓷器的大窑内的高温烈焰，水流声，飞过的鸟，微风吹过带来的温柔轻抚；争吵，怒吼，笑语喧哗；泥土的腥气与温度；扛起巨大瓷器的背夫身上的汗水与头顶的烈日；之后如何经过商谈与买卖，最终安稳地落定在一户人家的院落里，与主人一起度过的日常时间；日复一日，一族里长辈与小辈女人们伸进瓮里的纤白手臂，向瓮里窥看的眼神，映照进瓮里的无数表情。

"从瓷器里往外取泡菜时，有时心情特别好，有时正难过掉眼泪，这些欢乐与悲伤，瓷器好像都一一收容下了，因此每一个坛罐都让我觉得亲切无比。"无论时代如何变迁，政治与经济如何改变，有些东西始终不会变。或者说，有些东西不能变，不能丢弃，不能任它们消逝而无动于衷，我想这些东西就是普通百姓在日常生活里，辛勤打理着过日子的那份耐心。现代家用电器和石油化学制品确实方便快捷，但如果抛弃瓷器，就仿佛丢失了这份耐心，丢失了一种值得珍重的东西。

日本武士为何切腹而不自刎

张经纬

（在日本人的观念中，灵魂并不位于脑袋或心脏，而是在肚子里。）

日本民俗学创始人柳田国男曾经对"何谓日本"这一问题，只作出两点归纳："岛国"及"种稻"。除此之外，我们还能说出日本的许多特点，比如集体荣誉感，比如武士道，但有一点，我一直没想通：日本武士在战败捍卫尊严时，为何要切腹？同样是自尽，他们为什么不选择自刎？

美国日裔人类学家大贯惠美子有一本书——《作为自我的稻米：日本人穿越时间的身份认同》从某种程度上解开了我的这个困惑。当然，从名称上看，这本书的重点不是说切腹，而是说吃稻米。

既然稻米历来是亚洲的主要粮食作物，而日本人的祖先又是从东亚大陆迁居海岛的，那么，日本人爱吃稻米的事情，就不是什么稀奇的事情。

有意思的是，在日本人心中，稻米非同寻常。因为稻米是有"稻魂"的，而且稻魂不像一般动物、植物的灵魂，它和人的灵魂本质上是一类。这种稻魂有什么作用呢？作者举了一个日本皇室的例子，来说明稻魂的重要性：

　　一切可以追溯到一个名叫"大尝祭"的皇室仪式，这个仪式是在水稻丰收时由日本天皇主持的。它源自"尝新祭"，意思是品尝新米。天皇要吃新米的原因在于，天皇的"灵魂"经过一年时间，"在冬天膨胀，春天萎缩"，灵魂容易离开人体，要得到补充，才能重获健康。采补灵魂的方法，共有两种：一种是直接采自他人。作者引用了一个非常有震撼力的史实。在历史上，老天皇去世、新皇即位时，"新皇通常会咬已死天皇的尸体，以使后者的灵魂能够进入他的体内"。这让我不由得联想到，包括巴布亚新几内亚在内的太平洋岛民，在 20 世纪还流行着分享过世亲属尸体的习俗——为了让死者的灵魂在后代体内延续。

　　另一种方式，相对没有那么惊人，靠的就是食用稻米来补充灵魂。天皇"尝新祭"的本意，就是用稻米中蕴含的"稻魂"来充实自己的灵魂，所以这个仪式的重要性就可想而知了。而在日本人的观念中，灵魂并不位于脑袋或心脏，而是在肚子里。在古史《日本书纪》中有一个关于食物起源的传说，保食神被杀死的时候，"各种食物从尸体内涌现出来，腹出米，眼出黍，肛门出麦豆"。稻米起源的位置恰好就位于腹部——灵魂和胎儿的居所。

　　看到这里我恍然大悟，在日本古代文化中，稻米之魂补充人体之魂的交换区正好就是具有消化功能的肠胃。"灵魂被认为居住在腹部，因此，著名的男性自杀文化，就是男人剖开腹部以释放他的灵魂。"怪不得，日本武士自尽时，以切腹最为庄严，其实背后有这样一种信仰体系。切腹之后，从生理上讲，是因为失血过多及外部感染而亡；从心理上讲，则是灵魂流失，离开身体散逸而去。

　　这样来看，这本书的题目就能说得圆满了——作为自我的稻米——稻米中的"稻魂"构成了人的灵魂，那么稻米就不同于其他的食物，稻米在日本人心中的地位神圣，主要因为它是组成人"自我"的一部分。

　　所以，延伸到现代日本社会来看稻米，来看日本人观念中对西餐或面食的态度，就有了更深层的理解。日本人倒不是仅仅觉得西餐纯粹是外来事物、舶来品，口感不佳，不适合日本人的口味，而是非常本质地认为，西餐里很少有米。没有米，就没有"稻魂"，没有"稻魂"，就无法给"自我"提供补充灵魂的力量。这种观念很有意思。

鬼头刀与人性
苍　耳

　　封建王朝杀人用鬼头刀，并且还要在闹市杀，诸如菜市口，还要将要犯的头颅悬挂在城门楼上示众。不过，这砍头的传统并未因王朝的终结而退出，而是一直延续到五彩缤纷的民国。

　　近读美国圣公会传教士李通声夫人 Lucy 的回忆录《一个美国人在中国的旅居》，其中讲了民国时她在安庆经历的一件小事：当时皖省都督的一个小姨太对基督教感兴趣，Lucy 时常去督府见她，慢慢同皖督也熟了。有一次用人告诉她，前次杀人因鬼头刀不快，砍了十五刀才把那犯人的头砍下来。这让 Lucy 感到愤怒和恐怖。

后来，这事通过上海的报纸传到国外，对她热爱的中国构成一种羞辱。Lucy 立即到督府要求见都督。Lucy 要求都督至少应该把鬼头刀磨快一点。都督无奈地说，因为迷信，在安庆没有磨刀匠愿意磨鬼头刀。Lucy 于是请求都督换一把新刀。都督回答说，除非到上海去买。

她带着愤怒和失望离开都督府，对皖督仅有的一点好感也荡然无存；并且她的脑海中一直纠缠着那"十五刀"，那场面如同砍树桩一样，死囚那惨烈的呼叫如在耳畔。次日晚些时候，皖督告诉她订刀的电报已打到上海，并且在新刀到来前不会执行新的死刑。这让她感到一点宽慰，私下觉得这是一个小胜利。

事实上，砍钝的鬼头刀在当时并非仅此一把，应是相当普遍的了。因为反正都是砍头，过程是不重要的，刽子手和看客也不关心鬼头刀锋利与否，甚而连死囚也不关心这个，反正留下的都是"碗口大的疤"。

鬼头刀刃口是锋利的，背厚面阔，体量沉重，长于劈砍，似乎是专门用来杀头的。因为是送死囚进"鬼门关"，故在刀柄处雕有一个鬼头。问题是，刀砍头砍多了，再怎么也会出现缺口。哪个磨刀师傅愿意磨这种刀呢？20 世纪初，美国著名旅行家盖洛著有《中国十八省府》一书，其中写到在安庆见到的行刑场面。他写道，刽子手砍完头，赶忙跑回城里，将屠刀放在关公庙里洗干净，同时献上一份便宜的祭品，然后他燃放爆竹，以躲避任何不祥的兆头，最后他才去衙门领取应得的八百文铜钱。与此同时，在城墙上围观的看客会用高声呼喊和鼓掌等方式，将鬼魂挡在城外。

在贪吏横行、酷刑丛生的古老国度，人心结着厚茧，人性麻痹。笔者之所以对 Lucy 产生由衷的敬意，就在于这种鸡毛蒜皮的小细节，不可能在民国的总统、都督的脑海中出现。而 Lucy 完全可以置身事外地享受尊贵的生活，完全可以对那些与己无关的死囚不闻不问。这既不妨碍她的道德感，也不影响她传递福音的成就感。短暂的不快会迅速被好梦取代，问题是，那惨状一直缠绕在她的心头，令她寝食不安。

悲悯促使她采取了行动，尽管结局不可更改，但她改变了非人道的过程，哪怕只有几秒钟。这体现了真正的基督精神。那些宏大的礼拜仪典，远不如对那些必死囚犯的临终关怀更见人性，亦更见神性。Lucy 身上散发着真正的贵族精神的气息。

同样是女性，纳粹头号女战犯伊尔丝·科赫是一个美女，她被指控的主要罪证不是杀人数量，而是堆成小山似的精美艺术品：有钱包，有书籍的封套，有灯罩，每一件都光滑细腻，富有弹性，在光线照射下莹莹发亮，但那材料竟是一张张人皮——从尚未完全断气的活人身上剥下来的皮。同其他屠夫一样，伊尔丝·科赫也喜欢音乐，甚至哲学。她（他）们可以一边听着优雅的古典音乐，一边残杀自己的同类。由此看来，音乐和哲学这些修养并非人性和人的素质中最核心的部分。

不择手段是可以玩到极致的，也包括杀人的花样。据说太平天国翼王石达开为剃头室撰有一联，"磨砺以须，问天下头颅几许；及锋而试，看老夫手段如何"，倒鲜活地刻画出一些政客和造反者都同样冷血的本质。而且，更诡异的是，"头颅"竟成了造反或革命的"目的"，而"手段"则可以"各显神通"。试想义和拳等各种狂潮，无论宣言包装得如何正当、如何漂亮，最后无不以"老夫手段如何"分出胜负，又以"天下头颅几许"作为血的代价。

林语堂说过："我没有梦想，我也不梦想军阀不杀人，但只是希望军阀杀人之后，不要用二十五块钱把人头卖给被杀者的亲属。"

知名商标的来历和含义

佚 名

耐克

耐克标志"Swoosh"的本意是"嗖的一声"。1971年,28岁的平面设计专业学生卡罗琳·戴维森设计了这个标志，它代表希腊神话中胜利女神尼姬的翅膀。

现在，耐克标志甚至已经成为设计行业术语：这样的弧形线条代表着动感和速度。而卡罗琳·戴维森当时仅得到35美元的报酬。

星巴克

星巴克的标志可能是咖啡行业中最知名的商标。商标上的女子是希腊神话中的海妖。传说海妖通过妩媚的身姿和迷人的歌声引诱过往船只上的水手，然后将他们杀掉。成立于西雅图的星巴克公司认为，海妖是将咖啡海运历史与西雅图海港完美结合的理想主题。

在星巴克40多年的历史上，商标有过几次改动：最开始，海妖有赤裸的乳房，并将两条腿抱在手中；后来，海妖的乳房被长发遮挡，但仍露出肚脐；直到1992年公司上市，商标才变成类似现在的样子；2011年，星巴克的商标继续简化，使用至今。

苹果

平面设计师罗布·亚诺夫显然很容易就找到了设计灵感。他于1977年为苹果公司设计了商标。

但为什么这家公司取名为"苹果"，至今没有官方解释。常见的说法有两种：第一种认为，麦金塔电脑的开发者之一杰夫·拉斯金最喜欢吃麦金塔品种的苹果，他不仅用"麦金塔"命名了自己开发的电脑，也将"苹果"用于公司名称；第二种说法是，史蒂夫·乔布斯在苹果公司成立前是果食主义者，即只吃水果，当时为新公司起名已经耗时3个月，乔布斯威胁说，如果当天没人能给出好建议，公司干脆就起名为"苹果"。显然，好建议最终也没出现，因此公司被命名为"苹果"。

对商标上的苹果为何被"咬掉"一口的解释倒是很明确：设计师只是为了避免人们将苹果和樱桃混淆。此外，这里还有个微妙的文字游戏："咬"的英语说法为"bite"，与计算机术语中的单位"byte"（字节）的发音相同。

奔驰

奔驰的三叉星标志被认为是世界最知名的商标之一。它的三个尖角分别象征水、陆、空的机械化。这也是奔驰公司曾经追求的目标：为船舶、汽车和飞机制造发动机。

过去，几乎所有梅赛德斯车型的引擎盖上都立有这一可折叠标志。而如今，只有少数豪华轿车和旅行车仍立有三叉星，因为它们经常被人折断。

德意志银行

德意志银行支付给商标设计者的酬金远高于 35 美元。1974 年，来自斯图加特的通信设计师安东·斯坦科夫斯基获得了 10 万马克报酬，因为他画了"5 条线"。不过，斯坦科夫斯基为设计这一标志花了两年时间。

正方形代表安全，中间的斜线代表富有活力地向上发展。因此，该标志是对德意志银行口号的再现："在稳定环境下增长。"

推特

社交网络平台推特也追求增长。其"小鸟"标志代表传播。毕竟，小鸟通过"啾啾"的叫声相互交流，而"啾啾地叫"在英语口语里也是"传话"的另一种表达方式。

尽管公司成立时间不长，但"小鸟"标志已经有过一些改动。最大的变化可能是：从 2012 年开始，蓝色小鸟不再是水平飞翔，而是向右上方飞——这是对公司增长目标的又一比喻。

亚马逊

亚马逊是全球最大的互联网公司之一——这或许也得益于一个容易记住的标志。

不过，亚马逊商标成功的秘密并不在于黑色拼写的字母 amazon，而是下方的黄色箭头。箭头从字母 a 指向字母 z，代表的含义是：亚马逊提供从 a 到 z 的全品类商品。亚马逊网站上没有的东西，其他地方也买不到——至少亚马逊的目标是这样的。

谷歌

谷歌公司也使用简单的字母拼写作为公司标志。商标设计者、斯坦福大学教授露丝·凯达尔选择彩虹色作为字母的底色。前三个字母的颜色顺序是蓝色、红色和黄色，但之后的字母 L 使用了绿色，而非黄色。这一"意外改变"要带给人们这样一种感觉：在谷歌，一切皆有可能发生——公司不会墨守成规。

麦当劳

麦当劳公司的"金色 M"早已成为与众不同的标志。但最初这个"M"其实根本不存在。20 世纪 60 年代，这家汉堡快餐店的所有分店都长得一模一样：门前都有两个金黄色拱形。

据公司的两位创始人说，直到有一次他们从另一个角度观察入口的拱形，并意外地觉得它们像字母"M"后，两人才萌发了将拱形作为公司标志的想法。

1962 年，他们委托工程师和设计师吉姆·辛德勒将"M"设计成公司标志，并在没有大幅改动的情况下沿用至今。

必胜客

与麦当劳一样，必胜客的标志也源于其门店的建筑外观。必胜客标志并非一顶帽子，而是一间小房子的屋顶，因为 hut 一词在英语中的意思是小房子。

必胜客公司也知道很多人误以为标志上是一顶帽子。但公司在几年前的一份声明中说，要改变人们的误解可能需要花费重金，因为如此一来，要改变的不仅是店铺的房顶，还包括产品包装和其他很多方面。事实上，一个经常被谈起的、令人迷惑不解的名字也是一种不错的营销策略，索性不做变动。

紫色为什么成了王室专用色

蕙 子

在西方，紫色与王权的联系不可谓不深远。据说，埃及艳后克利奥帕特拉七世就十分迷恋这种色彩，她曾让手下把船帆、沙发等各种物品统统染成这种颜色。公元前 48 年，恺撒大帝来到埃及。恺撒在迷上艳后的时候，也迷上了这种颜色，并规定紫色为罗马王室专用色。而在拜占庭帝国，紫色更是尊贵，统治者穿紫色的长袍，签署法令时用紫色的墨水，甚至将宫殿修建成紫色，王室出生的孩子也被描述成"紫生"。

那么，这种在我们今天看来已经十分常见，甚至不怎么流行的颜色，怎么古人就这么喜好呢？还得从"提尔紫"说起。

"提尔紫"是古代欧洲服饰中紫色染料的来源。这种紫色可不是美术老师教我们的红色加蓝色就可以调制出来的，"提尔紫"需要从一种现在被称为染料骨螺的海螺身上提取。当然，这种海螺不是哪儿都有，它的主要产地集中在地中海。来自欧洲、埃及的王室要想购买这种染料，还得不远万里跑到推罗的古腓尼基城（现在的黎巴嫩一带）。

紫色染料不仅受到出产地和交易地的限制，而且它的制作工艺十分复杂。为了获得这种染料，染料师需要敲开海螺的贝壳，提取能分泌紫色色素的黏液。同时，得将黏液放在太阳底下晒一段时间，时间必须精确，因为晒的时间会影响色泽。从 25 万只染料骨螺中，只能提取约 14.17 克染料，刚好够染一条罗马长袍。稍微想一下就可以知道，在航海技术不怎么发达，还没有兴起人工养殖的时候，这么大量的海螺很难获得。

就算成功提取了这种紫色染料，还需要大量懂得利用这种紫色的古代染工。在东罗马帝国灭亡的时候，这门复杂的技术就失传了。

原料十分稀少，制作工艺繁杂，紫色理所当然地就成为"众色之王"了。这种颜色的衣料更是贵得离谱，不到半公斤紫色羊毛的价格比普通人一年的收入还要高。所以，它们也就成了权力和财富的象征，特供给埃及、波斯、罗马等国王室。

不过，你可别被这种色彩鲜艳又漂亮的紫色迷惑，它可真的就是传说中的"徒有其表"。据说，腐烂的染料骨螺要是与木灰一起，浸泡在尿液与水组成的混合物中，整个染料桶就会变得十分恶臭，以至于提取紫色染料的工序只能在城外进行，因为人站在旁边可能被活活熏死。不仅如此，这种紫色染成的华丽的贵族服装都会带有一股鱼类和海洋的独特腥臭味。所以，当那些王公贵族炫耀财富和美貌时，也不得不忍受这些恶臭。

幸运的是，这种残忍又令人反胃的生产过程被一位 18 岁的化学家拯救了。在 1856 年，化学家威廉·珀金合成了苯胺紫染料，取代了有异味的"皇家紫"。当第一批人工合成的紫色出现在市场上时，紫色终于走下了神坛。

超级英雄为何都爱三件套

李 丽

为什么影视作品里的超级英雄大多离不开紧身衣、披风、面具这三件套？

紧身衣

先说超级英雄的标配——紧身衣。这一时尚传统是从美国动漫历史上第一个超级英雄超人开始的。那超人又是学了谁的穿衣风格？超人造型的创作者杰瑞·西格尔和乔·舒斯特是从当年马戏团的大力士身上找到灵感的。1938 年 6 月，超人在《动作漫画》的创刊号上首度登场，从此开始其"内裤外穿"的时尚生涯。

无论是大力士还是超人，紧身衣都是展示其身材的最好道具。对当时的读者和后来的观众而言，他们能通过超级英雄的紧身衣轻松地感受到其壮硕的身材，以及大块肌肉中所蕴藏的力量。到今天，即使层出不穷的超级英雄已经拥有五花八门的超能力，但靠紧身衣的夸张设计来强化物理意义上的力量感这一传统，依然没有过时。

女性超级英雄也未能从这股紧身衣潮流中幸免。她们的紧身衣设计主要是模仿男性超级英雄战甲的设计套路，但在强调力量感的同时，女性超级英雄的紧身衣还大多格外强调女性的特征与曲线。

对那些没有超能力的超级英雄来说，紧身衣尤其赋予了他们自信和力量。在《新蝙蝠侠》里，"出道"不久的蝙蝠侠穿的便是一套自己亲手设计和打造的战衣，虽然不是太豪华，却有着皮革拼接的手工质感。

披风

最早的超级英雄喜欢穿披风，原因也与马戏团审美有关。披风的流行还有一个很实际的原因。超级英雄最早都是通过漫画的形式出现的，那么在画中，如何表现他们正在飞行呢？靠衣服来表现是最简单的方法。当然，紧身衣做不到这一点——不管风再大，紧身衣都能保持纹丝不动。但披风可以——向上飞行时，披风呈下坠状；降落时，披风则像降落伞一般在身后飘浮。

披风还有一种为人物增添戏剧性的功能。当超级英雄缓缓降落在人群中时，身后的披风将赋予他们一种特别的高贵感，仿佛在说："没错，我跟你们不同。"这一点在超人和蝙蝠侠等"老一辈"的美国DC漫画英雄中特别常见。此外，不论是DC宇宙还是漫威宇宙，万磁王等跟超级英雄们为敌的反派也特别喜欢身穿披风，因为这种装束更能彰显他们的与众不同和不可一世。

今天平民化的超级英雄越来越受到人们的欢迎，代表贵族符号的披风已经越来越少见了。当然也有例外。譬如雷神和奇异博士——前者是天神，原本就与人不同；后者是魔法师，他的披风实际上是一件拥有自我意志的神奇斗篷。

蜘蛛侠或许是最不喜欢穿披风的超级英雄了。想想看，他刚弹出蛛丝，蛛丝却黏在了披风上！而且穿着披风也不适合在高楼间快速移动。特别在城市里，一不小心披风就会被卷到各种车轮里。因此，在《超人总动员》里，超人鲍勃全家的共识就是，不要披风！

面具

面具的意义就是神秘和隐藏。对于蜘蛛侠、蝙蝠侠这类平日里想要在人群中掩饰真实身份的超级英雄来说，面具是必不可少的。

遮盖面容只是面具的表面作用，戴上面具的蜘蛛侠和蝙蝠侠还好似拥有了第二重"人格"。他们告别了懦弱、犹豫等弱点，瞬间变身为英勇、果敢的超级英雄。这种"我变强了"的暗示，在紧身衣、披风和面具这三件套合并使用时，效果尤为强大。

这就是符号的力量。这也是为什么超级英雄电影总是可以轻易更换演员的原因——只要面具对了，面具后面是谁其实没有那么重要。

戴上面具，蝙蝠侠是让哥谭市的黑暗势力闻风丧胆的义警，但脱下面具，他则是"除了钱什么都没有"的孤儿布鲁斯·韦恩。正因为面具的力量如此强大，那些有着痛苦过往或人格缺陷的超级英雄才格外不愿意将其脱下。在《新蝙蝠侠》里，蝙蝠侠每次脱下面具，露出苍白的面容，实际上都是一次灵魂袒露的过程。脱下面具这个动作，不仅暗示他愿意直面自己的内心，也表达其誓要揭开哥谭市华丽外表下腐朽内核的决心。

"口的文化"与"耳的文化"

[日本] 金文学

金英兰 编译

我的一个中国朋友K陪一个日本人N在中国游玩了几天，回来一见到我就说："哎呀，累死了！"我问他理由，K回答："我带着N旅行，却始终不知道他到底在想什么，真是很累！"

我和日本人N也是很好的朋友，N也出人意料地说很累，说K的话太多，要边听他说话边附和他，怎么会不累呢！

据N讲，日本人很难真正地与话多的中国人交往。日本人与韩国人之间也经常出现这种情况。为什么中国人、韩国人在与日本人交往时会感到很累呢？要想解答这个问题，只能从文化差异上寻找答案。

中国有"口才好"的说法，韩国也有"口才好""有口才""演说家"之类的说法，两国都没有"听才好"的说法。但是，日本有"善听"的说法，意思是倾听的能力强，善于听人说话。

如果说日本人善听是"耳的文化"，那么韩国人与中国人善说则是"口的文化"。中国人与韩国人在听对方说话之前，常常先把自己的主张摆出来，试图借此压制或说服对方。

韩国的电视剧中经常出现为说服对方而展开舌战的场景，而日本电视剧中则很少有那样的场景，甚至给人太静的感觉。大概因为日本人不愿说话而更喜欢听对方说话，所以中国人和韩国人认为想猜透话少的日本人的内心十分困难。

日本人这种"耳的文化"充分发挥其善于倾听的才能。日本人就是通过不声不响地学习中国文化和朝鲜半岛的文化，并把它们消化吸收为自己的东西，才创造了新的日本文化。

据说，中唐时，到中国留学的日本名僧空海听讲时精力特别集中。因此，中国青龙寺高僧慧果尽管门下有很多中国弟子，仍然把密教（佛教流派之一）的奥旨传授给空海。

"耳的文化"要求放低自己的姿态，谦虚地吸收其他文化。与此相对，"口的文化"不以听别人说为重点，而倾向于把自己的东西传播出去、教给别人。

因为有需要教的，所以产生了"口的文化"；比起教来，需要学的东西同样不少，所以形成了"耳的文化"。总而言之，有着深厚文化底蕴的中国是师傅级，而日本是徒弟级。

明治维新之前，日本长期奉行所谓"和魂汉才"的策略，努力向中国学习。近代以来，则是"和魂洋才"，转而学习西方文明。有一个能体现日本人学习本领的故事。当时，日本人从德国进口了精密机器，德国人得意扬扬地说："日本人知道了这种机器的先进功能后，一定会继续来订购的。"但左等右等，日本人也没来订货。德国人大惑不解，跑到日本一看，原来日本人早就研究制造出了新的机器，而且比德国货还要精美。

这种"耳的文化"造就了今天的日本。

瞬　间

[韩国] 禹智贤

王品涵 编译

绘画，与具有浓缩性、象征性的诗一样，可以敏锐地浓缩某些时刻的情感，转而以优美的形式呈现。这是二者类似的地方。

充满诗意的美国印象派画家约翰·辛格·萨金特的《康乃馨、百合、百合、玫瑰》，其实是以英国作曲家乔瑟夫·马钦齐所写的流行歌曲《花冠》中的副歌歌词为名的。我看着萨金特以充满诗意的感性笔触描绘的画作，不禁觉得，他其实是一位被称为"画家"的"诗人"。

光线朦胧的向晚时分，两名少女提着灯笼伫立于繁花绽放的庭园。散发着清新气息的绿草与盛放的花朵填满画面，搭配弥漫于空气中的林野的神秘感，巧妙地营造出惹人怜爱与奇幻美妙的氛围，让人宛如置身于梦境之中。

柔和的绿光色调，温暖了空气；隐约的烛光，映照出少女最美的瞬间。少女身着纯白衣裳、双颊泛红的模样，更显纯洁；若隐若现的情景，带领你我回溯往昔。

这幅画的背后有一段特别的故事。当时在法国巴黎备受瞩目的年轻画家萨金特，以一幅为戈特罗夫人所画的肖像画《X夫人》参加沙龙展后，即因画中人物性感的衣着引发轩然大波。

饱受怀疑目光的他为了摆脱是非，决心前往英国伦敦。后来，他因为和朋友在泰晤士河戏水，跳水时不慎伤及头部，被紧急送往附近的科茨沃尔德地区接受治疗。当地正好有座年轻画家聚集休憩的艺术村，萨金特深深为其宁静、优美的村景着迷，毅然决定待在那里度过余夏。

有一天傍晚，萨金特见到插画家朋友弗雷德里克·巴纳德的两个女儿提着灯笼穿梭于庭园中，霎时为此醉人的景象所倾倒。为了留住眼前所见，他随即铺开画布。然而，萨金特在作画的过程中面临着重大考验。他想留住的傍晚景象，是介于白天与黑夜之间的短暂时光。若想将此情此景收进画里，实属不易。他在写给妹妹的信中提及："这是一个困难到让我焦虑的创作主题，想重现如此美丽的色彩着实难上加难……而且当时的光线只持续了不到十分钟……"

那年夏天，萨金特倾尽全力在相同时间、相同地点作画，却始终没能完成作品；第二年，他重返故地，花了足足两年才大功告成。一年后，他在英国皇家艺术研究院的第一次个展上展出这幅画，此作不但好评如潮，还成为他东山再起的跳板。《康乃馨、百合、百合、玫瑰》是萨金特极具代表性的作品之一，至今仍受到许多人喜爱。他将画家的热情与执着，化成盛放的刹那，堪称"瞬间美学"的杰出代表。

萨金特笔下的少女是完美呈现"纯洁"的媒介。澄净、清澈的少女猛烈地启动了我们重返童年时期的开关。我看着画，发现那个单纯的我与现在的我是多么不同，又惊觉那个单纯的我与现在的我是多么相同……通过画，我们看见童年时的自己，想起那段早已模糊遥远的时光。各自经历了许多故事的少女，即便经过漫长岁月的洗礼，依旧是未曾改变的挚友；回忆朦胧的儿时情景，仍然叫人流连忘返。

我热爱这幅画的原因在于，它引领我回忆起珍藏于内心的过往样貌，单凭这一点，便足以让我愿意走进画里。绘画，从来不会放过回忆的每个瞬间；再私密的时刻，也能从绘画中反映出来，带着你我抵达难以碰触的心灵深处。即使时光匆匆流逝，每当回首忆起昔日的点滴，也仿佛自己乘着画作回到过去，又有了什么新的发现。即便只是一时意乱情迷的幻想，若能唤醒心底早已被碾碎的宝贵回忆，不也是难能可贵的吗？

一如日落月升，孩子终将长大成人，一切都在转瞬之间。即便置身于倏忽流逝的岁月长河中，也难免感到失落、空虚。但只要过程中有同伴相随，对我们而言就已是值得倚靠的幸福。

入眠与警醒之间

杨 照

这是一个因为失眠而在历史上留下大名的人。18 世纪中叶，俄罗斯派到萨克森宫廷的大使凯塞林伯爵雇了当地一位钢琴家哥德堡担任他的私人乐手。一天，这位伯爵无论如何都睡不着。或许是想起了自己常常在宫廷音乐会中打瞌睡的经历吧，伯爵就将哥德堡叫来，看他能否演奏什么催眠的音乐。哥德堡还真没接过这样的任务，试了几种不同的乐曲，都未能让伯爵入睡。

担心未来几天还要承担同样任务的哥德堡，便去向他的老师求救。当时在萨克森担任宫廷乐长的老师巴赫认为，恐怕得专门写一首曲子。伯爵同意支付四十个金路易，请巴赫写曲子，再让哥德堡在床边演奏。

四十个金路易换来的，是首连主题在内包括三十二个乐段的变奏曲。本来没有什么机会被后世记得的凯塞林伯爵，竟然因为跟这首曲子搭上关系而在音乐史上留名。还有哥德堡，也因此被后世铭记。

这个故事被反复传颂，不过是真是假却一直有争议。没有任何可信的史料证明这件事真的发生过，当然也没有证据可以推翻它。

如果从其他方面衡量呢？有一点或许可以支持这个故事。变奏曲这个形式，在巴赫的时代已经比较普遍了，可是在巴赫留下的众多作品中，变奏曲却极为稀少。除了这首《哥德堡变奏曲》，巴赫只写过一首"意大利风"的变奏曲。显然，巴赫不怎么喜欢变奏曲，或许正是因为他觉得变奏曲容易让人昏昏欲睡吧，所以接受委托写催眠曲时，他自然就选择了变奏曲形式。

还有，这首变奏曲具备惊人的数学齐整度。三十个变奏，每三个构成一组，虽然巴赫并没有标记速度指示，然而从乐曲内部可以清楚地感受到，每一组中的第一首都是较为快速激动、充满变化的；第二首则以较慢的速度呼应主题所展现的抒情性；每一组的第三首，巴赫明确地用卡农的形式表现，且公式化地让每一首卡农前后追逐旋律的音高差距愈来愈大。从一度同音追逐，到二度音、三度音，一直增加到九度差距。这样的规律变化，让本来就已经很具数学性的巴赫音乐变得更加严谨。或许他就是要用可预期的反复，来帮助伯爵渐渐进入梦乡吧！

然而，历来也有许多音乐家和音乐史家不买这个账。不相信《哥德堡变奏曲》是催眠曲这个阵营的大将之一，正是另一位与这首乐曲永远联系在一起的历史人物——钢琴家古尔德。

古尔德提出的反对理由之一是，只付四十个金路易，怎么可能换来巴赫这样一首长达三十个变奏，演奏起来至少四十分钟的庞大键盘曲？古尔德不相信故事真实性的更关键的一点是，听这样的曲子，怎么可能睡得着？

这首变奏曲，绝对不像表面形式看起来的那么工整、单调。巴赫在作品中尝试了不同的手法，完全看不出是为催眠而作。没有特别沉稳的音域，没有特别缓慢的节拍，没有避免激烈乐曲涌现的限制，音乐自由地流淌着，上下左右、无所忌讳地探索着不同声音的情绪，这怎么可能是一首让人听了会睡着的曲子？

的确，很多人在第一次听到古尔德弹奏这首曲子的录音时，都会忍不住坐直上身，认真地聆听。古尔德在 1955 年第一次灌录《哥德堡变奏曲》，从此一炮而红，这不但让他跻身著名钢琴家之列，而且让《哥德堡变奏曲》声名大噪，还改变了 20 世纪后半段巴赫音乐的演奏风格。

1955 年之前，巴赫键盘音乐的主流是由兰多芙斯卡带领的大键琴复古乐风。兰多芙斯卡参与设计、制造了能发出较大音量的大键琴，又练出一身将大键琴音乐性发挥到淋漓尽致的功夫，一时所向披靡，说服许多人，钢琴根本不适合用来呈现巴赫的作品。

然而，古尔德的录音一出，巴赫的音乐在钢琴上获得了新的生命。古尔德让《哥德堡变奏曲》中那么多不同的变奏听来都再自然不过，那琴音好像超越了演奏家，也超越了乐器，自己活着、动着。听到这样的音乐，谁还会觉得钢琴跟巴赫有隔阂呢？

古尔德一共留下了四个正式的录音版本，最常见的是 1955 年版和 1981 年版，前者演奏了三十八分钟，后者呢？演奏了五十一分钟！怎么可能有这么大的差异。但两个不同版本听上去同样自然，同样具有说服力。这或许就是古尔德演奏艺术最迷人的地方，也是巴赫钢琴音乐最迷人的地方吧！

为什么伤心的时候听慢歌

[加拿大] 丹尼尔·列维廷

林凯雄 编译

从古至今，无论来自何种文化背景，母亲都会唱歌给自己的孩子听。音乐能安抚婴儿，是因为听觉刺激与其他感官刺激不一样——声音能在黑暗中传递，即使婴儿闭着眼睛也没关系。声音仿佛是在我们的脑中产生的，不像图像是从外界获得。在婴儿的视觉感受器完全成熟（即能分辨母亲与其他人的模样）之前，他的听觉感受器已经能分辨出母亲的声音。

为什么母亲会不自觉地对婴儿唱歌而不是说话？为什么婴儿会觉得歌声听起来尤为安心？我们没有确切的答案。不过，神经生物学研究表明，音乐（而不是说话）会激发人脑中某些非常古老的部位，包括小脑、脑干和脑桥，这些部位在所有哺乳动物的脑中都可以发现。音乐有重复的节奏与旋律，这赋予它语言所不具备的可预测性，而这种可预测性能抚慰人心。

摇篮曲是最经典的安慰之歌。我们所知的大部分摇篮曲都有着相同的特点和类似的结构。第一，它们有实际用途，我们用摇篮曲来安抚别人而不是安抚自己。第二，它们有模式可循——摇篮曲通常以一个很陡的起伏开始，然后才慢慢舒缓下来，这是为了先抓住听众的注意力，再平复听众被撩起的情绪。当然，摇篮曲并不只是用来安抚婴儿的。新手妈妈在育儿过程中会有强烈的不确定感与担忧，唱歌既能安抚婴儿，也能安抚母亲。因为唱歌需要有规律、有节奏的呼吸，对母亲来说，这如同冥想。摇篮曲缓慢而平稳的节奏，可以稳定呼吸、降低心率、放松肌肉。

在焦虑、难过的时候，很多人都选择听悲伤的慢歌，这是怎么一回事呢？乍一看，快乐的音乐才能振奋人心。但研究结果表明，事实并非如此。我们在伤心难过的时候会分泌催乳素，这是一种具有镇静效果的激素。悲伤会造成生理上的变化，这种适应反应可能是为了帮助我们储存能量，让我们在受到创伤后重新规划未来。不过，化学分析表明，不是所有的泪液中都含有催乳素——它不在我们喜极而泣流下的泪液中，不在双眼干涩或受到刺激时分泌的泪液中，只出现在我们感到悲伤时分泌的泪液中。悲伤的音乐可以"骗过"我们的大脑，让它分泌催乳素来响应我们通过音乐想象出来的无害的创伤，从而调节我们的情绪。

除了神经化学层面，我们还能在心理学与行为科学层面找到更好的解释。在难过的时候听悲伤的歌通常能抚慰人心。研究人员表示："这基本上就是在说，现在有另一个人陪我站在悬崖边上了。这个人理解我，了解我的感受。"哪怕这个人是陌生人，这种关系也能帮助我们度过恢复期，因为仅仅是被理解的感觉，似乎就能让我们好许多。这也是谈话型心理治疗对治疗抑郁症效果显著的原因。

从巴比松到瓦尔登湖

林凤生

说起巴比松，读者也许知道，这是法国巴黎近郊的一个村落，紧挨着巴比松有一片美丽的森林，我国近代诗人徐志摩给它取了一个富有诗意的名字——枫丹白露。从 19 世纪 30 年代起，法国的一些画家陆续搬到此地居住，他们怀揣着大师的梦想，过着安贫乐道的日子。其中许多人一生贫困，直到去世才得到社会的承认。

发现世外桃源的柯罗

第一个发现此地的是法国画家卡米勒·柯罗（1796—1875）。柯罗生于巴黎一个小商人家庭，父亲在罗浮宫博物馆附近开了一家帽子店。从小就喜欢绘画的柯罗不愿意经商，父亲拗不过他，答应给他生活费，让他过自己喜欢的生活。

1822 年，柯罗曾经去意大利学画，户外的写生经验让他受益匪浅。原来的绘画都使用"本身色彩"来上颜色：叶子是绿的，草是青的。殊不知在阳光下，万物的色彩变化无穷。一种颜色通过混合，可以生成几十种甚至更多的层次变化，没有经过训练的眼睛是无法辨识的。柯罗却能够把握极其细微的变化，因此，他的画不仅其他人难以模仿，就是他本人也很难完整复制自己的旧作。

1830 年的一天，柯罗背着行李来到枫丹白露森林，画了几幅速写以支付食宿费用。为了感谢当地人的热情，他说自己没有钱，就为大家唱一首歌吧！回到巴黎后，他向画友展示了几幅在巴比松的写生作品，并告诉他们那里的生活是那样的舒适和安宁。不久，画家卢梭、迪亚兹等搬到此地安家落户。大画家米勒及其家人虽然最晚到这里定居，但一住就是 26 年。

在美术史上，被津津乐道的巴比松画派画家主要有柯罗、米勒、迪亚兹和卢梭等七人，也称"巴比松七子"。其中，在艺术上最有成就的当属柯罗、米勒和卢梭。

柯罗的作品《蒙特枫丹的回忆》，画的是巴黎北部桑利斯小镇附近的一个地方，柯罗曾经去过那里，留下了美好的回忆。画面上微风轻拂、晨雾缭绕，清静的湖面上是梦幻般的倒影，一个母亲正带着孩子在采摘——是梦境还是现实？这也许是柯罗梦想的世外桃源吧！

柯罗为人厚道，乐于助人，在他 60 岁后，他的画卖出了大价钱，但他仍然过着简朴的生活，时常把钱捐助给贫困的画友，所以大家都称他"柯罗老爹"。

隐居田园的农民画家米勒

米勒是巴比松画派中最有成就的大家，生在农民家庭的他从小就在田里干活。一次，他看到一本《圣经》，就照着插图的样子画起来。乡亲见他在这方面有灵气，就凑了点钱送他到巴黎学画。老实内向的米勒不善于与城里人打交道，也不习惯城市生活，平时只能够靠画一些小作品来维持生计，生活过得相当艰难。巴黎城内唯一能够吸引他的地方就是罗浮宫博物馆，他常常在米开朗琪罗等大师的画作前驻足欣赏，被深深吸引而流连忘返。

1849 年，米勒的一幅画作被人买走，他用这笔钱做盘缠，举家搬到了巴比松。定居巴比松后，米勒依然亲自下田劳动。他喜欢观察田间干活的农民，画了许多速写，然后在家里完成油画，当需要模特的时候就让妻子为他摆个样子。

《播种者》是米勒在巴比松定居后的第一幅作品，后来他把这幅速写稿改成了油画并在巴黎的艺术沙龙展出，引起一片哗然。以农民为主角的画，挂在艺术沙龙里显得不伦不类。但是米勒并不理会这些，面对各种批评，米勒说："看见了命定非汗流满面不能生活的人时，把心中的感想率直地描写出来，难道是不可以的吗？有人说我反对乡村美，其实我在乡村所发现的比美更多。"

在米勒的另一幅作品《嫁接树木的农夫》中，年轻的农民夫妻站在自己干净整洁的农舍前面，丈夫正在给树木嫁接，妻子抱着孩子在一边看着，画面展现的是农民拥有小块田地的幸福生活，日子过得平淡而惬意。米勒的父亲就是这样的农民，但是随着农业产业化的发展，这样田园牧歌般的风景已经一去不复返了。

简朴生活的真谛

在巴比松画家生活的年代里，巴黎已经成为欧洲大陆政治、经济、文化和时尚消费的中心。原来生活在广大农村里的农民纷纷涌入巴黎，实现了他们做城里人的梦想。在这个时候，米勒等画家却偏偏离开都市搬到乡下去，这是为什么呢？这些画家凭着自己的画技，只要肯迎合市场，想在城里生活是不难的。他们执意要去巴比松，除了热爱自然，坚持自己的创作风格之外，喜欢过简朴的生活也是一个主要原因。

1845 年，美国作家梭罗从哈佛大学毕业后来到偏僻的瓦尔登湖，自己动手盖起了一间小木屋，耕地种菜，砍柴钓鱼。在两年的时间里，他每个月只花 1 美元，维持着极其简朴的生活。他把所见所闻和亲身感受写成了《瓦尔登湖》一书。在书里，我们看到梭罗并没有因物质匮乏而窘迫，相反，正是由于他舍弃了一切身外之物，才有精力潜心研究自然、探索人生，书中洋溢着一种淡泊、宁静之美。

　　事实上，简朴生活不仅可以保护我们赖以生存的自然环境，就个人而言也是一种明智的低碳生活方式。孔子曰："饭疏食饮水，曲肱而枕之，乐亦在其中矣。"《庄子》《蒙田随笔》《徒然草》等名著对此都有十分精彩的论述，这些论述让我们受益终生。在这些至理名言里，我最喜欢吾师丰子恺的话："这个世界不是有钱人的世界，也不是无钱人的世界，它是有心人的世界。"话虽然说得平和，却蕴含着隽永的人生哲理，耐人寻味。

•••历 史•••

古代中国人的身高是多少

张 嵚

中国古代野史演义里一个常见的豪横桥段，就是"炫身高"。

比如古典名著《三国演义》里，但凡牛人出场，都要报身高。白脸曹操身高七尺，爱哭的刘备身高七尺五寸，猛张飞身高八尺，红脸汉子关羽身高九尺。出场没多久就领盒饭的华雄，同样有九尺高。按照现代标准，哪怕最矮的曹操，身高也达到2.3米，放篮球队里可以做中锋。"身长九尺"的关羽，身高更是近3米，"温酒斩华雄"那一仗，等于是两个"三米大汉"在血拼……而放在正史记载里，许多古代人物的身高也是让人一换算就吓一跳：比如《史记》里的西汉开国功臣郦食其，出场时就是"年六十余，长八尺"。这何止是个"高阳酒徒"？简直是个巨型大汉。周游列国的孔夫子，也是个"九尺有六寸"的大汉。也就是说，如果把古代名人组个团，那就是个能碾压篮球明星的"巨人团队"。

这震撼一幕，也让很多"历史票友"发出"古人个子真高"的感叹。有些好事者还开启"沉痛反思"模式，追问"为什么中国人变矮了"。相关的奇谈怪论，多年来衍生不断。

不过，古代的度量衡换算，其实和现代出入颇多。比如秦汉至三国时期的"一尺"，并非我们今天熟悉的0.33米，相反只有0.23米左右。这么一换算，许多古代名人们看上去无比豪横的身高，也就大大缩水：曹操1.6米，刘备1.73米，张飞1.8米。倒是关羽、华雄、孔子等人，拥有着2.07米以上的身高，即使放在今天，也算是巨人。

而比起正史、野史里记载的数据，真实的古代中国人身高又是什么样的？首先比较准确的，就是考古数据。以北京西屯墓地的考古数据为例，当地共发掘出从汉代至明清年间的400多座墓葬。以墓葬里的人骨标本推算：此地汉代男性的身高在1.44米到1.54米之间，即使是相对较高的清代男性人骨标本，其身高也只在1.59米到1.6米之间。即使是《三国演义》里"比较矮"的曹操，放这里都称得上高。

如果放在全国范围看，以20世纪80年代国家考古部门的权威数据：中国各地秦汉墓葬里的人骨标本，平均身高约为1.66米，而隋唐宋元明清的墓葬里，这一数据则为1.67米。相比之下，1979年至1980年，中国18岁至25岁的城镇男女青年，平均身高分别为1.7米和1.59米。单看这个对比就可以说，"中国人变矮"是个伪命题。

那这些考古成果，又能否代表古人的真实身高呢？同样能生动说明古人身高的，还有古代军队的征兵标准。

在历朝历代的古代军队里，身高常常是硬性条件。比如战国时代的战车兵和骑兵，对于身高都有严格要求。《六韬》里记载说，当时的战车兵必须"取年四十以下，长七尺五寸以上"，也就是身高"七尺五寸"且40岁以下的士兵。骑兵则要"长七尺五寸以上，壮健捷疾"。可见除了要强壮能跑，"七尺五寸"同样也是硬标准。那"七尺五寸"又是多高呢？按照秦汉时代的度量衡，换算过来约为 1.73 米。

发展到"国家养兵"的两宋年间，那些享受着优厚待遇的"大宋禁军"，入选时的硬性条件同样是身高。宋朝禁军的身高，从"五尺五寸"到"五尺八寸"分为 5 个等级，以宋代度量衡换算，也就是在 1.71 米到 1.8 米之间。之后的元明清三朝的军队，也基本沿用了这个选兵标准。"世界第八大奇迹"秦始皇兵马俑坑里，兵马俑的平均身高也在 1.77 米左右。

也就是说，倘若穿越到中国古代，身高达到 1.7 米，那就是标准的"大个子"。

那这样的身高水平，放在同时代的世界上又是怎样的呢？明末造访中国的传教士利玛窦在其文集里就认为，中国不但"远比欧洲富裕得多"，中国人的身高也"较我们（欧洲人）高一些"。哪怕到了 19 世纪下半叶，欧洲多国的征兵标准依然是 1.66 米，低于中国宋代禁军征兵标准。1889 年波兰军人的平均身高，更是只有 1.62 米左右。

甚至这"身高问题"，还成了近代中国对外战争里的沉痛注脚：1895 年的甲午战场上，当清朝陆军被日本陆军打得全线崩溃时，日本随军记者还嘲讽说"清军个头很高，但完全不使用白刃战，每到白刃战，他们……一溜烟逃跑"。1900 年，当八国联军肆意践踏北京城时，八国联军司令瓦德西还在北京各处城门派遣医官，对过往中国人强行进行体检，结果却让他震惊：95% 的北京男性市民，在身高与健康状况方面，都符合德军的入伍标准。

也正是这一结果，令瓦德西在写给德皇的信里，做出了一个著名的论断："我们西方人对于中国人民，不能视其为已经衰弱的，或者是已经失去德行的人，他们仍然充满生气，勤俭巧慧……"

但是，也正是从这一时期起，中国人与西方人的"身高对比"，差距迅速拉大。在经济民生严重困顿，老百姓营养水平严重低下的旧时代，中国人的平均寿命一度只有 35 岁，医疗救治也严重落后。在苦难的时代里，人民的身体素质自然无法得到保障。

比如抗战时期的国民党军人，在当时的英美"盟友"眼里，一大形象就是营养不良，身体素质差。1943 年时，国民政府曾送 1800 名新兵到兰姆伽（中国驻印军的大本营和训练基地）受训，结果竟有 68% 的士兵因体格不达标而被淘汰。这还是号称优中选优的"中央军"，普通老百姓的营养水平可想而知。据民国学者统计，单是 20 世纪 40 年代的上海，14 岁左右青少年的平均身高，竟比 10 年前的同龄人矮了 5 至 8 厘米。

反而是同时期的西方国家，随着科技、经济的发展和营养水平的提高，国民身高也突飞猛进。以西方学者的统计，从美国建国到 20 世纪 80 年代，美国男子的平均身高提高了 8 厘米。而从 19 世纪末到 20 世纪中后期，欧洲男性的平均身高更提高了 11 厘米。我们关于"欧美人身材高大"的印象，基本都来自这一时期。

但在今天，随着中国的高速发展，中国人其实也在快速变高。以《柳叶刀》杂志的统计数据，从 1985 年到 2019 年，中国男性的平均身高增加了近 9 厘米，女性的平均身高增加了近 6 厘米，中国 19 岁男性的平均身高更冲到了 1.75 米，排名东亚第一。可以相信，这样的变高依然在快速进行中。

"中国人有没有变高"的问题，不仅是一个生理问题，更是古代生活水平的写照和近代中国多少兴衰记忆的生动缩影。

收藏头发的历史

[美国] 库尔特·斯坦恩

刘 新 译

对于收藏家来说，头发代表着其主人的灵魂。通过收藏头发，收藏家觉得他们拥有了头发主人的一部分。在许多文化中，头发都象征着一个人的生命力。在各种神话里，人们也能发现这种描述：灵魂寄宿于头发，既能依附于身体，又能从身体中分离。比如，希腊神话中的摩涅莫辛涅女神就把她那些非凡的记忆贮藏在长长的头发里。在《圣经》故事里，参孙的力量不是来自肌肉，而是来自头发，当他的爱人把他的头发剪掉后，他便失去了神力，直到头发重新长出来，才恢复力量。在日本的传统文化里，相扑手的力量也寄宿在头发里，当他们在退役仪式上剪掉长头发时，就表明其职业生涯正式结束。

许多人认为，人类的灵魂与头发有莫大的关联，伤害一个人的头发就能伤害这个人的本体。西非的约鲁巴人会小心翼翼地看护他们剪下来的头发，唯恐居心叵测的人收集寄宿于头发中的灵魂并以此操控他们。头发还被用来诚心祈愿。日本的女性会在神殿中献上自己的头发，以祈求爱人平安归来。

长久以来，人们都把头发作为记忆的存储器或宗教物品来爱护，但其魅力真正开始普及是在英国内战时期国王查理一世被处死后。支持过国王的市民在佩戴的饰品上镶嵌着已过世的统治者的头发，既表现哀悼之情，也表达一种政治诉求。很快，这一习俗超越政治范畴，人们开始为自己的亲人做类似的悼念饰品，通常是一个悬挂在黑色丝绒带上的小金盒。盒子表面装有亲人的头发，头发会被摆成代表死亡的符号，如一个小棺材、骷髅、沙漏或掘墓人的铲子。镌刻在盒子中心的是死者的名字。其中，维多利亚女王是使用这种悼念饰品最著名的人物之一。在丈夫去世后，她把他的头发装进挂坠盒、坠饰和戒指里随身携带，并从中得到一些慰藉。

也许是受到维多利亚女王的影响，19 世纪的美国妇女也开始重视头发的精神属性。对她们而言，剪掉的头发可以起到传递友谊、爱、哀悼和维系家庭纽带等作用。她们把亲人的头发放进佩戴的饰品中，挂在墙上的相框里或夹进桌子、书架上的相册中，以此让亲人每天都陪在自己身边。

交换头发对恋人们也有重要意义。在关系要好时，人们会佩戴爱人的头发，一旦激情耗尽，作为信物的头发也立即变味了。看看英国诗人约翰·多恩在 1633 年写的诗《葬礼》吧。在这首诗里，被拒绝的人要求"无论谁来装殓我，请勿弄脱，也不要多打听，我臂上那卷柔发编的金镯"。缠绕在他手臂上的发环来自他曾经的恋人，现在她却对他如此决绝。在最后一行，他轻蔑地说："你不救我全身，我埋葬你的部分。"在这段逝去的爱恋里，头发不只是爱情的象征，更是曾经的恋人真实的一部分。所以，在最后，他以此复仇。

总统演讲背后的事

落 雪

美国前总统奥巴马演讲水平为什么这么高、这么煽情？特朗普为什么总是口无遮拦？事实是，这一切都是在"演戏"，而且是认认真真、一丝不苟地演戏。

就连奥巴马对他老婆说"我爱你"这3个字，都是照着稿子念的，而且是照着提词器标注的眼神和语气念的。眼睛以45度仰角含情脉脉地望着他老婆，也是有人在耳麦里指挥他这么做的。

在白宫有一个特殊的房间，那是奥巴马撰稿团队的办公室。奥巴马用的是一个35人的撰稿团队，一旦接到撰稿任务，这35个人就开始进行头脑风暴。

工作分为6个步骤

美国总统演讲撰稿团队的工作可分为6个步骤：

第一，列要点。首先分析听众是谁，分成各个群体，然后罗列各个群体想听的话题、不想听的话题、不想听也必须讲的话题。把这些要点都罗列出来，分门别类给出答案。

第二，做排序。根据演讲的逻辑、重要性、关联度、覆盖度等，进行排序，分出轻重缓急、核心问题和非核心问题。

第三，做取舍。根据演讲的时间、听众的接受度、平均年龄等情况，精选几个话题。

第四，包装、润色、打磨初稿。确定了话题后，35人的团队中有的人就撤了，剩下的开始撰写基础材料。然后，御用的修辞专家会对初稿进行口语化修饰，提炼中心句，提炼题眼金句。

第五，个性化调整与模拟演练。熟悉奥巴马的语速、语气、眼神的成员，还有修辞专家、声音专家、形体专家，为奥巴马精心打磨演讲稿。美国总统的稿子是用A4纸横向打印，一半是文字，一半是注解。注解什么呢？比如：此处，望着第四排中间那位80岁的老太太，眼神要充满忧伤，等等。

第六，现场指挥放光彩。在演讲现场要提前布置提词器（玻璃板），总统面前左右各布置一个。演讲现场的高空有一个中央控制室，有一个总指挥，按照稿子，用耳麦指挥演讲者。

比如，奥巴马的某次演讲，中央控制室的总指挥指挥着奥巴马的一举一动：总统上场，沿着地上的黄线走，微笑，向右边招手，走3步，向左边招手，再走3步，挥动双手，到红叉处停步。

总统，请再一次挥动双手，左转，右转。好的，请以45度角仰望天空，开始演讲。好的，3秒过后，请你凝视4号机位，微笑，露出8颗牙齿……

用逻辑思维来撰写演讲稿

总统的演讲首先要符合听众的心理，这不是总统的自我感受，这是用科学的方法统计、分析、推导、论证出来的。不符合逻辑的一定要敢于舍弃，不是你想讲什么就讲什么。

建立好逻辑和讲话框架后，再交给专业的修辞团队来精心打造。

简单地说，就是要给这副骨架穿上两件衣服：道德的外衣和情感的内衣。

最后还有一道关口，这就轮到注意力曲线管理专家上场了。要牢牢地把控注意力曲线，让全场观众始终关注你的讲话，听得进去，同频共振。注意力曲线管理有很多技巧，比如，美国总统非常喜欢用"突然的静默"这一招——当总统发现观众有些疲劳，会突然静默一两秒钟，这样反而会吸引观众的注意力。

奥巴马的演讲是精心策划的，特朗普的演讲是不是满嘴跑火车啊？错，大错特错。特朗普也是雇用了美国专业的撰稿团队。不信你看，特朗普每次说出惊人的话语时，都死盯着提词器看，有点正经的话，反而像是他自己说的。

所以，听美国总统演讲，不管讲得对不对，至少你要佩服人家的精心策划。

白宫是座什么宫

周　斌

"白宫是我和唐纳德住过的最小的地方了。做总统真难，但我们还是将就了。"特朗普当选美国总统后，新晋第一夫人貌似并不开心。

在全世界的元首官邸中，美国白宫无疑是最受瞩目的一处。正如乔治·布什所说，这里不只是总统权力的象征，它就是世人眼里的美国。

营建之初：总统家没柴烧

1792 年 6 月，一位名叫詹姆斯·霍本的爱尔兰年轻建筑师身着礼服前去费城拜见美国第一任总统乔治·华盛顿。

乔治·华盛顿对总统官邸的要求是：它是国家公仆的居所，绝不能是一座豪华的宫殿，无须高大，只要宽敞、坚固、典雅，能给人一种国势蒸蒸日上的感觉就行。但华盛顿本人没有等到官邸建成，就于 1799 年 12 月 14 日在弗农山庄辞世。1800 年，官邸才交付使用。当年 5 月，时任总统约翰·亚当斯下令军政各部从临时首都费城迁往华盛顿城。

刚刚建好的总统官邸，"连最起码的栅栏、院落或者其他可以使用的东西都没有"，亚当斯总统的夫人牢骚满腹，只好在东大厅里拉起晾衣绳，她把这套房子比作"光秃秃的、巨大而丑陋的建筑"。北美的冬天，天寒地冻，总统家只好生起数个壁炉，但是因为没有足够的人手去砍伐和搬运木柴，取暖依旧很困难。

第三任美国总统托马斯·杰斐逊极为推崇民主政治，主张白宫完全向公众开放，任何一个素不相识的访客都可以直接信步走进他的办公室，跟他握手喝茶。

第四任总统詹姆斯·麦迪逊执政期间，第二次英美战争爆发。1814 年 8 月 24 日，华盛顿沦陷。麦迪逊总统夫妇直到最后一刻才撤离官邸，第一夫人临走时从墙上摘下了华盛顿的肖像、《独立宣言》的原件以及一批珍贵的历史档案。这是迄今唯一一次美国总统官邸陷于敌手。英军纵火焚烧总统官邸，幸好天降大雨，官邸才没有被完全烧毁，但墙壁被完全熏黑。战火过后，官邸重建，当年的建筑师霍本重新被礼聘，霍本用白漆粉饰建筑过火痕迹，官邸从此始成白色，设施也逐步配备到位。1834 年引入泉水结束了外出拉水的日子，1853 年安装了取暖设备，1877 年海斯总统建立了一座图书馆，1882 年有了第一架电梯，不久后架设了电线，灯光从此照亮官邸。

1901 年 9 月，麦金利总统在纽约州出席一个盛大的音乐会，在与客人握手时遇刺身亡。从此，白宫停止了总统与普通民众的亲密接触。

"林肯卧室"和"椭圆形办公室"

林肯住在白宫的时间不长，但他对白宫的影响却最大。林肯亲民，据记载，他曾在一次晚会上与 6000 人握手。

1865 年 4 月 9 日，南北战争结束。华盛顿的人们不约而同拥向白宫，等待总统演讲。林肯来到白宫外，一手拿着蜡烛，一手拿着演讲稿，语气沉重，号召人们让那些叛乱者安全回家，宽恕他们，让这个国家重新联为一体。林肯赋予了这座原本普通的官邸某种神圣的意义。有白宫研究者称，要不是林肯住过，单就建筑本身而言，白宫很可能在 19 世纪中后期就被废弃了。

为了纪念林肯，白宫开辟了一间"林肯卧室"，它位于白宫主楼二层东侧。直到现在，入住林肯卧室还会作为一项荣誉，为特殊的总统贵宾敞开大门，据说大多数人躺在那张床上会激动得彻夜难眠。

1902 年，西奥多·罗斯福总统下令修建白宫西翼，将办公区与生活区分开，并首次决定用"White House"（白宫）来命名这座总统官邸。1933 年，身有残疾的富兰克林·罗斯福增建了白宫东翼的配楼，又进一步扩大了白宫西翼配楼，在西翼的南侧，紧挨着玫瑰花园，设置了全美最著名的房间——椭圆形总统办公室，它是总统正式的工作空间。

"白宫的囚徒"

虽然白宫的生活还不错，但置身其中的总统们却常常自称是"白宫的囚徒"。

白宫防卫严密，堪称世界首脑官邸之最。有三道防线拱卫白宫，最远一道是安德鲁斯空军基地，位于白宫 10 多公里外的马里兰州，8000 人的战斗序列装备有先进战斗机和"空军一号"，负责防空，美国联邦航空局以华盛顿纪念碑为中心划了一个半径 25 公里的禁飞区；第二道是华盛顿陆军基地，那里有陆军仪仗队，是总统近卫军，一旦有事，迅速增援；第三道防线由特工组成，白宫内约有 2800 名特工，每天 24 小时值班，保卫总统及副总统的安全。

白宫周围有一圈坚固的水泥围墙，墙上有灵敏的报警系统，即使是动物攀爬也会触发警报，地面上则安装了红外线传感器。白宫大门用的是防撞材料，门前还有 60 厘米高的水泥隔离墩。白宫外的草丛、花丛、照明设备中都藏有小型监视器和传感器。白宫内的 132 个房间，各方向共装有 147 扇防狙击玻璃窗和无数报警器，确保总统及其家人安全。总统的办公桌下有个按钮，只要用膝盖轻轻一碰，特工就会蜂拥而至。卡特有一次把报警按钮当成冲水开关按下去了，导致大批特工持械冲进洗手间……白宫内还配有武器库，各类枪支、地对空导弹、防化装备、肩扛式火箭发射器等应有尽有。白宫地下建有数个坚固工事，备有充足存粮，足以抵御核攻击，危急时刻总统及内阁可以转移到地下工事继续发挥领导作用，不但能通令全国，还可以指挥千里之外的核潜艇和导弹发射井。其中最有名的要数白宫东翼地下 6 层楼处的 PEOC（总统紧急行动中心），由罗斯福总统始建于二战期间。2001 年 9 月 11 日，世贸双塔、五角大楼遭袭，时任总统布什、副总统切尼等白宫高官立即进入该地堡，政府继续运转。

严密的防卫让总统们有时也很不爽，尼克松就曾发过飙。他酷爱吃鲜河蟹，但白宫百余名技术专家的规矩是想吃得先化验。化验范围从空气到食物，凡是跟总统有接触的都跑不掉。空气每小时一检，食物在烹饪前必检，先是用荧光设备检验，有疑点的照 X 光，生鲜食品要切片化验，这一折腾活蟹早就死了，哪里还有河鲜之美，尼克松曾气得把手里的刀叉当飞镖甩出去。

如今，白宫虽然规矩越来越多，防卫越来越严，但作为民选总统的官邸，对美国公民仍然保持着最大限度的温柔。任何一个普通美国公民都可以申请去白宫特定区域游览，程序是先去所属州的联邦议员办公室预约，然后到白宫游客中心领取免费票，先到先得。

联合国秘书长是个什么职位

孙 天

联合国秘书长不是地球"球长"

虽然联合国秘书长在名义上是级别最高的国际公务员，但实际权力非常小。

联合国在 1945 年成立时就设立了 6 个主要机构，分别是联合国大会、安全理事会、经济及社会理事会、托管理事会、国际法院和秘书处，分别管理各项事务。由于联合国托管的最后一块领土帕劳已经在 1994 年独立，从那年 11 月 1 日起，托管理事会已经停止运作。联合国的秘书处其实是联合国在世界范围内所有行政机构的统称。

联合国秘书长除了负责带领分布在世界各地的 4 万多名联合国工作人员完成联合国的日常工作以外，还要执行安理会、联合国大会和其他主要机构托付的职责。联合国秘书长每年都要做联合国工作报告，评价联合国的工作，指出以后的工作重点。

联合国秘书长还经常要参加联合国各机构的会议，同各国领导人、政要及相关人员进行会谈，并奔赴世界各地进行访问，使各成员国了解联合国工作日程上各项值得关注的事情。

联合国秘书长比较有存在感的时刻，可能就是作为政治象征出现的时候，每当世界上有大事发生的时候，联合国秘书长都要以联合国的名义进行表态。

比如在朝鲜核试验之后，联合国秘书长潘基文当天就在纽约的联合国总部发表了声明，称朝鲜政府进行的核试验令人"深感担忧"。

当然，以上这些事务很多都是《联合国宪章》中要求联合国秘书长完成的，也是非常常规的。而在现实中，真正考验联合国秘书长的实际上是如何协调各国特别是各大国之间的矛盾以及平衡各成员国之间的关系，尤其是在他并没有什么权力的情况下。

联合国秘书长的权力究竟有多大

联合国秘书长实际上是联合国的象征。

看到这句话的时候，你一定会想到同为象征的国家主席。众所周知，我国的国家主席是一个国家机构，是国家的象征，并没有什么实权。同样，联合国秘书长也并没有什么实权。

遍览《联合国宪章》，写到秘书长权力的并不多，其中最显著的就是这条："秘书长可将其认为可能威胁国际和平与安全的任何事件，提请安理会注意。"通俗地说，就是联合国秘书长有权力把自己认为重要的事标红，以便让安理会看到。至于安理会有没有看到，看到后会怎么样，秘书长大人就管不了了。

此外，在宪章中还提到联合国秘书长有任命联合国相关人员的权力。但现实中，重要的副秘书长职位实际上长期被五大常任理事国把持，而秘书长的任命只是走个形式而已。这其实也是联合国的一大惯例，即美、俄、中、英、法5国都在联合国中有一个副秘书长的职位，近年两位来自中国的联合国副秘书长都是负责经济和社会事务的。

由于联合国秘书长本身并没有多大权力，在很多时候，联合国秘书长要通过自身的魅力在各国之间斡旋。1998年，安南亲赴巴格达与萨达姆会谈，并请萨达姆享受雪茄。萨达姆犹豫了片刻，最终决定接过去，并说："我从来不与联合国的人一起抽烟，你是一个例外。"安南的斡旋使得伊拉克核武器危机暂时化解。2001年，安南与联合国共同获得诺贝尔和平奖。

相比之下，潘基文的存在感就弱了很多。为了解决叙利亚危机，他多次给叙利亚总统打电话，但都被拒接。潘基文还在2012年任命前任秘书长安南为阿盟叙利亚问题联合特使以和平解决叙利亚问题。

联合国秘书长的工资和福利待遇怎么样

实际上，联合国秘书长享受着国家首脑的待遇。据韩国《朝鲜日报》报道，联合国秘书长的官方年薪约为23万美元。如果再加上供秘书长个人活动的办公费及警卫费，一年拿到手的钱会超过30万美元。

而据《纽约》杂志介绍，2006年联合国秘书长安南实际领到的年薪为34万美元。这比时任韩国总统卢武铉包括职务补助费和定额餐费在内的实际年薪20万美元高了不少，但比当时美国总统布什40万美元的年薪略低。

就和美国总统住在白宫、英国首相住在唐宁街10号一样，联合国秘书长也同样有着自己的官邸。它位于曼哈顿市郊，离联合国总部很近。联合国秘书长每天步行就可以上班。

该建筑是一座有后花园的4层连体别墅，木结构，总面积1300平方米。它原先是纽约金融家摩根为其女儿建造的，1972年被捐赠给联合国。

除此之外，联合国秘书长还享受着全天候24小时的安全保护。

来自历史的自信

林　达

　　记得在美国和一个德国朋友聊天，朋友提到，在三十多年前，战后出生的一代德国人有过巨大困扰。希特勒的暴行和战争都发生在他们出生之前，他们天真无邪地长大，却在青少年时期、接受教育的时候，突然了解了自己民族令人羞耻的历史。他们的国人似乎整体就是个罪人，他们的父母都回避这段历史，他们好像都应该去用头撞墙：我们的民族怎么了？怎么会有这样的国民性？

　　今天看到的德国年轻人，他们是充满自信的。他们的自信从哪里来？

　　在柏林，有一个本德勒建筑群。它是著名的第三帝国建筑，是原海军部的延伸。在"二战"期间，这里是德军司令部。现在，从一个楼梯上去，楼梯周围都是一排排头像，他们是今天德国人心中的英雄。楼上是一个信息丰富的永久性展馆，主题是德国对纳粹的抵抗运动。它收集了许许多多的人物故事：有反抗纳粹的犹太人；有协助犹太人躲藏和逃离的普通德国人，其中就有电影《辛德勒的名单》的人物原型；有宗教界、文化界人士的反抗；有自发的抵抗运动小团体，还有体制内的甚至军界的抵抗力量。

　　展览馆之所以设在这里，是因为这个展馆的一个房间，曾是在希特勒脚下安放炸弹的军官施陶芬伯格的办公室。导游的英语录音中说，1944年7月20日，施陶芬伯格刺杀希特勒未遂，就是在这间屋子里被逮捕，从这个楼梯被带下去，在下面的院子里，和共谋的另外三名军官一起被枪杀的。德军司令部的院子是四周楼房围起来的封闭空间，用一大片小方石块铺地，尽头是一片树林。树林前，就在他们就义的地方，今天存放着一个象征——一尊简朴的石雕全身像：一个裸体的、双手被捆绑在身前的、沉稳的人。

　　这个展馆虽然上了旅游书，却很少有外国游客光顾。它的解说语只有德语，主要面对本国人。这个展馆有很多放在墙边、角落的凳子，是给德国学生来这里上历史课用的。来的学生很多，一拨拨由老师带着，一个展厅一个展厅地上课。这里展示的是他们的英雄。德国是有英雄的，仅施陶芬伯格一案，被捕的就有约六百人，一个展厅一整面墙上都是此案被捕者的照片，其中仅几人幸存。参观的学生看到和自己一样的年轻人——汉斯·朔尔和索菲·朔尔兄妹二人发起的"白玫瑰"抵抗小组，他们和一批同龄人、他们的教授最后都被纳粹处以绞刑。他们是真正的德国人。

　　2005年，在柏林的勃兰登堡门旁，建起占地一万九千平方米的欧洲遇难犹太人纪念碑。在那里，随时可以看到一群群中学生在上历史课。德国人的自信来自正视自己的历史，也确立了象征真正德国精神的英雄。这些英雄追寻的价值，不仅是德国的，更是普世的。

日本街头拉行李箱的中国人

莲 悦

朋友从日本旅游归来，奉上伴手礼——一盒唐招提寺的天平香。我欣喜之余随口问了句："去唐招提寺是为了瞻仰鉴真？"朋友随口回了句："鉴真是谁？"

鉴真是谁？鉴真是生活在一千多年前唐朝开元天宝年间的高僧。鉴真五十五岁那年，接受了日本留学僧的邀请东渡扶桑弘法。在随后的十一年中，他六渡东海，历经生死劫难，最终抵达日本时，双目因为盐性海风的侵袭而失明。唐招提寺便是鉴真抵达日本后亲自主持修建的，寺院内至今仍供奉着鉴真的坐像。

旅游是非常私人化的活动，有人喜欢历史古迹，也有人喜欢自然风光，更有人将旅游简化为单纯的一个字——买。不过，对于今天的中国人来说，也许去任何地方以任何方式旅游，都不像去日本那样，会遭受各种口诛笔伐。连马桶盖这样难登大雅之堂的东西，也会在长假之后，成为人们唇齿间最生动的谈资。该不该去日本和去日本我们究竟应该游什么，居然成了一个令许多国人纠结的问题。

个人以为，国人前往日本疯狂采购各种器物乃人之常情。物美、价廉，这属于主妇经济学的范畴，完全不必上升到政治学的高度。当然，在日本除了购买精美的器物、观赏秀丽的自然风光、感受城市文明程度，其实对于中国人来说，还有更多有价值的东西值得一看。

比如鉴真主持修建的唐招提寺。

唐招提寺的金堂从一千多年前的中国盛唐一路走来，有着古朴的单檐歇山顶，屋顶的两端曾经安装着巨大的从唐朝专门运送到日本的唐式鸱尾。

鸱尾是中国古代建筑屋脊上的神兽造型。在西安的大明宫遗址博物馆中就陈列着几只新近发掘出来的唐代鸱尾。它们形制巨大，但线条流丽，在屋脊之巅，为庄重含蓄的单檐歇山殿堂平添了几分灵动。只可惜，唐招提寺金堂上的鸱尾因为是瓦制，早已破损，今天我们能看到的是多次修缮替换过的。

圣武天皇天平年间日本佛法兴隆，但佛教界没有一位具备三师七证可以受戒的高僧，又因大批流民混入佛教界，使得佛俗混乱，纲纪大坠。于是，日本佛教界求助于大唐高僧鉴真，希望他能东渡弘法传戒。一千多年前的唐代，东渡日本难如登天，百无一至，很多僧人都望而却步，只有鉴真毫不犹豫地接受了日本留学僧的邀请。

鉴真传戒时，日本的天皇、皇后、皇太子次第登坛受菩萨戒，这是日本佛教史上正规传戒的开始。日本天皇将新田部亲王旧宅送给鉴真作为建筑伽蓝之用。鉴真即指导弟子们开工建筑，两年后落成，即唐招提寺。在当时的日本，奈良的东大寺堪称"公立大学"，唐招提寺便是"私立大学"。更因为鉴真的缘故，唐招提寺的权威远高过东大寺。

日本著名作家井上靖为鉴真东渡扶桑弘法写过一部小说，名为《天平之甍》。"天平"，即指日本圣武天皇天平年间；而"甍"意为屋脊之巅，是古代建筑物的最高处。"天平之甍"是日本文化界对鉴真的最高评价，认为他带到日本的佛教文化代表了天平时期日本文化的最高境界。

中国与日本一衣带水，盛唐之时，日本的政治、经济、文化全面学习中国。经过了一千多年的历史变迁，在无数的天灾人祸兵燹之后，能遗留到今天的唐代木构殿堂，在中国仅余四处，皆在山西境内，其中有著名的五台山南禅寺正殿和佛光寺正殿。这四座建筑的建造时间都晚于唐招提寺金堂。难怪著名建筑学家梁思成先生曾感慨："对于中国唐代建筑的研究来说，没有比唐招提寺金堂更好的借鉴了。"

一千多年前，鉴真的弟子们曾苦劝鉴真，希望他能留在大唐。"山川异域，风月同天，寄诸佛子，共结来缘。"在小说《天平之甍》中，鉴真借此四句劝说弟子，决意东去弘法，终于将佛教戒律带到了日本。

今天，无数中国人踯躅在日本的大街小巷，拖着沉甸甸的行李箱。无论旅游的目的为何，但愿他们的心中也有一句："山川异域，风月同天。"将一份盛唐的遗风，与我们中国人自己的文化，带一点回来。

脱不得的良知

鲍鹏山

我不喜欢明朝，但明朝有一个人我却喜欢，这个人就是王阳明。

他有一个流传甚广的故事，硬要盗贼承认自己有良知。事情大概是这样的，盗贼问他："您说人人都有良知，您倒说说看，我们这群盗贼也有吗？"阳明先生肯定地回答："有。"盗贼说："证明给我们看。"阳明先生说："只要你们照我说的去做，我就能证明给你们看。"于是，阳明先生让他们一层层脱掉外衣、内衣，最后剩下一条内裤。阳明先生说："脱！"盗贼喊道："这个再不能脱了！"阳明先生笑着说："你看，这就是你们的知耻良知。"

这个"不脱裤子"的故事真的很精彩。阳明先生用一条不能脱下的裤子，证明了人类的良知。但是，此刻我突然想起明朝的另一个人来，他与阳明先生以及这些盗贼的选择不一样，他是"脱裤子"的，而且，因为他，明朝成了一个"脱裤子"的朝代。

这个人，就是朱元璋。

朱元璋热衷于使用了一种针对士大夫的刑罚，叫"廷杖"，什么叫廷杖呢？就是打屁股。他打屁股，有两个特点：一是在朝堂之上，当众打；二是脱下裤子，光腚打。据明清史专家孟森先生的说法，这是"明代特有之酷政"。为什么要打士大夫？为什么不在专门的行刑地打，而要在朝堂之上，当着文武大臣的面打？哪里不能打，一定要打屁股？打屁股为什么一定要脱了裤子？

其实，朱元璋要打的，不是"士大夫"，而是"士大夫"这个称谓前面的"士"，他需要"大夫"为之役使，但不能容忍"士"。因为"士"，从孔孟以来，其天命乃是"志于道"，乃是"仁以为己任"，而不是做皇帝的家奴。他们读圣贤书，所学的就是成仁取义，祖述尧舜、宪章文武、宗师仲尼，以道统约束政统。朱元璋乃隔世嬴政，岂能容下这些？于是，秦始皇焚书坑儒，明太祖廷杖棒臀。他曾经取消除曲阜外全国文庙的祭孔仪式，还发狠说要杀孟子，可惜他不能穿越。于是，他就杀孔孟的精神，你不是宣称"士可杀不可辱"吗？我就要折辱你们的士气，打掉你们的良知，剥夺你们的廉耻。我要打掉你们的"能忧心，能愤心，能思虑心，能作为心，能有廉耻心，能无渣滓心"。什么民贵君轻，打！什么民为邦本，打！最后，血肉模糊之中，个个俯首帖耳，人人犬马牛羊！"士"被打掉了，剩下的，是俯首帖耳的"大夫"；"道"没有了，只有他的"政"，从此，政统是人间绝对权威，权势乃是非的定夺准则！

王阳明碰到的强盗，认为裤子是不能脱的；而士大夫们碰到的朱元璋，却认为裤子是一定要脱的。这就是小贼和大盗的区别吧。王阳明拘捕了不脱裤子的小贼，却不得不对朱元璋这样脱人裤子的大盗三拜九叩，噫！《庄子·盗跖》云："小盗者拘，大盗者为诸侯。"信乎！

这段历史，说到底，就是脱掉裤子的无耻。

权势的敌人，说到底，就是人类的良知。

社会信任

吴　钧

美籍日裔学者福山认为，传统中国属于低信任社会，人们彼此间的信任程度很低，社交范围非常有限，不容易建立家族与政府之外的社团。但福山的这个论断，完全不符合宋代社会。看看宋人的笔记就清楚了。

宋人王明清的《摭青杂说》中记载，汴京（今开封）最著名的大酒楼樊楼旁边有间茶肆，"甚潇洒清洁，皆一品器皿，椅桌皆济楚，故卖茶极盛"，生意很好。更难得的是，这间茶肆特别讲诚信，专门设了一个小棚楼，收放客人在茶肆的遗失之物，"如伞、屐、衣服、器皿之类甚多，各有标题，曰某年某月某日某色人所遗下者。僧道妇人则曰僧道妇人某，杂色人则曰某人似商贾、似官员、似秀才、似公吏，不知者则曰不知其人"。客人丢失的金银，几年后仍能在这里找回。宋神宗朝时，曾有位姓李的士人在茶肆中饮茶，因为粗心大意，将数十两金子遗留在茶肆桌上，忘记带走。等想起来时，已是半夜。李氏认为这笔钱已不可追回，便不再到茶肆问询。几年后，李氏又经过这间茶肆，向茶肆主人说起几年前丢金子之事。主人仔细核对无误后，将金子如数奉还。李氏欲分一半给他，主人坚辞不受，说："小人若重利轻义，则匿而不告，官人待如何？又不可以官法相加，所以然者，常恐有愧于心故耳。"

又据《东京梦华录》，汴京有一个批发美酒的大酒店，只要那些酒户来打过三两次酒，便敢将价值三五百贯的银制酒器借与人家；甚至贫下人家来酒店买酒待客，酒店亦用银器供送；对连夜饮酒者，次日才将银器取回，也不担心有人侵吞这些珍贵的酒器。请注意，北宋汴京是当时世界上最繁华的大都市，毫无疑问，这是城市"陌生人社会"，而不是乡村"熟人社会"。许多人跟福山一样，以为中国传统社会无法建立起陌生人间的信任秩序，但北宋汴京呈现出来的淳厚风气应该可以修正这种偏见。

南宋的临安（今杭州）也是一个生齿繁多、商业繁荣的大都会，同时也表现出很高的社会信任度。据周密《武林旧事》记载："有贫而愿者，凡货物盘架之类，一切取办于'作坊'，至晚始以所直偿之。虽无分文之储，亦可糊口，此亦风俗之美也。"说的是，那些来临安做生意的穷人，可以到"作坊"预领货物、盘架之类，也不必垫钱，等傍晚卖了货物回来，再偿还"作坊"的本钱。这样，那些穷生意人即使身无分文之资，也能够做点小生意养家糊口。

南宋的另一个城市金陵（今南京）也具有同样的美俗。车若水的《脚气集》记述，有人在金陵"亲见小民有'行院'之说"，比如有卖炊饼的小商贩自别处来金陵做生意，一时找不到铺面与资金，这时候，"一城卖饼诸家"便会帮他张罗摊位，送来炊具，借给他资金、面粉，"百需皆裕"，谓之"护引行院"，而"无一毫忌心"。车若水在记录了金陵商人的"护引行院"习惯之后，忍不住称赞道："此等风俗可爱！"从宋人对身边社会生活的记述，我们可以发现，在宋代的商业城市，信任、帮衬陌生人已经形成了一种社会风气。

社会信任度的高低跟社会组织的发育程度成正比例关系，因为丰富的社会组织正好构成了交错的社会信任网络。不要以为中国传统社会只有基于血缘的宗族组织，在宋代的城市，已经产生了超越血缘的各类组织。金陵的"行院"是工商行业组织，所谓"护引行院"，即本行业互相保护、帮助的意思。临安的"作坊"，也是一个商业社团。借助发达的社团组织，宋人构建了一个交错纵横的信任网络，并且慢慢将人际互信沉淀为一个地方的社会风气、人情习俗。

理想的刑具

看 客

躲在羽绒服里安逸了一冬的脂肪，一到春天就无处可藏。为了赎罪，姑娘小伙子一个猛子扎进健身房。然而，世界上过得最慢的，就是跑步机上的时间。你以为跑了一个世纪，其实才过了 10 分钟。

这时，一个幽灵般的声音在耳边响起："为什么我要受这种罪？这难道不是一种当代酷刑吗？"

你是这样的跑步机

19 世纪初，英国的犯罪率急剧上升，监狱里人满为患。如何改造顽固罪犯，让监狱头子们苦恼不堪。

1818 年，英国工程师威廉·库比特发明了一种靠人力驱动的巨型装置，很快就被引入监狱劳改中。它的名字叫 Treadmill，翻译过来就是跑步机。

监狱跑步机有点像加强版的水车，主体是一个超长滚轮，叶片变成了脚踏板，只要犯人们在上面蹬踏，就能源源不断地给磨坊提供动力。

1822 年，伦敦监狱纪律改善组织出版了一本小册子，详细解说了监狱跑步机的使用方法：长长的滚筒可以容纳 20 来人同时工作。横杆扶手是神来之笔，既不是为了给犯人省力，也不是防止他们跌落，而是为了确保他们能始终踩在最费力的位置上。犯人们可以轮流休息。最右边的人下来时，全体人员向右移动一格，左边会有人补上。只要派一两名狱卒看管，就可以实现犯人们一整天的劳力输出。同时还能保证劳动量的公平，称得上是一台理想的刑具。

1838 年，为了禁止犯人交头接耳，跑步机上还安装了隔板。试用了一段时间后，狱卒发现效果极佳。一天下来，犯人们的精力都被耗光了，不打架、不滋事，还为监狱实现了创收。截至 1842 年，英国的 200 所监狱中，超过一半都用上了跑步机。

1876 年，跑步机"下凡"到民间，被农民用来搅拌黄油，上面的"囚犯"换成了狗等牲畜。

但对囚犯来说，跑步机无疑是个"恐怖引擎"。有人曾经估算过，每天在上面踩 8 个小时，运动量相当于爬上海拔 4418 米的惠特尼山，也就是约半个珠穆朗玛峰的高度。

更恐怖的折磨来自精神层面。纽约狱卒詹姆斯·哈迪认为："永无止境的枯燥与重复，才是跑步机的最可怕之处。"

由于跑步机运作方式太过残忍，每年都会有过劳死甚至精神崩溃的犯人。于是，1898 年，英国修改了监狱法案，宣告禁止使用跑步机。

但令人意想不到的是，1913 年，它重出江湖，被装上传送带之后，摇身一变成了都市男女的时尚单品。

健身即中产

论找虐，人类是孜孜不倦的。就在跑步机漫长的蛰伏期间，有人一口气给全人类造了一座"刑场"。

万恶之源始于 19 世纪中期，一个名叫古斯塔夫·詹德的瑞典医生提出："循序渐进的抗阻练习有助于促进身体健康。"这样的想法，在流行清肠、禁食和放血疗法的 19 世纪无疑极具前瞻性。

很快，詹德就炮制出 27 台健身器械，并在政府的资助下建立了第一家研究所。位于斯德哥尔摩的詹德研究所，是世界上第一家健身房。但别误会，这套机器并不是给你增肌的——用现在的眼光看，它更像是一套保健神器。大至脊椎畸形，小至便秘、失眠，身体的每个部位都能找到对应的那款。登山机、椭圆机、划船器……几乎所有现代健身房中使用的器械，都能在这里找到原型。

1876 年，詹德带着他的古怪器材冲出欧洲，走向美国。第一次在费城亮相时，这批十分蒸汽朋克的机械玩意儿令不少国际友人惊艳。

当时正值工业革命的鼎盛时期，一大批"去办公室坐班"的职场白领徐徐崛起。针对这些新兴白领阶层，詹德指出：无论是久坐不动造成的身体损伤，还是封闭式办公带来的烦躁焦虑，用我的器材，保准你像开了精神氮泵一样。

这无疑戳中了办公室人士的痛点。再加上设备稀缺，价格高昂，只有上层精英才享用得起。于是，穿西装、打领带的绅士和身穿长裙、脚踩高跟鞋的淑女，便成了健身房的第一批常客。此后，"运动"与"劳动"作为两个概念被人们区分开来，"健身即中产"的生活理念被安排得明明白白。

1895年，《纽约时报》的记者前往詹德研究所纽约分店参观。虽然不办卡、不卖课，但这家健身房处处暴露着阴冷的工业感。上百台健身器械排列得井然有序，齿轮、杠杆、铰链的冷硬线条，让人不禁联想起刑具的恐怖。

但即便如此，人们对于强身健体的热情依然不减：像厨师捏肉丸子一样，詹德博士重塑了我们。毕竟，我们不是来讨舒服的。我们躺在机器上缓缓受捶，肚子、小臂、大腿，无一幸免。

"花钱买罪受"时代

1906年，詹德的健身器械拓展到全球146个国家。随后健身房开始全面覆盖，一个崭新的"宗教"——"健身教"冉冉升起。

从20世纪30年代起，健身房不再是上流人士的专利，普罗大众也开始"花钱买罪受"。而健身的目的也在悄然变化。一手创立女性健身产业链的露西尔·罗贝斯特在接受《纽约时报》采访时说道："中产阶级只想要看起来漂亮。我们尝试过健康课程，可他们只想穿进紧身牛仔裤里。"

正所谓"一入健身深似海"，健身器械一茬茬地换，不管多唬人，潮款、爆款总是要试一试的。1928年，普拉提；1936年，仓鼠轮；1950年，"空中单车"练腿法开始流行。大家三五成群，一起与脂肪作战。光锻炼还不够，不少人甚至放下诱人的美食，踏上了减肥的不归路。女士们沉迷于减脂塑形，男士们则朝着一身腱子肉的目标前进。在这样的氛围中，一大批以施瓦辛格为代表的肌肉男诞生了。就这样，人们对于美好身材的渴望，一直轰轰烈烈持续到70年代——在这个当口，曾经血虐众生的跑步机突然回归。

1968年，肯尼斯·库珀博士提出"有氧健身运动"论，"每天8分钟，一周5次以上的慢跑"开始成为一种绝佳的健身方式。不久后，第一台现代意义上的电动跑步机诞生了，它不仅成了健身房中的绝对C位，更进入家家户户的客厅，成为新一代的晾衣神器。

无数个歇班的傍晚，健身小白们拐进街角的健身房，绕过龙门架，直奔跑步机。在内啡肽带来的愉悦中，一度忘了那个古老的预言："这是一台理想的刑具。"只是如今，它规训的是贪吃和懒惰。而你肆意生长的赘肉，就是铁一样的罪证。

燃烧的历史与美丽的创伤

张亚萌

1944年8月25日，巴黎解放那天，阿道夫·希特勒在东普鲁士"狼穴"地堡里，气急败坏地责问他的总参谋长约德尔上将："巴黎烧了吗？"

没有。

2004 年，朱莉·德尔佩在电影《爱在日落黄昏时》里向伊桑·霍克提问："你相信巴黎圣母院有一天会消失吗？"

曾经我们并不相信。

当地时间 2019 年 4 月 15 日傍晚，位于巴黎西岱岛的巴黎地标——巴黎圣母院发生火灾，火焰燃烧了 15 个小时，摧毁了圣母院的尖顶，2/3 的屋顶被烧尽。"巴黎圣母院是我们的历史、我们的文学、我们的想象力。这段历史是我们的，而且正在燃烧。"法国总统马克龙宣布，"我们将重建这座大教堂。"

尽管包括荆棘冠冕、圣路易的亚麻织物在内的重要文物已被成功救出，尽管矢志重建，但重建后的巴黎圣母院——就像很多缠绕在"忒修斯之船"悖论中无法自拔的"完美主义者"所说的那样，终究不是雨果笔下的那座历经千秋岁月的古老建筑了。

"若干年前，本书作者参观圣母院——或者不如说，遍索圣母院上下的时候，在两座钟楼之一的黑暗角落里，发现墙上有这样一个手刻的词——ΑΝΑΓΚΗ（命运）……这样，雕凿在圣母院阴暗钟楼的神秘字迹，它不胜忧伤加以概括的、尚不为人所知的命运，今日都已荡然无存，空余本书作者在此缅怀若绝。在墙上写这个词的人，几百年以前已从尘世消逝；就是那个词，也已从主教堂墙壁上消逝，甚至这座主教堂本身恐怕不久也将从地面上消逝。"在雨果这位被网评"放在今天，肯定是 HBO 王牌杀手"的作家笔下，巴黎圣母院与"命运"这一关键词，都被涂上了一层多少世纪以来风化所形成的深暗颜色，"把那些古老纪念物经历的悠悠岁月变成其光彩照人的年华"。

巴黎圣母院"光彩照人的年华"始于 850 多年前。再向前追溯，它原是罗马人祭祀的神庙。公元 5 世纪，这里曾建起圣特埃努教堂，6 世纪时又成为一座罗马式教堂。到了 12 世纪路易七世时期，原有的罗马式教堂已经破败，1160 年被选为巴黎主教的莫里斯·德·苏利发起教堂重建计划。1163 年教堂奠基，标志着这座法国哥特式建筑代表作的创建，而这也是建筑师与中世纪苦力们劳作近两个世纪的开始——这座教堂于 1345 年全部建成，当然，它在欧洲教堂兴建的"拖延症"中，只能算是轻度病患。

火中的巴黎圣母院，在世人眼中，是"燃烧的历史"——1239 年，圣路易国王将荆棘冠冕放在此地；1430 年，英王亨利四世在这里加冕；1455 年，举行贞德平反仪式，在院内竖立贞德雕像，"圣女贞德"之名由此流传；1708 年，路易十四修改祭坛；1804 年 12 月 2 日，拿破仑在这里加冕……巴黎圣母院的"命运"，也就从那个时期开始更加跌宕起伏：法国大革命时期，教堂的大部分财宝都被破坏或者掠夺，里面处处可见被移位的雕刻品和被砍了头的塑像。之后，教堂改为"理性圣殿"和储存葡萄酒的仓库，直到拿破仑执政，才将其恢复宗教之用。

这之后，圣母院的修复也有雨果的推动——他的名著于 1831 年出版，引发巨大反响，很多人因此希望重修残旧的圣母院。1844 年至 1867 年，历史学家兼建筑师奥莱·勒·迪克主持，拉素斯和维优雷·勒·杜克负责全面整修教堂，重现了建筑久违的光彩，才构成了之后一百余年巴黎圣母院的主体面貌。巴黎公社时期，又有狂人意图纵火焚烧巴黎圣母院，好在大火被及时扑灭，圣母院的主体建筑得以保存。有人说，从 18 世纪到 19 世纪，巴黎圣母院的历史成为革命与复辟间的隐喻。这座建筑从一开始就无法纯粹，君主的赏赐、教徒的歌颂、革命者的洗劫，使它成为一个浓郁的政治符号，微缩了法兰西民族的血与铁。

进入 20 世纪，巴黎圣母院并未在历史中退场，或者只沦为一处风景名胜。它集合了文学与艺术的诉说、历史与建筑的迭代，已经成为一个强大的意义符号。

1944 年 8 月 26 日的巴黎解放纪念典礼、1945 年宣读第二次世界大战胜利的赞美诗、1970 年 11 月 12 日的戴高乐国葬仪式，以及 1980 年 5 月 31 日保罗二世的祈祷晚会都在这里举行。哪怕在浴火之时，天主教徒也在其中做晚间弥撒，准备庆祝复活节圣周。

2019 年 4 月 15 日，圣母院横遭此祸的原因，看似很简单：电线短路，火苗蹿上了木质屋顶。就如同《纽约时报》的评论："巴黎圣母院大火没有造成人员死亡，但代表了另一种不同的灾难，具有同样的创伤，但更多的是与其美丽、精神和象征意义相关。"千百年来，多少人类历史与文明的遗存都会由于许多简简单单的原因而轻易地从这个世界中消失——人们总会惋惜和遗憾于文明的消逝，喧嚣吵闹一阵，又将之遗忘，照样轻松前行，直到下一次灾祸来临，反反复复，了无终结——相信巴黎圣母院并不会是最后一例。而付出代价的，最终只能是人类全体。这真是美丽而悲哀的故事：人类从历史中学到的唯一教训就是，人类不会从历史中吸取任何教训。

而真正奇妙的是，也正是这些代价与记忆，才共同构成了人类的历史。"教堂不像神庙，并没有为自己保留一个举行秘密祭祀的密室，以阻止人们闯进去亵渎神灵。在教堂里，祭礼是采取表明人与神交的圣事这一具体形式的。这种人与上帝的交往，可以说是平等的，是在上帝与人分享的屋顶下进行：上帝在用四壁围起的阴影里倾听人的诉说，人在有顶的十字路口同上帝约会。教堂里的一切安排，都是为了使这一交往得以自由地、深入地、亲切地举行，而再无其他目的。"奥古斯特·罗丹曾这样讲述教堂的意义。大教堂这样往昔的宗教场所，如今已经转变为文化的公共空间，它们富含文化信息，体现传统习俗，代表城市性格，关乎人们的意识形态、价值取向——当历史、记忆、文化与建筑的世代沿革和变迁相互交织，才最终共同筑就了人类文化悠久而强韧的精神堡垒。

由是观之，巴黎圣母院已经不是建筑本身，而是一种文化和一段历史的代名词；石头的建筑终将分崩离析，而文化与历史却有可能在被记忆与被讲述中一代代相传，经日月而弥远。就像小说《风之影》中，努丽亚·蒙弗特向主人公达涅尔诉说："只要还有人记得我们，我们就会继续活着。"——我们会忘记那个敲着加入了金银而使得钟声全城可闻的大钟的卡西莫多吗？

不会。

我们对巴黎圣母院的情感，似乎也同理可证。

击鼓与鸣金

清正之风

战争是一种集体行为，没有组织纪律性的军队战斗力自然低下。小说中经常使用的"击鼓进军""鸣金收兵"，使许多人形成了中国古代军队只有进攻和后撤两个指挥信号的印象。

在一些粗制滥造的影视作品里，中国古代军队作战很像散漫的武装游行——大批毫无组织纪律性的战士在各种乐器的伴奏下前行，等贵族车战或骑兵分出胜负后，所有人一拥而上或一哄而散。在这些影视作品里，大批步兵只是作为战争的陪衬而存在。但是，如果我们仔细研究一下春秋时期的金鼓制度，就会发现事实绝非如此。

其实，"击鼓进军""鸣金收兵"这两个短语，只是对中国古代指挥体系的一种文学上的简化。在现实中，仅鼓的使用就包含数类信息的传递。

第一种是通过鼓的大小和音调的不同来传达不同级别的指挥信息。《周礼·夏官司马·大司马》中提到"王执路鼓，诸侯执贲鼓，军将执晋鼓，师帅执提，旅帅执鼙，卒长执铙，两司马执铎，公司马执镯"。《尉缭子·勒卒令》中提到将鼓的声调为商，帅鼓的声调为角。这些都是对不同级别的指挥官使用的鼓进行的严格区分。战时军令从主将的军鼓向下级依次传递，以指挥士兵完成不同的战阵排布。

第二种是通过击鼓的不同频率来指导不同的进攻速度。《尉缭子·勒卒令》中提到三种不同频率的鼓声：一步一鼓是要求步伐整齐，缓步前进；十步一鼓是要求快步前进；当鼓声连续不断时，则意味着要发起冲锋。

第三种是用不同的击鼓次序来指挥不同的兵种。《司马法·严位》中提到的七种鼓法包括："鼓旌旗，鼓车，鼓马，鼓徒，鼓兵，鼓首，鼓足。"这说明在作战时，主帅会使用不同的击鼓次序或特殊的鼓来对专门的一个兵种进行精确指挥。这说明中国古代军队的军种分化和不同军种间的配合已经达到相当高的水平。

第四种是用鼓来控制军事生活中的各个环节。《吴子·治兵》中要求：一鼓整理兵器，二鼓练习列阵，三鼓吃饭，四鼓检查，五鼓列阵。这包含了行军过程中的多个环节。

此外，鼓还要和其他乐器配合以发出更复杂的指令。

而"鸣金收兵"中的"金"并不像一些影视作品中演的那样只是一片金属。《周礼·地官司徒·鼓人》中提及四种被称作"金"的乐器和其使用方式："以金錞和鼓，以金镯节鼓，以金铙止鼓，以金铎通鼓。"就是指用金錞调和鼓声，用金镯节制行军时的鼓声，用金铙示停行军时的鼓声，用金铎示令军鼓齐作。每一种乐器都有自己代表的命令，同时还要与鼓进行配合。《周礼》中记载了周代例行军事演习的一套固定规范，例如：

中军元帅击响鼙鼓，受命的鼓人皆击鼓三通，两司马摇响铎，群吏摇旗，士卒皆起立。鼓人连续击鼓，军队前进，公司马敲响镯来指挥车辆、步兵的行进速度。鼓人击鼓三通，两司马摇铎，群吏放下旗帜，全军停止前进……

除了乐器之间的配合，金鼓还要和旗帜进行不同的指令搭配以指挥排布不同的战阵，如鼓一鼓、树黑旗则列曲阵。

这些乐器的运用使指挥信号更加复杂，表达的意思更加准确。其后，中国古代军队对已经非常复杂的金鼓系统进行了进一步发展。战国时期，诡道对军事发展的影响越发明显。在很多时候，将帅可以通过改变使用习惯来迷惑对手，创造战机。比如临时调换进攻、撤退的信号，在敌军以为己方撤退时发起进攻。

复杂的指挥工具和指挥系统不仅意味着将帅要有相当高的水平进行复杂的操作，也要求士兵进行更严格的训练。这就无怪乎周代必须保证每年春天一大训、冬天一大阅，还要对乱步伐、乱行列的士兵施行"立斩以徇"的严厉处罚。

正是出于对军队组织和指挥的高度重视，中国古代军事将领对金鼓制度十分重视。所谓"存亡安危在于枹（击鼓棒）端""将死鼓，御死辔"等，都是这一思想的体现。一支注重指挥、具有完善指挥体系、士兵训练严格、有丰富战斗经验的军队，必然是一支战斗力十足的军队。

一只小鼹鼠和几代人的回忆

胡 莹

一只胖乎乎的小鼹鼠住在自己挖的地洞里，每天把屋子整理好就会从地洞里探出脑袋，和它的小伙伴一起开始去森林里探险。

自 20 世纪 80 年代《鼹鼠的故事》在中国播出后，这只憨态可掬的小鼹鼠，便以区别于美国、日本动漫风格的独特姿态，占据了许多"70 后""80 后"的童年记忆。

时至今日，从众多著名的动画形象中回看小鼹鼠，它仍是一个特别的存在——它天性胆小，却勇于探索，以自己独特的方式感知这个世界。

1921 年春天，兹德涅克·米勒出生于布拉格北郊小城克拉德诺。他从小喜欢画画，很早就展现出绘画方面的才能，先后在布拉格的国立绘画学校和美术学院学习。1942 年，在"二战"结束之前，他就开始了在专业动画工作室学习和制作动画的工作。

3 年后，他去了由捷克另一位动画电影制片人吉日·特恩卡带领的 T 恤兄弟工作室工作。

1954 年，当时的捷克斯洛伐克政府要求工作室制作一部短片，告诉孩子们，裤子是怎么制成的。

米勒希望有一个小身影能伴随故事发展的始终。在很长一段时间里，他都毫无头绪。直到有一天，他在森林中散步时，不小心被鼹鼠打洞拱出的土堆绊倒，由此萌生创作一个全新动画形象的想法。

米勒将小鼹鼠引入动画，将故事情节设定为：小鼹鼠想制作一条带裤兜的裤子方便收纳它的物品。为了制作这条裤子，它向朋友们求助，蚂蚁负责纺织，龙虾负责裁剪，小鸟负责缝补，还有小蟋蟀、小青蛙、小刺猬、小老鼠参与其中。终于，小鼹鼠在大家的帮助下制成了梦寐以求的裤子。

虽然《鼹鼠做裤子》只有短短的 11 分钟，但在片中米勒向观众介绍了"一条裤子完整的制作流程"——从最初寻找亚麻等制作材料到后期的加工。影片中体现的团队协作精神，也让整个故事充满温情。

米勒在一次采访中说："沃尔特·迪士尼在他的漫画里用了几乎所有的动物，但这一个被我选中了。"后来，这只快乐幽默的小鼹鼠引得众人关注，并为他赢得了世界性的艺术声誉。

在《鼹鼠做裤子》中，小鼹鼠不仅会说捷克语，还有捷克语的旁白。但从第二集开始，米勒为了让尽可能多的观众看懂剧情，就去掉了所有旁白。

片中的小鼹鼠只会用几个词表达自己的情绪，比如，看看、这里、再见、糟糕、好棒啊……这些声音都来自米勒的两个女儿——凯瑟琳和芭芭拉。

或许，这也是《鼹鼠的故事》被世界各地的观众喜欢的原因之一。

二

从 1957 年第一部《鼹鼠做裤子》开始，在长达 45 年的时间里，《鼹鼠的故事》总共只有 59 集，最短的不到两分钟，最长的也不超过 15 分钟，全由手工绘制完成。

创作横跨近半个世纪，《鼹鼠的故事》也经历了创作者思想和时代语境的变迁。20 世纪六七十年代，鼹鼠像儿童一样对世界充满了好奇，它和朋友的探险经历总是充满童趣；20 世纪八九十年代，伴随捷克社会的动荡，鼹鼠会更多地思考城市化和环保等方面的问题；最后 10 年，米勒的创作重归童趣，但慢慢转向儿童科普教育类型，这不免让人怀念早期那个如幼童般呆萌的小鼹鼠。

1965 年，《小鼹鼠与火箭》问世时，没有人能料到小鼹鼠有一天会真的坐在火箭上。2011 年，由阻燃材料制成的小鼹鼠玩偶被美国宇航员安德鲁·福斯泰带入太空——他妻子的母亲是捷克人。

2018 年 3 月 21 日，安德鲁·福斯泰又一次携小鼹鼠进入太空，与国际空间站的工作人员合作超过半年时间。

值得一提的是，小鼹鼠在太空的时间比弗拉基米尔·雷梅克待的时间还要长——雷梅克是唯一一位捷克斯洛伐克籍宇航员，1978 年，在联盟 28 号飞船上待了 7 天 22 小时 17 分钟。

三

对于把动画变为绘本，米勒是谨慎的。他反对把动画片的截图用在书中，在制作绘本的过程中一直坚持每张图的手绘品质。

在他的笔下，绘本里的小鼹鼠展现出动画影像的连动效果。他的艺术创作深受捷克版画和传统剪纸影响，虽然造型拙朴，但是色彩明丽。

《鼹鼠和小鱼》是米勒先生的最后一部作品。在这本书中，鼹鼠为了帮助小鱼，想办法将大金枪鱼从池塘移进河流。

这也是《鼹鼠的故事》中反复讲述的主题——小鼹鼠始终抱持慈悲之心，不仅会对需要帮助的小动物伸出援手，也会悉心守护生活的家园。

米勒先生曾说："我希望我创作的动画片和书籍能给所有孩子带来快乐，丰富他们的感情生活。因为如果没有感情，每一个人都是贫穷的。"

贵族精神的遗失

张宏杰

一

绚丽多彩的春秋战国时代，被一个叫嬴政的人挥剑斩断了。

秦始皇的过错不在于他统一天下，也不在于他修长城，而在于他建立了皇帝制度。皇帝制度是天底下最自私的制度。这种统治制度的根本特征是，皇帝不是为国家而存在，相反，国家是为皇帝而存在。一切制度安排，都以皇帝一人的利益为核心。

皇帝制度的出现，意味着贵族社会的终结。西方的贵族社会一直持续到近代，而中国的贵族社会在公元前 3 世纪就结束了。这对中西方历史的发展影响是巨大的。

在秦始皇以前，贵族的地位来自血统，而不是现任国王的恩赐。因此国王并不能随意侵犯贵族的权利，更不能随便动贵族们的封地。贵族有相当的独立性和自由性，甚至可以与国王分庭抗礼，对最高权力形成了很大的制约。这就是所谓的"礼不下庶人，刑不上大夫"。梁启超说，贵族政治是宪政民主政治的最好基础："贵族政治者，虽平民政治之蟊贼，然亦君主专制之悍敌也。贵族政治，固有常为平民政治之媒介者焉……贵族之对于平民，固少数也；其于君主，则多数也。故贵族能裁抑君主，而要求得相当之权利，于是国宪之根本即以粗立。后此平民亦能以之为型，以之为楯，以彼之裁抑君主之术，还裁抑之，而求得相当之权利，是贵族政治之有助于民权者……泰西之有贵族而民权反伸，中国之无贵族而民权反缩，盖亦有由矣。"

但是秦始皇建立了皇帝制度之后，贵族阶层受到了毁灭性的打击。皇帝制度标志着一种全新统治方式的诞生：整个天下是皇帝一个人的私产，万众都是他的奴仆。正如黑格尔所说，这是一种"普遍奴隶制，只有皇帝一个人是自由的，其他的人，包括宰相，都是他的奴隶"。秦在统一六国的过程中，对各国贵族大加杀戮，没杀的也大部分被流放或者迁徙。秦国原有的贵族，在皇帝制度建立之后，几乎没有了特权，也和其他阶层一样沦为皇帝的奴仆。皇帝制度下，整个国家内部难有与皇权相抗衡的力量对皇权进行有效制约。皇帝可以随意侵犯任何一个阶层的利益。一切利益都依靠皇帝的恩赐，一切权利都变得没有保障。

皇帝制度的另一个特点是大一统。只有在皇帝制度之下，才真正做到了"溥天之下，莫非王土，率土之滨，莫非王臣"。秦始皇以前，春秋战国时期社会虽然动荡、混乱，征战不休，却是自由、开放、多元的。一个知识分子在这个国家实现不了自己的抱负，感觉这个国君不尊重知识，不尊重文化，他可以到另一个国家去。皇帝制度建立之后，他没别的选择了，只能生活在一个皇帝的统治之下，他没有了逃亡的自由。

至于那些社会底层的人，当然处境更为恶化。以前，一个国家的国王过于残暴，国民可以选择向别的国家逃亡。因此国君们都不得不多多少少自我克制一些。而皇帝制度建立后，全天下的人没地方可逃了。他们只能听任秦始皇一个人作威作福。

统一了天下的秦始皇视天下人为自己的猎物。他统治天下的方法就是"振长策而御宇内"，用法、术、势来束缚和操纵民众，就像对待拴在车子前面的牲畜一样。秦始皇是靠军队，靠征服取得成功的，所以他相信暴力可以解决一切问题。这个历来被中国人视为雄才大略的人用长城和大海把中国变成了一个囚禁猎物的大监狱，用严刑峻法，把所有猎物都变成了劳工，变成了为他驾车的牲畜。在这个过程中他只遇到了一个麻烦，那就是人民是有思想的。于是他"焚书坑儒""以吏为师""以愚黔首"，全力取消民众的思想自由，终于达到"诽谤者族，偶语者弃市""道路以目"的程度。

皇帝制度的发明，给中国社会的发展带来了灾难性后果。它通过空前严密而有效的专制体制抑制了社会活力，束缚了人民的创造力。在此后的两千年间，中国社会万马齐喑，死气沉沉，再没有出现一个可以与先秦诸子比肩的大思想家。中国人一直在"做稳了奴隶"和"求做奴隶而不得"的了无新意的一治一乱中挣扎，"奴隶性格"和"专制性格"日益发展成民族性格中相辅相成的两个突出特征。从这个意义上说，中国人国民性劣化的第一个推手是秦始皇。

三

在秦始皇的统治下，中国文化特别是上层贵族文化受到了一次空前的毁灭性打击。

没有了贵族文化是什么结果呢？俄国小说《沦落的人们》中的一段话，很好地总结了贵族精神消失的后果，也同样适用于中国社会："自从贵族开始饿死以后，生活里就没有人了……只剩下些商人……商人不过是人面兽心的家伙，暂时披着人皮罢了。他粗野，他愚蠢，不懂生活的美妙，没有祖国的概念，不知道还有比 5 戈比铜币更高的东西……他们不但是贵族的敌人，也是所有高尚的人的敌人，他们贪得无厌，不会把生活装点得美丽些。"

换句话说，没有了贵族，一个社会也就没有了精神旗帜，失去了超越性，也失去了精致和优雅。中国人的集体人格受到了第一次粗暴摧残，人的尊严大打折扣。优雅、高贵无处容身，而不择手段的实用主义者更能适应这个严酷的社会。现实主义、贫困文化和流氓文化大行其道。

"贫困对人的尊严和人性的堕落所造成的后果是无法衡量的。"（查尔斯·威尔伯语）贫穷使人的行为被现实利益完全控制，人不再有想象力，不再有风度，不再有超越性。贫困文化进一步沉沦，就是流氓精神，就是好死不如赖活着，就是为了一口吃的，什么都干得出来。日本人渡边秀方这样评价中国人："中国人有什么事都专讲实利与自利的性质，所以商业方面，是很拿手的。中国人在别样事情上都很迟钝，唯商业方面则非常机敏可敬……他们只要能得钱，体面、主义、意见，那些麻里麻烦的事一概不讲。"

在秦始皇之后，中国社会发展的一条主线就是，贫困文化或者说底层文化日益取代贵族文化。秦代末期的楚汉之争，就是底层文化战胜贵族文化的第一例。其结果就是平民第一次登上了历史舞台的中心位置，并且把底层气质注入最高政治当中。

汉高祖刘邦是一个起自底层的流氓。刘邦从小没读过书，也看不起读书人，看到读书人戴着端正的帽子，就叫人取下来，往里撒尿。他从小游手好闲，不事生产。成年后，做了小吏，成天和那些衙役勾肩搭背，"廷中吏无所不狎侮"，好酒及色，又没钱，便跑到酒铺赖酒喝。年近四十，还没成家立业，在朋友帮助下混到了个小小的泗水亭长。亭长主要职掌"逐捕盗贼"，维持地方治安。这倒十分适合刘邦的流氓脾气。

楚汉战争中，刘邦大败，带着一对儿女和滕公坐着一辆大车逃跑。为了让车子跑得快点，刘邦好几次把两个孩子推下车，都被滕公又拉了上来，气得刘邦甚至想要杀死滕公。楚汉交战，刘邦的父亲和妻子当了俘虏。项羽在军前架起油锅，把刘邦的父亲放在案板上，要挟刘邦说：再不投降，我就把你老爸下油锅。谁知刘邦居然嬉皮笑脸地说：当年咱俩曾结拜为兄弟，所以我爸就是你爸，今天哥们儿既然打算把咱爸烹了，可别忘了给兄弟我留碗肉汤。项羽见刘邦一副流氓腔，没有半点办法。

项羽祖先是战国时代的贵族，他身上残留着贵族的高贵和高傲，是一个个性鲜明的伟丈夫。楚汉战争当中，一次两军对垒，刘邦手下一个神射手叫楼烦，连射死楚军三员大将。项羽大怒，自己站出来了。楼烦想射项羽，项羽往那儿一站，眼睛一瞪，大吼一声，楼烦吓得屁滚尿流，跑进军营当中再也不敢出来了。

乌江之战的结果更说明了项羽身上难以化解的贵族精神。乌江战败，项羽本有机会逃亡，因为当项羽来到乌江边时，有一条船在那里等他。驾船的乌江亭长早早等在那里，一心要营救项羽。他对项羽说，现在整个乌江之上，只有臣这一只小船，请大王立即上船，汉军无论如何追不过江的。江东虽小，地方千里，数十万人，完全可以在那里再成就霸业。然而项羽谢绝了亭长的好意。他请亭长把他心爱的战马带过江去，自己却和随扈亲兵下马步行，冲入重围，同前来追杀的汉军短兵相接。这无疑是一场寡不敌众的战斗，也是一场无济于事的战斗。项羽受伤十多处，最终不支，自刎身亡。项羽以战死这种方式，维护了他最后的尊严。

项羽死得很光荣，然而这个光荣掩盖不了这样的事实：贵族精神和流氓精神斗争的结果，贵族精神失败了。贵族太好面子，太讲规则，而流氓则更"厚黑"。在一个恶劣的生存环境中，后者更有竞争力。项羽的死，象征着贵族精神的失败。满嘴粗话的地痞刘邦的胜利，宣告了中国人精神上的第一次劣化。

清朝大人的坐姿

张 鸣

晚清的老照片看多了，发现一个现象，清朝大人们坐着照相的时候，都喜欢把两脚尽量分开，撑得大大的；两只手，则撑在膝盖上，感觉非常威风。官阶越高，撑的面积就越大。如果跟洋人一起坐，就显得清朝大人有点霸道了。当然，我这里讲的清朝大人，不是专指满人，汉人做了官的，也算。

想起鲁迅回忆他在江南水师学堂时，说那里的老生走路，一定要把两只胳膊撑开，像个螃蟹。他后来在官场上，见识了好些这样的螃蟹巨公。资格老、官阶高的人，无论行走还是坐立，姿态一定要有点嚣张的感觉，否则，就显不出自己的地位来。

当然，晚清时节的大人，跟洋人在一起的时候，除李鸿章一人之外，是没有什么人敢放肆的。但是，拍照为何要如此张扬，有些人两条腿撑的面积几乎盖过了洋人？想来想去，只能说这是一种习惯。能跟洋人一并坐着合影的大人，都是最高首长，其他人都得在后面站着。最高首长，一人独大，平时被奉承惯了，爱怎么摆姿势，就怎么摆，照相的时候，难免本相暴露，于是就那样了。

不过，清朝大人们肯定不会总是这样嚣张。同一个人，见自己长官的时候，即使长官看坐，那也一定是屁股沾一点椅子的边儿，欠着身子，那两只脚，当然也没有可能撑起来，只会老老实实、毕恭毕敬地并着。如果是见皇上，那自始至终都得跪着，如果接见时间太长，两个膝盖就有可能受不了。所以，经常被皇帝召见的军机大臣，都会在裤子里的膝盖处缝一个棉垫。

相对来说，坐着照相比较喜欢两脚两手撑开的主儿，大体上来说，有两个特点：一是官阶比较高，二是少年得志，做大官的时间比较早。当年京师的名裁缝，为官员做衣服的时候，首先要打听官员升官时间的早晚：升官时间早的，少年得志，未免牛哄哄的，肚子挺得高，所以，衣服的前襟要长一点；升官时间晚，老是点头哈腰的，多半驼背，所以，衣服的后襟要长一点。

人的语言可以骗人，说话可以言不由衷，身体却不大好骗人。一不留神，就露出本相。所以，身体语言也能传达某种政治信息。发迹早、权力大的人，即使言语不张狂，肢体动作却每每流露出嚣张之态，细心之人，一望便知。传说曹魏时代，匈奴来使，曹操觉得自己身材矮小，不足以威慑远人，于是找了仪表堂堂的大个子，假充魏王（曹操），自己则在一旁假装侍卫。结果，还是被匈奴使者看出问题，觉得魏王旁边的捉刀人，才是真英雄。大概，无形之中，真假魏王的肢体动作，还是露出了破绽。大牛人即使装孙子，也装不大像。

权力不仅反映在服饰上、房舍上，更反映在人的肢体动作上。真正的有权之人，就是再掩饰，权力的底色都遮不住。

•••生 活•••

游戏三境界

万维钢

当一个人玩游戏的时候，他玩的是什么？现在流行的答案是"寂寞"。据说罗切斯特大学的研究结果表明，游戏之所以让人上瘾，是因为它满足了人的心理需要：一个人在现实生活中很平庸无聊，而在游戏中却可以呼风唤雨、横扫千军万马。

我一贯敬重那些打游戏上瘾的人，就如同干一项事业一样，他们忠诚于游戏，有担当。游戏为什么好玩？这个问题的答案不仅仅关乎游戏，更关乎我们对事业的追求。打游戏有三个境界。

游戏的第一个境界是好玩。首先是"现实感"，或者说"超现实感"。一个游戏让人一看就觉得好玩，凭的就是能特别逼真地"做事"。比如说，《魔兽世界》的一句宣传口号是"做你从未做过的事"。我在现实生活中从来没有机会拿一把斧子跟人对砍，从来没使用过魔法，更没骑过大鸟在天上飞，从来没指挥过军队，没灭过别人的国家。实际上，我从来没当过英雄。在游戏里我可以做这些事情，如同做了一个好梦。

但这种"超现实感"只能在短期内吸引人，要让人一整天"杀怪"而不觉得烦闷，还有一个诀窍，叫作"随机"。

杀死一个怪物之前，你不知道它会掉落什么。多数情况下可能只是一点布料和小钱，但存在某种可能性，它会掉落一件精良甚至史诗级的装备。人们沉迷于这种随机性，热爱这种小意外。好赌，真是人的天性啊。

一个沉浸在这种"好玩"境界中的玩家是快乐的。游戏是他们生活中的消遣和点缀。他们"玩游戏"，而不是"被游戏玩"。

"被游戏玩"，才是高境界。一个真正热爱游戏的人打游戏时并不总是轻松快乐的，因为他们知道不吃苦就永远不会到达顶峰。游戏的第二个境界就是追求成就感。

如果仅仅是为了成为全服务器第一高手也就罢了，但为什么会有人为了凑齐一套装备反反复复地"刷副本"？为什么有人仅仅为了"打钱"而不眠不休地在一个地方"杀怪"，甚至不惜因为这种纯低端的体力劳动而被人嘲笑？更重要的问题是，他们为什么不把这种精神用在真实世界中的学习和工作上？

这是因为有两个规则只存在于游戏之中：第一，"世间自有公道，付出总有回报"；第二，也是更重要的一点，回报是即时的。

打赢一场仗，经验值立即上升，战利品立即到手。这个规则看似简单，在现实生活中却是非常少见的。即时的回报会给做事的人一个正反馈，使他马上更投入地继续工作，这种正反馈一旦建立起来，只有人的身体素质这种生理极限才能限制他的工作强度。我们经常看到一个政府职员在上班时间悠闲地看报纸，而一个小商贩却可能在工资更低的情况下拼命地、加班加点地做高强度工作，其中根本的原因是这个小商贩的每一个动作都能立即转化为收益。即时正反馈，就是"游戏上瘾动力学"。

这个道理可以应用于"怎么从管理角度建立一个即时回报的系统"。不过，我觉得这种系统在很多情况下并不实用。这个反馈会把人置于连续的高强度工作中，似乎只适合于简单的体力劳动。因为脑力劳动者需要自由的空闲时间来想事儿。一个科学工作者如果陷入这种正反馈之中，比如每完成一篇论文都能带来几万块钱奖金的话，将是非常可悲的事情，他会变成只会写论文的机器。

一个玩家一旦陷入这种即时正反馈系统之中，他就成了游戏的奴隶。我是尊敬这样的玩家的，但有人可能会鄙视。另有一种玩家，却值得所有人敬仰。

这就是游戏的第三个境界，体育和科学的境界。进入这个境界的玩家不是"玩"游戏，而是"训练"，甚至是"研究"游戏。他们不再对升级和获得装备之类的事情感兴趣，他们追求的是技艺。

几年前玩《魔兽世界》的时候，我看过很多这样的玩家写的技术文章。各种令人眼花缭乱的武器、技能和魔法，对他们来说都是基础知识。他们对每一次升级后的技能修改都很敏感。他们练习作战过程中的攻击方向和步法。有些游戏公司拒绝公布的细节，比如说"威胁值"的计算公式，他们用搞科研的精神进行研究，然后他们把发现写成一篇篇论文。

达到这个境界的玩家把打游戏变成了一项体育运动，甚至是一项科学研究。他们可以反复打某个单机游戏中的同一张地图而不觉枯燥，因为他们追求的不是简单的快感，而是更高的技艺水平，是艺术。他们仿佛在游戏之中，又好像在游戏之外。

所以，打游戏实在是一个可大可小的事情。如果你随便玩，你只能体验一点小小的快乐。如果你陷入即时正反馈系统不能自拔，你会获得更大的乐趣和痛苦。只有当你进入更高的境界，你才可能成为游戏界的泰格·伍兹，甚至是 Matrix 里的 Neo。

那个被威士忌干掉的爱尔兰人

英国那些事儿

因为一张讣告，已去世的爱尔兰人 Chris Connors 成了"网红"。

生前，他就不是一般人。多年前，Chris 被诊断患有肌萎缩性脊髓侧索硬化症，肌肉会逐渐无力、萎缩，运动神经元受损。被确诊后，他非但没有悲伤绝望，反而调侃"这是霍金同款病"，并最终决定：什么都不管，死扛！

确诊后，他做的第一件事就是环游世界，但可惜船只在巴拿马运河遭遇风浪，他被迫在河上漂了 40 个小时才得救。这一次遇险使他不得不提前结束旅行。回国后，Chris 一度沉迷于声色犬马，企图用极端的享乐来度过最后一段能跑能跳的时光。

然而，一年过去，他没事；两年过去，他没事……而享乐的最终结果是，他的钱被挥霍一空，他不得不去找工作。

于是，他胡编了一份简历，表示卖过二手车、化肥、苍蝇拍，清理过鸡内脏，养过老虎，打过仗……没想到，这份荒唐的简历居然让他找到一份金融行业的工作。可惜好景不长，他胡诌的能力无法胜任专业性很强的职业，没多久他就辞职了。"我觉得自己更适合干力气活儿。"Chris 说。于是，他跑去打拳击，没想到天赋异禀，多日的刻苦训练之后，他竟然成了"金牌拳手"。"他们一定想不到，击败他们的是一个快坐上轮椅的家伙。"Chris 哈哈大笑道。

打拳生活虽然很有成就感，但他越发觉得生命太紧迫了，不能只做一件事情。于是，他突发奇想，买了一套衣服假扮神父，在一家餐厅像模像样地主持婚礼。可是刚过了一把神父瘾，他就被人识破，狠挨了一顿。

身心俱伤的 Chris 头一次尝到迷茫的痛苦滋味。那段时间，他整日在纽约街头漫无目的地闲逛，看不到出路。一天，他突然听到街角传来呼救声，循声望去，原来是一个黑人在抢劫一个姑娘。情急之下，他冲上去跟黑人拼命，结果被捅伤了。

幸运的是，否极泰来，获救的姑娘为 Chris 的英勇气概而倾倒，二人因此结缘，很快就举行了婚礼。成家之后，Chris 沉稳了很多，尤其是妻子生下 3 个孩子之后，他变成一个尽心尽责的父亲。慢慢地，他也忘了得病的事，一切都平静而温馨。

直到 3 年前的一天，又一纸诊断书摆到 64 岁的 Chris 面前：胰腺癌晚期。面对家人的哀号，Chris 却哈哈大笑道："什么？我又得绝症了？怕什么，该吃吃、该喝喝！"

为了给家人鼓劲，他二话不说就去爬珠穆朗玛峰。回来之后觉得不过瘾，又去畅游大西洋，体验了高空跳伞。他还成立了一个基金会，但不是关于绝症的，而是教小朋友如何在溺水时自救。就这样充实快乐地过了 3 年，直到 2016 年 9 月病情加重，他才被迫住进临终关怀疗养院。

在疗养院，虽然病痛让他整日痛不欲生，他却有心情与护士开玩笑，说让护士换上比基尼，声称这有益缓解病情。当家人询问他关于遗嘱和讣告的事时，他轻描淡写地说："请把我的人生写成段子。"去世前一晚，他喊来朋友在病房里陪他喝酒，光着膀子干掉两瓶威士忌后，他醉倒过去，再也没有醒来。

悲痛之余，大女儿按照他的遗言写了讣告，并邀请亲朋好友来参加 party，庆祝父亲精彩的一生。没想到，这篇讣告一经发出，便红遍网络。讣告的标题是"那个被威士忌干掉的爱尔兰人"。内容如下：

Chris Connors，男，67 岁，在临终疗养院调戏完穿着比基尼的小护士没多久后就"嗝屁"了。我敢说，世界上任何一个人如果同时患了肌萎缩性脊髓侧索硬化症和晚期胰腺癌，都只能流着眼泪在寂静的病房里等死，但 Chris 是那种喝孟婆汤都要兑点酒精的人。

他曾在 1 月游了大西洋，尽管差点淹死；他曾经拿到"金牌拳手"称号，尽管在一家餐馆被狠揍；他曾在纽约街头见义勇为，尽管被捅了两刀……自从朋友们发现，和他出去玩不是惹了事被拘留，就是在酒吧闹事被丢出来之后，就没人再和他一起玩了。

但他是那种自得其乐的人。之前他在路上丢了一枚一美分硬币，结果硬是开了 16 个小时的车给找了回来。正是凭着这样强大的理财能力，他赞助了昆西足球俱乐部和拯救儿童溺水救护基金会……

这份爆红的讣告让 Chris 的基金会募集到很大一笔善款。很多陌生人因为这份讣告来参加老爷子的告别 party，并表示："他改变了我的人生观。"

九宫格日记

刘船洋

如果我只能推荐一种时间管理的工具，那么非九宫格日记莫属，它是由日本作家佐藤传先生发明的。实践一段时间后，我发现有些格子根本用不上，所以，最终我根据实际情况，将自己的九宫格日记分为：重要的三件事、健康状况、人际沟通、阅读写作、日期与天气、财务管理、小确幸、错题本、今日脑洞。

"日期与天气"一般会被我放置在九宫格日记中间的醒目位置，写下日期、天气、心情等基本信息；在"人际沟通"一栏，我会记录每天见了什么人，和谁通了电话，今天谁帮了我，我又帮了谁，毕竟常怀感恩之心的人运气都不会差；"财务管理"，因为字数的限制，我一般只记录收入、支出的基本情况，详细内容我会用记账软件完成；"今日脑洞"，用来记录每天的有趣想法和写作灵感。

人的脑容量有限，不能同时储存太多的目标。当你的目标过多时，你就需要设置一个提醒机制。当晚上拿出九宫格记录时，就会发现很多事情未完成，这样就能及时进行调整。

九宫格中，我非常喜欢"错题本"和"小确幸"这两项。前者帮我反思，后者记录生活中美好的点滴。

曾子曰："吾日三省吾身。"小时候我们都会被老师要求在错题本上改错，但长大后没了约束，便丢弃了这个好习惯。细心的你一定会发现，如果没有记录和反思，我们极易重复犯同样的错误，虽然记录并不代表不再犯错，但可以大幅降低犯错的可能性。

大家都听说过"木桶效应"，说的是一只木桶能装多少水取决于它最短的那块木板。错题本记录的就是自己的短板，我们可以及时查漏补缺，有针对性地提高。

根据艾宾浩斯遗忘曲线，人们在接收信息的同时，遗忘也随即启动，必须及时对所学知识进行复习巩固。错题本的作用就是督促自己思考，回顾一天的经验教训，从而朝着更好的目标前进。

村上春树买回刚出炉的香喷喷的面包，站在厨房里一边用刀切片，一边抓食面包的一角，他说，这就是他的"小确幸"。小确幸，狭义上是指那些微小而确实的幸福，广义上则是指一切能够让人开心的事情。

有人说，小确幸就是：你想坐电梯，电梯刚好到达你所在的楼层；电话响了，拿起听筒发现打来电话的正是你想念的人；打算买的东西恰好降价……它们是微不足道的小幸福，却实实在在地填充于生活的每个瞬间。抓住它们，并及时记录下来，就是九宫格"小确幸"一栏存在的理由。

美国心理学家的一项研究表明，如果一个人的日记中包含感恩、幸福等正向的内容，坚持记录两个月后，他的心态也会随之变得更加积极向上，焦虑减少，入睡速度更快，睡眠时间也更长。

九宫格日记可以帮我们避免流水账式的记录，让我们能够从九个维度分析得与失，最终实现个人的协调发展。

了解你的生物钟

曹 玲

2017 年诺贝尔生理学或医学奖授予了美国遗传学家杰弗里·霍尔、迈克尔·罗斯巴什、迈克尔·杨，因为他们发现了昼夜节律的分子机制。所谓昼夜节律，也就是人们平常所说的生物钟。

复杂的生物钟网络

事实上，生物钟是一门古老的学问。1792 年的一个傍晚，法国天文学家让·雅克·德奥图·德梅朗发现含羞草已经"睡觉"了——它的叶子合上了，而白天时它的叶子是张开的。他好奇如果含羞草持续处于黑暗环境中会产生什么变化，之后他发现，尽管没有日光照射，含羞草的叶子每天仍然保持其正常的规律性变化。显然植物"知道"太阳的位置，知道什么时候是白天、什么时候是黑夜。德梅朗是发现昼夜节律的第一人。

后来，其他科学家发现不只植物，动物也通过生物钟帮助自身适应环境的日常变化。

一天 24 小时并不是地球上唯一的时间结构，除它之外还有潮汐时间、月亮周期和以年为单位的周期。生活在海里的动物受潮汐影响较大，以年为周期出现的现象有候鸟迁徙、鲑鱼洄游、爬行动物冬眠等。还有一些生物的生活周期令人费解，比如珊瑚虫会在繁殖季节满月的午夜一起产卵。后来，科学家发现珊瑚虫体内有一种光传感器，能感知满月时的光线。从新月到满月，在月光逐渐增强的过程中，它们体内的传感器基因随之渐渐活跃，充当了满月之夜产卵的触发器。

20 世纪 70 年代，科学家找到了哺乳动物生物钟的位置所在。动物眼睛后面的小丘脑有两个很小的区域，现在被称为视交叉上核，这个区域的神经元连接视网膜，负责对光明和黑暗的周期性反应。视交叉上核只有 1/4 颗米粒大小，由大约 2 万个神经细胞组成。这两个区域向大脑和身体发出信号，控制激素释放，调节体温和食欲，被称为中央生物钟。

除中央生物钟外，人体还有很多外周生物钟。2014 年，宾夕法尼亚大学的科学家约翰·霍格尼斯发现，哺乳动物近一半的基因活性随时间变化而变化。他绘制了小鼠 12 个不同器官中成千上万基因的 24 小时表达模式，包括心脏、肺、肝脏、胰腺、皮肤和脂肪细胞，制作出哺乳动物基因荡振"图谱"。

令人惊讶的是，控制基因活性随时间变化的信号并不一定来自大脑。如果把肝脏细胞养在培养皿中，它也会很快进入 24 小时节律。"人体只有一个生物钟"的概念已经成为过去时。目前的研究认为，人体中数以千计甚至百万计的生物钟，组成了一个复杂的网络，它们独立运行，但又相互通话、相互协调。

生物钟的出现给生物的生存带来了巨大的优势，其中最经典的例子是蓝藻实验。1998 年，美国范德堡大学的卡尔·约翰逊用一种叫蓝藻的单细胞生物进行研究。正常蓝藻的生物节律是 24 小时，基因突变的蓝藻生物节律可以缩短，也可以延长，比如 22 小时或 26 小时。卡尔·约翰逊将这些基因突变的蓝藻和正常蓝藻等比例混合培养在 12 小时光照、12 小时黑暗的条件下，之后约翰逊发现突变蓝藻因无法适应光照更替环境，生存竞争力下降，基本消失了。

在生物钟的作用下，蓝藻在日出之前即可提前动员光合作用系统，在阳光一出现的时候就可以摄取能量，比那些纯粹依靠光线启动光合系统的生物领先一步。与之类似，日落之后，蓝藻的光合系统会遵循生物钟的指令而关闭，避免那些夜间无须调动的能量被无谓浪费。这一实验清楚地显示：内部的代谢节律与环境周期相匹配会增强物种的竞争力。

生物钟和健康

对于人类而言，生物钟紊乱也会引发很多问题，最常见的就是倒时差。得过时差综合征的人都知道想使生物钟与头脑达成一致有多痛苦。时差综合征的一个症状是尽管非常疲惫，但晚上还是会失眠。此外，还会导致注意力减退、协调能力变差、认知能力降低、情绪波动、胃口变差等问题。

19 世纪以前，人类的社会生活时间与当地的太阳时间是一致的：中午是太阳到达最高点的时间。这一时间划分规则在铁路被发明之后受到了冲击，突然间人们可以在短短几个小时之内走很长的路程，导致当地的太阳时间完全不能用了。1884 年，很多国家共同实行了一套体系：把世界分成 24 个时区，把穿过伦敦附近的格林尼治天文台的经线设定为本初子午线。

地球上所有的生物，包括飞机发明以前的人类，根本没有倒时差的问题，也就没有进化出快速和大幅度校表的机制。而大型喷气式客机的出现，使得人们从太平洋西岸的上海飞到东岸的洛杉矶，只需要 12 个小时左右，时间"后退"16 个小时。这样在一天之内造成的时差不是任何生物钟可以立即适应的。

现代生活方式很少能与我们的生物钟保持一致。如今的社会中，对人体生物钟产生最严重负面影响的就是倒班工作。倒班工作意味着：人们工作的时候，正是身体需要休息的时候；在大脑和眼睛希望处于黑暗的时候，它们却被暴露在光线中；身体和大脑持续存在压力，不得不依靠诸如咖啡之类的东西来暂时缓解疲惫感。

持续几十年的流行病学研究表明，从事倒班工作的人比从事传统工作的人患病的概率更高，其他负面影响还包括睡眠障碍、抑郁、心脏病、消化系统疾病、糖尿病以及其他代谢类疾病。

此外，另有研究表明，如果人们在睡觉前服用降压药缬沙坦，比醒来时服用效果提高 60%，还能降低糖尿病的发病风险。

时间是影响药物效率的一个重要但被低估的因素，目前有一个新兴的研究领域叫"时间治疗学"。我们的细胞中存在着一种时钟，调控着人体对药物的新陈代谢。因此，一些药物适合在夜间给药，一些适合在白天给药。时间疗法遵循患者的生理节律，从而减弱了治疗的副作用，提高了患者的生活质量。

生物节律研究还包括太空里人体生物钟的变化规律研究。比如国际空间站里的光照强度比白天地表的光照强度低很多，而光照强度对生物钟会起到重要的调节作用。此外，重力的改变也会对生物钟和睡眠产生影响。航天员还要执行一些临时性的突发任务，也会影响睡眠。这些都会使宇航员的反应能力和操作能力严重下降，从而降低工作效率，增加事故发生的风险。所以，要实现人类的飞天梦，深入研究生物钟的变化规律和调节机制具有重要的意义。

为什么不可以这样穿

［法国］马克·博热　刘宇彤 译

把衬衫塞在裤子里合理吗

和《丁丁历险记》中的阿道克船长在睡觉时因应该把胡子放在被子里还是被子外而烦恼一样，现代人也经常会自问："应该把衬衫塞在裤子里还是放在裤子外？"

其实，这两种做法都可以。有些衬衫是被特意设计为要塞进裤子里的，而另一些被设计成要放在裤子外面。想要区分这两种衬衫，不仅要够聪明，还要有品位。因此，如果你突然想把一件厚衬衫塞进裤子里，就会发现腰部出现了叠起的布料，和把一件羊绒披肩塞在裤子里的效果差不多，这样一来就不太美观了。

同样，你会发现，把那种夏威夷风的夏季衬衫塞进裤子里也不美观。这种衬衫比一般衬衫短，如果将它塞进裤子里，当你想要拿放在架子高处的防晒霜，或想要弯腰拿一双在床底的人字拖时，它都很容易从裤子里跑出来。不过，如果出现这样的情况，那绝对是这么做的人自找的。因为有哪个时尚达人会在去海边时小心翼翼地将自己的衬衫塞进短裤里呢？

由此可以得出如下结论：越是不正式的衬衫，越不应当被塞进裤子中。

尽管可敬的 APC 品牌创始人让·杜伊图有一段时间曾若无其事地将自己衬衫前侧的一半塞进裤子里，但事实上他应当做得再过一些。

一件正装衬衫永远都该被塞进裤子里，因为其生来就应如此。大部分正装衬衫的下摆都有弧度，就是为了让穿着它的人一整天无论做多少事情，衬衫都能被稳稳地固定在裤子里。

一直穿同样的衣服合理吗

乔布斯在 20 世纪 80 年代时，曾经想强迫他的员工穿制服，就像索尼公司那样。随着时间的推移，乔布斯自己也逐渐拥有了 100 来件圣克洛伊牌黑色长袖高领 polo 衫，以及十几双石磨水洗 501 号鞋和新百伦 991 号灰色鞋。

一直穿同一套衣服的人和换着穿很多件一样衣服的人——我们只有用直觉才能分辨出两

者的区别，这两类人在现实中都是存在的。第一类人一直穿同一套衣服，从来不洗，也许是为了避免和他人交往，并且很可能如愿。而第二类人买了一堆一模一样的衣服，坚持不懈地换着穿，这种人还是可以稍微交往一下的。尽管看上去没什么差别，但单纯从优雅的角度来看，这两类人大相径庭。

其实，这些一直穿同样衣服的人是想要传达信息的。他们不是在简单地穿衣，而是在传播某种思想。对阿迪森而言，黑色衣服除了可以很好地遮住他的大屁股，还可以表明，他并不只是一个普通的电视节目主持人。比如，20世纪80年代初期，他在一周7天中每天穿不同颜色的同款鳄鱼牌polo衫，是为了显示自己不是一个普通的传媒工作者。而对美国人汤姆·沃尔夫来说，在严冬中穿着耀眼的白色衣服出门，也是一种反抗习俗的行为。当时的美国，在5月末的悼念日、9月初的劳工节期间都禁止穿泡泡纱材质的衣服出门。

这种只穿一种衣服的方法很有效，因为它能表达一些观点，但这样也很不优雅，即使是对汤姆·沃尔夫而言。这位美国作家每天都穿得像要去参加婚礼，虽然他穿得好看且精致，但他也和每天穿得像要参加追悼会的阿迪森，以及穿得像管道工人的乔布斯一样，犯了同样的错误：忘记了优雅是一门能够让自己根据场合、气候、地点、着装标准进行选择，根据一天中的不同时刻和一年中的不同季节来变换装束的艺术。

如果你去太空旅行

［美国］阿里尔·瓦尔德曼　苟利军 译

你或许觉得太空离自己太远了，但随着技术的进步，太空旅行早已不再是遥不可及。不信？告诉你，美国的太空探索技术公司，已经签下了首位绕月旅行的客户。可能在不远的将来，普通人也能去太空游玩了。

那我们来大胆想象一下：如果有一天你被NASA这样的机构选中，可以免费进行一场太空之旅，去看看浩渺的宇宙。你在兴奋之余，应该做好什么准备？

下面这张清单，就告诉你在太空生活中必须注意的事项。

怎么适应：挺过4天"晕船期"

在地球上会晕车晕船，上了太空也一样，会"晕太空飞船"。在你升空的头几天，可能会出现"太空适应综合征"：呕吐、头晕、头疼……失重还会让你体内的血液在头部积聚，脸会浮肿。不过你不要太担心，保持好心情，严重的话服用止吐药，一般4天后，身体习惯了失重，症状就会自然好转。

怎么睡觉："挂"在墙上

在地球上，我们都会躺在床上睡觉，但在飞船、空间站里可没有床，只在墙上设有睡袋。

你如果困了，只要钻进睡袋，拉紧拉链，把自己牢牢固定住就能安心睡了。需要注意的是，你睡觉时可能会经常出现"下坠"的感觉，继而惊醒。不要惊慌，这是受失重的影响，很多宇航员都有这样的体验。

怎么方便：纸尿裤是"神器"

说起纸尿裤，你肯定觉得是给婴儿用的，但其实最初它是为宇航员设计的。在太空"方便"有两个难点：第一，发射和返航时，你得坐在固定的座位上；第二，厚重的宇航服不方便穿脱。宇航员曾经尝试过穿双层橡胶裤、改良安全套等很多方法，但效果都不好。直到 20 世纪 80 年代，NASA 一个叫唐鑫源的华裔工程师，利用高分子吸收体，发明了一种能吸收 1400 毫升水的纸尿片，才解决了宇航员的这个难题。所以，即便觉得难为情，还是穿好纸尿裤吧。

怎么吃饭：需要重口味唤醒味蕾

告诉你一个事实：太空环境会让所有人都变成重口味爱好者。因为失重，鼻腔黏液堆积、舌头分泌的唾液不够，会让你的嗅觉、味觉减弱，吃什么都觉得寡淡无味。所以，除了日常我们吃的食物，后勤部门还会特地运送辣椒酱等重口味的调味料，帮你打开胃口。

怎么打喷嚏：带上毛巾

如果你看过《银河系漫游指南》，一定对这句话印象深刻："毛巾对一个星际漫游者来说，是最有用的东西。"就打喷嚏这件事来说，这句话非常正确。你在地球上打个喷嚏，细菌会落在地上被阳光消灭。但在太空，喷出的致病菌会一直飘浮在空中，迅速繁殖，极易传染疾病。在 NASA 有记录的 106 次航天飞行中，曾出现过 29 个传染病病例。所以，你在打喷嚏前，千万别忘了用毛巾捂住口鼻。

怎么打嗝：用手推一下墙

这个动作可能让你一头雾水，但如果你不这样做，打嗝很容易就会变成呕吐。因为失重，你胃中的物质不再会乖乖地待在胃的底部，而是均匀分布在胃里。所以，你需要在打嗝前伸手推一下墙，利用墙施加给你的反作用力来代替重力，把胃里的物质"固定"住，这样就可以只排出胃里的气体，正常打嗝了。

怎么洗澡：带呼吸罩淋浴

在失重环境下洗澡是个麻烦事，水会四处乱飘。但你别担心，科学家早就有了解决方法。美国的天空实验室和俄罗斯的"礼炮"号空间站就配备了专门的淋浴装置——上部是加压喷水装置，下部是由防水材料制成的封闭圆筒，关严接缝处就能洗澡了。为了避免口鼻进水，当你进入圆筒时，别忘了带上口鼻呼吸罩，呼吸罩的管子会与外部联通，让你畅快呼吸外面的空气。

特别注意：每天必须运动两小时

在地球上，平时不运动也没太大关系，但在太空中，不运动可就有点危险了——失重会导致骨骼和肌肉流失，患上骨质疏松等病症，必须靠运动维持健康。因此，每天都需要锻炼两个小时。常见的运动项目就是骑自行车，不过太空里的自行车没有车把和车座，你的双手完全被"解放"，你能去翻翻书，或操作音乐播放器。

现在，你的基本生活问题都解决了，可以专心享受太空之旅了。

单独练习

万维钢

有个著名的小提琴家说过，如果你是练习手指，你可以练一整天；可如果你是练习脑子，你每天能练 2 个小时就不错了。高手的练习每次最多 1~1.5 小时，每天最多 4~5 小时，再长没人受得了。女球迷们可能认为像贝克汉姆那样的球星整天就知道要酷，她们不知道的是，很少有球员能完成贝克汉姆的训练强度，因为太苦了。

刻意练习不好玩。它要求练习者调动大量的身体和精神资源，全力投入。如果你觉得你在享受练习的过程，那你就不是在刻意练习。找一本小说边喝咖啡边看，在一个空闲的下午打场球，这样的活动都令人非常愉快，但做得再多也无助于提高技艺。很多人每周都打一场网球或高尔夫，打了 25 年也没成为高手，因为他们不是在刻意练习，他们是在享受打球的乐趣。很多年轻人追求一种散漫的风格，干什么事情都是一副无所谓的态度，认为在打打闹闹中学习的人很酷，这是非常愚蠢的。能够特别专注地干一件事才是最酷的。

科学家曾经非常细致地调查一所音乐学院——西柏林音乐学院，这里培养了众多实力超群的小提琴高手。研究人员把这里的所有小提琴学生分为好（将来主要是做音乐教师）、更好和最好（将来做演奏家）三个组。这三个组的学生在很多方面都相同，比如都是从 8 岁左右开始练习，甚至现在每周总的与音乐相关的活动（上课，学习，练习）时间也相同，都是 51 个小时。

研究人员发现，所有学生都明白一个道理：真正决定你水平的不是全班一起上的音乐课，而是单独练习。

最好的两个组的学生平均每周有 24 小时的单独练习，而第三个组只有 9 小时。

他们都认为单独练习是最困难也是最不好玩的活动。

最好的两个组的学生利用上午的晚些时候和下午的早些时候单独练习，这时候他们还很清醒；而第三个组利用下午的晚些时候单独练习，这时候他们已经很困了。

最好的两个组不仅练得多，而且睡眠也多。他们午睡也多。

我们再次发现，所谓"一万小时定律"实在是个误导人的概念。练习时间的长短并不是最重要的，真正的关键是你"刻意练习"——哪怕仅仅是"单独练习"——的时间。哪怕你每天的练习时间跟那些将来要成为演奏家的同学一样，如果不是单独练习，你也只能成为音乐老师。

那么，是什么因素区分出更好的组和最好的组呢？是学生的历史练习总时长。到 18 岁，最好的组中，每名学生平均练习了 7410 小时，而第二组是 5301 小时，第三组是 3420 小时。第二组的人现在跟最好的组一样努力，可是已经晚了。可见要想成为世界级高手，一定要尽早投入训练，这就是为什么天才音乐家都是从很小的时候就开始苦练了。换句话说，他们赢在了起跑线上。这样看来，只有建立在刻意练习的基础上，总的练习时间才有意义。

一帮人在一起合练可能很有意思，也相对轻松一些，但只有单独练习才能让人快速进步。

107 岁的理发师

费 文

安东尼·曼西内利 2018 年时 107 岁，是全球最年长的理发师。他目前依旧坚持全职工作。从 11 岁从事理发工作，迄今已有 96 年。他所服务的店位于纽约市北部一条不起眼的商业街中，店主人说："他从未请过一次病假。"

《纽约时报》曾以一篇专文介绍他，说他在 2007 年 96 岁的时候，就已获得吉尼斯世界纪录"全球最年长的理发师"称号。

许多新上门的客人知道他的年纪之后，难免不知所措。而他的熟客，有的已经跟着他数十年。他的身材维持不变，双手不抖，而且头发浓密（虽然都白了）。他大半的时间都是站立着，脚上是一双已老旧、裂开的黑皮鞋。

店主人说："他老而弥坚，那些年轻人反而有膝盖和背部的毛病。他比一个 20 岁小伙子更有效率，那些年轻人坐在那里玩手机，而他一直在工作。"

已被问过无数次长寿秘诀，他的答案一律是："永远认真而满足地把一天的工作做好，而且从不抽烟和酗酒。"

他没有长寿的家族基因，也不太重视运动。他不吃营养品，也不用什么乳霜。他仍然保有每一颗牙齿，不吃药，不需要戴眼镜，剪发时双手仍然是稳稳的。

他说，持续工作帮助他保持忙碌和心情愉快。自从他那结婚 70 年的太太于 14 年前去世之后，他每天上班前都会去他太太的坟前一趟。

他独居，自己开车，自己下厨料理三餐，自己洗衣服，闲暇时看看电视——他最爱看职业摔跤比赛。他坚持一切自理，甚至包括修剪住家前院的灌木丛。他自己去购物，自己处理账单——他的做事原则就是自己的事不愿假手他人。

"他甚至不让别人代为清理地上他剪下的头发。"他 81 岁的儿子说。

这么多年来，人们的发型一直随潮流而变，而他也会随之调整，适应变化。他的一些客户已维持了 50 年，包括他们的父亲、祖父、曾祖父，4 个世代。他自己有 6 个来孙（玄孙之子）。

安东尼·曼西内利 1911 年出生于意大利，8 岁随家人移民美国，8 个兄弟姐妹只有他活到今天。他 11 岁起就在一家理发厅当学徒。12 岁退学，开始专职从事理发工作。

在那个年代，理一次发 25 美分，现在他的收费是 19 美元。他的手动剪刀仍然保留在店里的一个抽屉中——万一停电了，电动剃刀无法使用。

声名大噪之后，每逢他的生日，理发店就休业一天，开个派对为他庆祝，附近的超市会捐助食物。目前的店主人几年前才聘用他，因为他的前任雇主要减少他的工作时数。他靠自己的技术赢得了这份新的工作。"现在，我觉得我好像是在为他工作，"新的店主人说，"全世界有 100 万人打电话来，说要来看看他。"

为什么电影里的赌场没有窗户

小 丽

赌场就像一个塞满钞票的皇宫。

从布列塔尼蓝龙虾到亨利四世百年干邑，从高希霸贝伊可 54 号雪茄到意大利佛罗伦萨式的豪华装潢，只有想不到，没有赌场供应不了的。

但这个最疯狂也最精致的地方，偏偏没有窗户。

在马丁·斯科塞斯导演的《赌城风云》中，赌场每时每刻都熠熠生辉。

没有人能分清这里是白天还是黑夜。

跟着萨姆的视角，能见到最有钱的王老五，最靓丽的名媛贵族，最狼狈不堪的成魔赌徒。

但无论镜头到达哪一个角落，你永远看不到属于高级场所该有的窗户。

电影中，面对出老千者和无赖，萨姆会叮嘱手下："把他丢出去，记得用他的头开门。"

而不是像别的大佬那样，选择直接扔出窗外，因为这里没有窗户。

从踏进赌场的那一刻起，时间就静止了。

车水马龙，人间烟火，都跟这儿没有半点关系。

它是充满金钱味儿的桃花源，游戏《侠盗猎车》中的虚拟世界，都市中的西西里岛。

它阻隔了任何外界事物对赌徒的干扰，赌徒混乱的思绪最多就是要不要从老虎机转场到 21 点，是押大还是小，押多还是少。

它打造的永恒幻觉，让一个人以为可以一直赌下去，没有任何时间流逝或现实世界的顾虑。

在光怪陆离的赌场里，光线不变，视野不变，赌徒就不会变。

当然，钞票会变。

赌场中的人工照明不像日光那样令人讨厌。为了打造永远的白天，赌场通常会耗费巨资装置数百万盏高级灯具。

拉斯维加斯通常被称为"光之城"，不难理解这是为什么。

这也是世界上最不为人知的秘密之一：为了保全其令人惊叹的灯光效果，拉斯维加斯消耗了巨大的电能。

有不少宇航员表示，从太空中都能看到拉斯维加斯射出的灯光。

在这儿运营的赌场所耗费的电力，占了整个城市的 20%。

一小部分耗在室外，大部分耗在室内。

拉斯维加斯大道上争相吸引眼球的灯光秀不过是为争个体面，室内的灯光才是硬件。

"人们倾向于觉得凉爽的光线比温暖的光线更好，因为它更明亮，更令人振奋……然后将兴奋转化为攻击性的赌博行为。"拉斯维加斯永利集团赌场灯光设计师说道。

他的工作量不亚于巨星演唱会上的灯光师。

"一个人的情绪会随着周围光线的变化而变化，只要赌场的灯光不眠，赌场里的人也很难入眠。"

然后他们忘记了时间，忘记了一切，周而复始，只想赢。

菲尔·兰克复，一名爱尔兰裔美国职业扑克玩家，有自主意识的高端玩家。

他在贝拉吉奥赌场创下个人连续玩扑克的最长时间纪录——115 小时。

4.8 天，5 个日升，4 个日落，不眠不休。

如果清晨的阳光照射在他的脸上，我打赌他会打瞌睡。

这样看来，似乎没有窗户才是令人持续兴奋的关键。但实际上，长时间没有窗户而造成的空气不流通，会导致一个人透不过气，甚至产生压抑情绪。

这又是赌场的另一个秘密了。

位于芝加哥的"嗅觉与味觉治疗与研究基金会"的创始人兼主任艾伦·赫希博士研究了某些气味对赌徒的影响。

研究表明，当周六的赌场散发出一种令人愉悦但难以辨认的顶级香味时，老虎机将比前一个周六多赚大约 50% 的钱。

"这种气味可能刺激了赌徒的情绪，使他们待得更久、花得更多。它唤醒了人体内的躁动，导致一种更有冲动性的行为模式。"

没有窗户，又弥漫着迷人的香味，两杯马提尼后，是人都得撒个野。

研究建筑如何影响人类行为的英国心理学家大卫·坎特则表示："我不认为建筑师排除窗户是有意让赌场变得混乱。但在很大程度上，人们的确乐于躲在'洞穴'里，人们被赌场吞噬，却感到舒适。"

无论如何，赌场为何存在，你我都心知肚明。

这里引用萨姆的一段话："这是所有炫目的灯光，所有的招待、香槟、免费住宿、女人与喝不完的酒最终所造成的结果，都是为了让我们弄走你的钱，这就是赌城的真面目。我们是唯一的赢家，赌徒们一点儿机会都没有。"

音乐家的平凡一天

王竞尧

许多人都会好奇，历史上那些伟大的音乐家是如何在有限的时间内练琴并创作的，来自美国的作家梅森·卡里研究了他们的日常生活。有些人是早起派，恪守纪律，每日雷打不动地按照固定的节奏勤奋耕耘，用规律而严谨的生活来确保创作灵感；反之，另一些人是夜猫子型，喜欢在深夜等待灵感迸发。令人颇感意外的发现是，大多数音乐奇才并没有日夜颠倒、不食人间烟火。相反，很多音乐家的生活作息规律、劳逸结合。

1：00—6：00 睡觉

6：00—7：00 起床打扮

7：00—9：00 作曲

9：00—13：00 教课

13：00—17：00 午餐和社交

17：00—21：00 作曲或参加音乐会

21：00—23：00 向康斯坦丝求爱

23：00—1：00 作曲

被誉为"神童"的莫扎特，是一位实至名归的隐藏型学霸，即便天赋异禀，也依然在创作上非常努力。看起来，莫扎特每天会花费非常多的时间在打扮自己和参加社交活动以及谈恋爱上。即便如此，他每天平均也有 8 个小时是用来作曲的。

22：00—6：00 睡觉

6：00—6：30 起床吃早餐

6：30—14：30 作曲

14：30—15：30 午餐，喝葡萄酒

15：30—17：30 散步（创作）

17：30—21：00 在小酒馆看报

21：00—22：00 简餐，喝啤酒，抽烟

贝多芬和莫扎特一样在创作上非常努力，他一天中有 1/3 的时间都在进行音乐创作。他每天早餐时都必须亲自数上 60 粒咖啡豆煮咖啡，然后投入持续 8 个小时的创作中。他创作到下午才吃饭，饭后散步直到黄昏。散步时，他也会带上铅笔盒、五线谱本，以便随时记下灵感。如果碰上天气好的夜晚，他会约上二三友人，或是去听音乐会（27 岁前）。大多数冬夜，他会在家看书。

0：00—8：00 睡觉

8：00—9：00 起床喝茶，吸烟，读《圣经》及哲学书

9：00—9：30 散步

9：30—10：00 校对稿件，写信

10：00—12：00 作曲

12：00—13：00 午餐

13：00—15：00 散步

15：00—17：00 喝茶，看报，阅读历史期刊

17：00—19：00 作曲

19：00—20：00 休息

20：00—24：00 晚餐，社交，读书

相较前两位而言，柴可夫斯基用在音乐创作上的时间少了一半，他把更多的时间用在睡觉、吃饭还有休闲上。不过，他的生活作息算是劳逸结合，非常规律、健康。他坚信每天散步2个小时有益健康，有时因故散步少于2个小时，他便闷闷不乐，甚至感到不适。

3：30—9：45 睡觉

9：45—10：00 起床，喝咖啡

10：00—11：00 散步

11：00—12：00 早午餐，冲澡

12：00—18：00 进录音室作曲

18：00—19：30 晚餐

19：30—1：00 回录音室继续作曲

1：00—3：30 喝酒，做伸展运动，看书

当代日本作曲家久石让，有着"匠禅一味"的日本传统职业观念，是一个非常强调规律生活的夜猫子。他认为，如果想要持续不断地创作，就不能任由自己受情绪影响，并且需要保持规律的生活习惯。他说："作曲家如同马拉松选手，若要跑完长距离的赛程，就不能乱了步调。"秉承着这样的生活与创作理念，他每天都遵守工作计划和作息时间表，每周最多在周日休息一天，做音乐时没有工作和休息的区别。他每天花在作曲上的时间基本超过了10个小时。

艺术创作始终是一件消耗甚巨的事情，充斥着焦虑、不安、自我否定和怀疑。于是，我们总希望从别人那里探索到他们成功的钥匙。然而，实际上这些音乐家的生活也只是固定的起床、运动、社交、创作，其安排甚至精确到分钟。我们发现，所有取得成就的人都只是按照自己的方式坚持不懈地学习和创作。

《西游记》中的甜食

饱 弟

在从小困扰我们的无数问题里，有一个问题始终难以解决：为什么猪八戒挑担走了十万八千里，还是没有瘦下来？唐僧师徒一路上吃的都是斋饭，再加上十几年如一日的运动量，猪八戒也该瘦了吧。

然而在原著中，唐僧师徒的饮食未必像我们以为的那样清淡。他们的斋饭中最显眼的一

样，是一种跟僧人禁欲"人设"大相径庭的东西——甜食。取经路上，他们师徒四人多次摄入糖分。

在朱紫国，国王大摆筵宴答谢师徒四人，菜单除了"琼膏酥酪"，还有"斗糖龙缠列狮仙，饼锭拖炉摆凤侣"，外加"几样香汤饼，数次透酥糖"……给唐僧师徒吃的素食，一大部分是甜的。

这不是偶然现象。《西游记》第七十九回，孙悟空怒打假国丈，国王的答谢宴是："看盘高果砌楼台，龙缠斗糖摆走兽。鸳鸯锭，狮仙糖，似模似样……枣儿柿饼味甘甜，松子葡萄香腻酒。几般蜜食，数品蒸酥。油札糖浇，花团锦砌。"

照这个吃法，大概师徒四人的血糖含量都有点儿危险。

然而，全书除了他们，几乎没有几个人吃甜食。

神仙里，修为很高的镇元大仙日常待客的饭食竟然是咸菜。如果说神仙不贪人间口腹之欲，那么凡人呢？唐僧师徒一路上遇到的大户人家，总该吃得起甜食吧。可在他们的殷勤款待里，很少见到点心：通天河陈家的款待，是"素果品、菜蔬，然后是面饭、米饭、闲食、粉汤"；寇员外给唐僧师徒摆席，除了菜品种类多点，主食也不过是"素汤米饭，蒸卷馒头"。

全书只有唐僧师徒吃甜食，显然不是随便写写的巧合。第十二回，唐僧所在的长安化生寺举办水陆大会，也有"时新果品砌朱盘，奇样糖酥堆彩案"。除了招待唐僧师徒，甜食大量出现的唯一场合，是在礼佛的时候。

在《西游记》的世界观里，甜食是一种有宗教象征意义的高级食品，而能够且懂得享用甜食的，除了唐僧师徒，只有佛。

由此，我们可以大胆猜测：唐僧师徒爱吃甜食，其实是作者刻意埋下的伏笔。在故事线还没走到"取得真经，修成正果"之前，作者一直通过饮食描写，向我们暗示这个结局：只有唐僧师徒能吃佛祖配享的食物，说明他们是"天选之子"，从故事一开始，就注定成佛。

把甜食和佛教联系在一起，也有现实生活依据——在中国的佛教活动中，以甜食供佛，本就是历代传承的风尚。

后秦弗若多罗与鸠摩罗什所译《十诵律》记载："佛在王舍城竹园中。诸居士办种种带钵那：胡麻欢喜丸、石蜜欢喜丸、蜜欢喜丸、舍俱梨饼……"

西域人民对糖、奶、蜜等甜食的爱好，随着宗教传入中国，让甜蜜成为中国人对神域极乐的想象象征。曾经的奶食"醍醐饼"，在唐朝后发展成佛教禅食点心。藏传佛教的供品，则有青稞面加奶油和糖做成的"食子"和糖果。

过去油和糖的"奢侈品"属性，连同与宗教联系的神秘感，构成了中国人对甜食的一种独特向往。这一切，甚至延伸到中国人的一切信仰供奉：祭灶要用糖瓜、关东糖，在凡人的想象里，灶王爷也是个馋嘴的老神仙；老北京人用月饼祭祖，哪怕"自来红""自来白"里的冰糖坨子都硌牙，也始终不改；满族人祭祖的水果，也一定是经过蜜渍的。

人类无从想象，远在天边的神佛究竟爱吃什么，只好用自己想象中最好吃的东西来敬奉。于是，高不可攀的神佛也像人类一样馋糖吃。《西游记》的作者，不论他真正生活在何时何地，最终把这种接近现实生活的饮食习惯写进了我们今天看到的小说里。

你乘坐的电梯缆绳断了

[美国] 科迪·卡西 迪保罗·多赫蒂

王思明 译

在现代电梯超过 150 年的历史中，有约 8000 亿次搭乘，13000 亿的电梯乘客，这些人中的大多数很可能都担心过缆绳会突然断裂。

他们有理由去担心。

因为这种事情确实发生过。

1945 年，美国空军 B-25 轰炸机的一名飞行员在浓雾里迷失方向，然后飞进了帝国大厦的第 79 层，切断了两部电梯的起重机和安全缆绳，让这两部电梯垂直落了下去。在那个年代，电梯还不是自动的，里面有操作员——站在电梯里帮助乘客到达目的楼层的人。

其中一名操作员因为要抽烟离开了电梯，而另一部电梯里的贝蒂·卢·奥利弗太太则从 75 楼一直落到了电梯井。

电梯是你可以使用的最安全的自动运输工具，但它们并非毫无风险。在美国，平均每年有 27 个人死于电梯事故，但几乎所有这些人都是因为"操作不当"而死的。假设你就是其中一个，安全提示：不要试图挤进正在关闭的电梯，不要试图从一部卡住不动的电梯里爬出去，不要爬到电梯的顶部搭乘它。相比之下，自动扶梯要比电梯危险 13 倍。

电梯之所以这么安全，部分原因在于安全制动器。1952 年，伊莱沙·格雷夫斯·奥的斯发明了它。安全制动器安装在电梯梯厢上，可以让电梯在缆绳断掉的情况下停下来。

在奥的斯的发明之前，电梯这种工具并不流行。此前，没有人愿意钻进一个盒子，把他们的命悬在一根线上，即使这根线很粗。

电梯，在都市生活中不可或缺。在有电梯之前，建筑物都只有 6 层楼高——没有人愿意把一袋杂货拖到比 6 层还高的位置——而那些在有电梯之前建造的楼里，阁楼一般都在 1 楼。楼层越低，房租越高。

电梯让建筑师可以把楼盖得更高，让城市的一个街区里可容纳的人数变得更多。如果没有电梯，人口会从城市中心往外扩散，郊区的范围永无止境。

你的电梯会像奥利弗太太的那样，从摩天大楼的顶部往下掉吗？即便如此，你也不一定会死掉。有那么一点点运气，再加上物理学界出现的几个怪才，你可能会活下来——就像她那样。

过去，你能从电梯往下掉的最高高度是 1700 英尺（约 518 米）。电梯没法再高了，因为它们的起重机缆绳太重。直到 1973 年，世贸中心里出现电梯转乘楼层时，摩天大楼才打破了这个对电梯极限高度的限制。

一部处于 170 层高度的电梯，自由落体时的速度约为每小时 306 千米——这个速度当然是致命的。但是，如果你很幸运的话，你的电梯会紧紧贴着它的轴。当这种情况发生时，电梯下方的空气不会窜逃得那么快，这就创造了一个压力做成的枕头，就像柔软的空气气囊一样，可以让电梯在降落时减速。

这会对你有帮助，但你还需要做更多的事情，才能活下来。

逐渐让自己停止加速是关键，这可以减少你身体上的重力。重力是利用地球的引力来表达你身体上的加速度或减速度的力，单位是 G。现在你身体上的重力是 1G，最激烈的过山车能够达到的重力是 5G（这也意味着你的重量有你体重的 5 倍之多）。经过训练的战斗机飞行员可以承受 9G 的重力，在此之下还能继续飞行。

在几秒内承受约 50G 的重力是人类存活的极限。我们是怎么知道的？ 1954 年，美国空军在设计战斗机的弹跳座椅时，需要知道在不威胁到飞行员生命的前提下，这种座椅把他们弹出飞机的速度可以有多快。详细说来，就是他们需要知道人类的身体可以承受多少 G 的重力。于是，他们建造了世界上最吓人的设施，并且征募志愿者去尝试。

空军军官约翰·斯塔普有过测试氧气系统时差点儿窒息而死的经历，也有过在没有安全罩的飞机里以每小时 917 千米的速度飞行，差点儿把皮肤吹下来的经历。

试验人员把斯塔普绑在一个设计特殊的火箭滑车里，让滑车加速后停止，使重力达到 46.2G，他们观测会发生什么。

在那极其不舒适的片刻里，斯塔普的重量达到了 2087 千克。他眼睛里的血管破裂，肋骨断掉，两个手腕也断了。但他活了下来，并且证明了——在一切受限的情况下——人体可以承受超过 40G 的重力。

约翰·斯塔普能活下来的一个原因是他身体的姿势，那么让我们重新谈论自由落体的电梯吧。如果你想活下来，最好是让你的身体重量分布均匀。不要向上跳，跳起来不会有帮助。即使你神奇地抓住了时机，在落地的那一瞬间跳了起来，你也只能让你的撞击速度减少一些而已。而当你受到撞击时，你的器官会从它们本来的位置往下掉，一直降到你身体的最低处。

如果你认为，可以悬挂在电梯顶部——不要那么做。你会被扯下来，然后撞击到地面，其剧烈程度就跟你从顶楼直接跳下来一样。爬到你旁边的人的肩膀上也不会有任何帮助，无论你多想这么做。这样很危险，而且他在受到撞击时肯定也会倒下去。

最佳策略是躺下去，让背部贴地。这样可以使你的器官不被挤压，这是最佳做法。

有趣的是，当人们在残破的电梯里发现奥利弗太太时，她并不是如我们推荐的那样平躺着的——她坐在角落里。令人惊叹的是，即使坐着并不是最佳的姿势，她还是活了下来。她断了几根肋骨，后背的骨头也断了。但如果她平躺着，她可能会被穿过电梯梯厢底部的电梯轴碎片刺穿。

所以，不要被我们误导。如果你的电梯缆绳断了，你活下来的机会是很小的。幸运的是，首先要想到，这种事情发生的概率小于十亿分之一——本身就非常小。

为什么看过的电纸书容易忘

[美国]什洛莫·贝纳茨　乔纳·莱勒

石　磊译

今天，电纸书屏幕质量得到了巨大提升，在图像质量方面甚至好于纸张印刷的。设计师还开始对字体进行调整，发明了适合液晶显示屏和电子墨水屏的字体，比如亚马逊宣称 Kindle 的字体已经做了"像素级的手动调整"。这样的调整都是出于一个显而易见的担忧：如果一个页面让眼睛产生不适感，那么人们就会将目光移开。

但实际结果是，屏幕显示质量的显著改善并没有提高人们阅读的理解力，反而令其变得更糟了。

心理学家安妮·曼根 2013 年在挪威国家阅读教育与研究中心做过一项关于计算机考卷与印刷考卷对比测试的实验。72 名十年级学生被随机分配到两个组中。在第一组中，读物以 14 磅 Times New Roman 字体打印在纸上。在第二组中，同样的读物以 PDF 形式显示在 15 英寸 1280×1024 分辨率的液晶屏上。读完之后，所有的学生都要完成几道阅读理解题。结果发人深省，在屏幕上阅读确实会导致阅读理解能力变差。

这是为什么？

我觉得目前这一代电纸书的液晶屏使得读书过于舒适了，也不需要太动脑，最终的结果是我们不能充分消化屏幕上的文字。轻松进，容易出。

难道容易不是一件好事吗？

让事情变得更容易并不总是好事。特别是，当涉及学习和记忆时——这也正是阅读理解测试中所考查的技能，过分容易会导致严重的负面问题。

有时，人们在处理稍有难度的信息的时候，反而会记得更多——认知困难是一件好事。

在 2011 年发表于《认知》杂志上的一篇引用率极高的论文中，科学家称，使文本更难读（研究人员称之为"不流畅"），实际上可以加强长期记忆。多项研究表明，增加不流畅度会使受试者更仔细地处理信息。相对于仅仅阅读文本，他们会被迫去思考，快速运转的大脑会变得慢下来。

不流畅的感觉不再是一种不便或者烦扰，它实际上是一个重要的心理信号，告诉我们要慢下来、专注一点，提醒我们要更多地思考。

这样的信号有很大的实际作用。我常常想，为什么印在香烟盒上的吸烟警告要用易读的 Helvetica 字体呢？鉴于不流畅效应的研究，对那些重要警告（"吸烟有害健康"等），用 Comic Sans 字体印刷岂不是更有效吗？难道我们不希望消费者能够注意并思考这些建议吗？如果是这样，我们就应该让这些警告变得难读，而不是易读。

鉴于过去几十年来技术的骄人进步，数字化信息已变得更容易阅读——加强了流畅效应。虽然便利往往是一件好事，但持续不断地提升流畅性也让人们变得不太能记住读过什么。面对屏幕上的信息，我们更喜欢略过和遗忘，而不是认真地思考。你可能更容易在 iPad Air 上看完一本书，但同时可能不太容易记住所读内容。

流畅度不只影响阅读理解，似乎也会影响我们的学习方式，尤其是需要做笔记的时候。一项研究发现，当用键盘取代笔来记笔记时，学习效果较差。使用笔记本电脑记笔记的学生更喜欢做"逐字"笔记。这样做是因为能够跟上讲座的速度。与此相反，手写笔记的学生由于听得多、写得慢则被迫做总结性笔记，不得不选择要记录什么。最终的结果是，后者更能够融入讲座，因为是先做了信息编码然后再记录下来。

海姆立克急救法

海姆立克教授是美国一位从医多年的外科医生。在临床实践中，他被大量的食物、异物窒息造成呼吸道梗阻致死的病例震惊了。在急救急诊中，医生常常采用拍打病人背部，或将手指伸进口腔咽喉去取的办法排除异物。其结果不仅无效，反而使异物更深入呼吸道。他经过反复研究和多次的动物实验，终于发明了利用肺部残留气体形成气流，冲出异物的急救方法。

"海姆立克急救法"的原理

通过冲击腹部，膈肌突然上升，产生向上的压力，压迫两肺下部，从而驱使肺部残留空气形成一股气流。这股带有冲击性、方向性的长驱直入于器官的气流，能将堵住气管、喉部的食物硬块等异物排出，使人获救。

"海姆立克急救法"具体措施

1. 如果是 3 岁以下的孩子，救护人员应该马上把孩子抱起来，一只手捏住孩子颧骨两侧，手臂贴在孩子前胸，另一只手托住孩子后颈部，让其脸朝下，趴在救护人员膝盖上。在孩子背上拍 1～5 次，并观察孩子是否将异物吐出。

2. 如果上述操作后异物没有出来，可以采取另外一个姿势，把孩子翻过来，躺在坚硬的地面或床板上，抢救者跪下或坐着，使患儿骑在抢救者大腿上，面朝前。抢救者以两手中指或食指，放在患儿胸廓下和脐上的腹部，快速向上重击压迫，重复直至异物排出。

3. 应用于急救成人，抢救者站在病人背后，用两手臂环绕病人的腰部，然后一手握拳，将拳头的拇指一侧放在病人胸廓下和脐上的腹部。再用另一手抓住拳头，快速向上重击压迫病人的腹部。重复以上动作，直到异物排出。

4. 用于自救，可采用上述用于成人的 4 个步骤的后 3 个步骤，或稍稍弯下腰去，快速向上冲击，重复直到异物排出。

日本地震避难包

库 索

深夜两点，正昏昏欲睡的我突然感到一阵眩晕，四下一望，厨房的电灯正前后摇晃。几十秒后，手机传来新闻推送提示音，是九州地震速报。地震波缓冲到大阪不过 3 级左右，感觉到震感的人却不在少数。

那个晚上，我第一次有了生活在日本的危机感，岛国人并非不恐惧频发的地震和台风。但正因为恐惧，他们在日常生活中做好了万全的准备。无论是 5 年前的东日本大地震还是最近的熊本大地震，支援灾区的同时，人们也再次审视自己的安全措施。

比如，在玄关放一个地震避难包并研究清楚其中每一样东西的用法，在灾难来临时懂得自救，不仅是出于惜命，更因为不给别人添乱是救人的第一步。在这样一个国家，"裸奔"显然是不明智的。我立即打开网站购买了这种基础装备，在日语里它有一个更专业的名字：非常持出袋。

这个仅 5 千克重的地震避难包，被设计得"女性和高龄者也能背得动"和"最适合有小朋友的家庭"。一旦灾难来临，它至少能维持一个成年人 3 天的生活。选择带 30 件救命的物资，并不比选择 3 件东西去荒岛更容易，那它们该是什么呢？

首先是一个 125 克的轻量充电器，配有各种型号手机的插头，附带手电筒和收音机。不需要电池和电源，单手转动便可即时发电。遇上紧急情况，还可以发送警报信号。

水和食物是首要的必需品，带少了会饿，带多了会消耗体力，量的权衡是一门学问。通常避难包里会放 4 瓶保质期为 5 年的保存水，每瓶 500 毫升，能够满足人体 3 天的基本摄取需求。唯一的食物则是 3 罐 110 克的饼干，保质期同样是 5 年，采取易拉罐装设计，让小孩和老人都能轻松开启。除了避难包，大多数日本人还会常年在家里储存一两箱保存水。一旦被困家中，它能让你活下去。

即便不缺乏物资，地震后断电的情况仍非常普遍。食品加热袋和发热剂就是为这种时候准备的：把未开封的罐头或速食食品和发热剂一起放入加热袋，约 20 分钟后便可吃上一碗热腾腾的食物。

3 个简易厕所——经验表明，厕所不足问题一定会在地震后出现，而这种简易厕所可以将排泄物固化，同时带有消臭功能，可化解"三急"带来的尴尬。它还贴心地配上了封口用的夹子和废弃用袋，处理垃圾时也不会有困扰。

考虑到灾后可能发生的传染病，避难包里需要备有 1 瓶酒精消毒啫喱，干洗即可除菌。免水洗的洗发水在东日本大地震中备受好评，只需轻轻涂抹在头发上，就可以清洁头发、消除头皮不适。还有湿纸巾 1 包，不能洗澡时可用来擦拭身体。

野餐毯可以铺在地上充当床铺，也可以在上面用餐，还能用以防风挡雨。铝箔毯的专业性更强，银色有反射光热的效果，冬可防寒、夏可避暑。这种材质几乎没有重量，遇上天气骤变时，很多人直接将它裹在身上，比毛毯管用多了。地震后天气变化无常，雨衣是要有一件的。就算是在夏天，"暖宝宝"也至少需要两个。

一段时间内不能回家的情况很多，不少人（尤其女性）在避难生活中睡眠不佳，容易引发神经衰弱和精神后遗症。为了更好地入睡，充气枕、眼罩和耳塞是标配。充气枕不占地，轻轻吹气即可成形，需要在车中过夜时也能派上用场。能简易折叠的拖鞋需要 1 双，便于在避难所室内走动。

多功能的瑞士军刀 1 把、4 节 5 号电池足矣，蜡烛和火柴也要配置 1 套，能满足 8 小时照明。1 个塑料水袋是灭火和取水的良伴，它的尺寸经过精确计算，最大容量为 3 升。1 双军用手套可以防寒，表面上密集的黄点是十分实用的防滑设计。1 个紧急用口哨，当身体被困住不能动弹时，可以吹响以向外界传达自己的位置。

除了防尘防毒口罩，还有1个标着十字的红色小急救包，内有6片创可贴、6片酒精棉、1卷胶带、1个药盒和10根棉棒——看似日常用品，其实并不欠缺专业性。1卷加宽止血胶布是急救时的止血利器。

1张紧急联络卡，除了姓名、住所、电话和紧急联络人，还需填写伤病史、过敏史、常备药，以方便受伤后得到准确救治。此外，还包括生命保险卡、银行存折、驾驶证和护照等。万一不幸遇难，能快速确认身份。

携带幼儿的母亲，还应该带上补充维生素的绿茶粉及大量纸尿裤。

最后是1份《防灾建议指南》，告诉你携带地震避难包物品的轻重缓急：一次持出品，包括常备药、婴儿奶粉、紧急联络卡、保存水、保存食、手电筒、口哨、铝箔毯、急救用品、"暖宝宝"；二次持出品，包括加热袋与发热剂、瑞士军刀、胶布、军用手套、简易厕所、除菌啫喱、野餐垫、口罩、非常用给水袋和雨衣等。一次持出用品是地震来临时的急需物资，建议装在双肩包里，避难时直接背出门；二次持出用品是为一段时间的避难所生活准备的，建议放在车后备厢或自家储物柜中。另外，这份指南上还有一些小技巧，如"在家里遇到地震时怎么办"：第1步，躲藏在家中安全地带，保护身体不受伤；第2步，切断火炉等易引起火灾的火源；第3步，打开门，确保逃离的通道畅通。

避难包并没有塞得满满当当，最上部留出10厘米空间，让人们装私人物品，如手机和重要文件。日本红十字急救员的建议包括：个人印章、现金、健康保险证、身份证明书、母子健康手册、银行卡等贵重物品，以及毛巾、塑料袋、笔记本和1个头盔。

你必须知道的网络生存法则

曾焱冰

加拿大作家 Ann Voskamp 有一封写给孩子的信：

"我认识一个人，他总去邮局寄送书籍，每当工作人员常规性地向他询问包裹里是否有危险的、易燃易爆的物品时，他总是诚实地回答，当然有——言语。

"谁说击碎你骨头的只有棍棒和石头，而言语不会？

"去问问路易斯安那那个满脸胡子的家伙，或去看看那条在去往非洲的路上发出的推特吧！"

Ann 所指的满脸胡子的家伙是美国真人秀《鸭子王朝》中的菲尔·罗伯森。罗伯森在公开场合发表"同性恋犹如恐怖分子"的言论像一颗炸弹，在社会上引发了人们的强烈不满，对此，有线电台不得不采取行动，暂停了他在系列剧中的演出。

而经历非洲"致命之旅"的是一位叫贾斯汀·萨科的美国女人。她并不像罗伯森一样是名人，当时她的推特上只有170个"粉丝"，通常她发出的言论都如石沉大海，不会得到任何人的回复。但那次她在从伦敦飞往非洲的航班起飞前，发了这样一句话："要去非洲了，希望我不会染上艾滋病。开玩笑啦，我可是个白人呢！"她按下了发送键后便关机睡了，等她落地再次打开手机时，震惊地发现她的整个世界都被摧毁了。

这条存在"种族歧视"意味的段子，被她 170 名"粉丝"中的一人推送给了一个拥有 1.5 万名"粉丝"的传媒记者。就这样，在她关机飞行的 11 个小时里，这条消息闪电般地扩散，点击量成了推特之首。在她完全没有能力为自己辩解的时候，人们开始疯狂地"人肉"贾斯汀的私生活，骂她、诅咒她，希望她的公司开除她。她的公司为了自保，也在推特上发表声明，在没有和当事人进行任何交谈的情况下，就解雇了她。是的，就在她睡觉的时候，亿万的陌生人正在为摧毁她的生活而狂欢，她为这句自以为是的"美式幽默"付出了惨痛的代价。

如果说在 20 世纪 70 年代，你需要知道地震时如何从屋里跑到院子里空旷的地方；而到了 20 世纪 90 年代，就要知道被困在 50 层高楼的逃生方案；到了 2000 年之后，若还不懂得如何在网络统治的时代生存，不知道如何发出自己的声音，同时又能保护隐私和不被网络暴力侵犯，那则是不合时宜的。所以那位加拿大母亲在给孩子的信中语重心长地说："永远不要忘记，你可以随便说什么，但没有人会真正想去了解你想要表达的意思。"

这也是网络信息时代的特色。人们通过社交媒体窥视着别人的生活，常常只通过一句话、一件事来判断这个人的全部，他们并不关心这句话的语境或这个人之所以这么说、这么做的原因，他们要的只是一个判断，而这个判断并不公平，也不会包含任何宽容和慈悲的胸怀。于是如何措辞，如何发声，如何权衡内心的叛逆和价值观，认识和估量网络的能量，就成了现代人必修的课程。以下这 6 点，是将来我会告诉孩子的"安全教程"。

网络上的信息永远不会消失

面对社交网络，我们往往是松弛的，图一时之快，不计后果，以为编辑、隐藏、删除都只是按一下键的事，但在智能手机可以轻松复制、截屏、保存的年代，一切都无法轻易消除。Ann 在给孩子的信中也警示道："社交媒体正如它的名字，只要你还是这个社会的一员，它就会一直影响你的社交。"

你所说的，会代表你

社交媒体上的话不是外交部的官方发言，我们往往会轻视它，但其他人会通过你在网络上的言行来判断你的为人。也许你有过这样的经验，在去面试前，上网搜索一下面试官的背景，如果能看到他的社交媒体资料，就能更容易了解其性格、脾气，可以想想如何投其所好。同样，你的社交媒体资料也会被想了解你的人随时搜索，你在上面留下的言论也会是人们评判你为人的线索。

言论自由，但要承担后果

当菲尔·罗伯森被舆论抨击的时候，他也在强调，自己作为美国公民，有言论自由，谁也不能阻止他讲出心中的感受。但事实是，当他被记者追问时，也会承认自己言辞不当。而贾斯汀·萨科为她的自由言论承担了更为严重的后果，她因为一句话彻底毁掉了自己的职业前途、生活状态和公众形象。

"我们花了两年学会说话，却要花 60 年学会闭嘴。"海明威的这句话提醒我们要谨言慎行。这并不是要求人们不要去表达自己的观点，而是要在表达之前，衡量一下说这些话要付出的代价。

学会表达自己

我们不是语言大师，但教育、教养和智商、情商都会教给我们如何使用更妥当、更善意的语言去表达自己，正所谓"良言一句三冬暖，恶语伤人六月寒"。

尊重大众认同的价值观

不管时代发展到什么程度，有什么样的新锐思想和流行文化，什么样的幽默方式，人们的价值观还是不会改变的。尊重他人的民族习惯、宗教信仰、性别差异，是我们为人处世的准则。

不与恶同谋，不以丑为美

来自威尔士的纪录片导演、作家 JonRonson 曾站在 TED 演讲台上谈论网络暴力，他同样讲到了贾斯汀的故事。他说，当那些人肆意攻击贾斯汀的时候，他们不用为自己的言论负任何责任，也不会有人谴责他们，说他们正在为摧毁贾斯汀而兴奋不已。他们想表现出对死于艾滋病的非洲人民的关怀，希望别人觉得是因富有同情心而导致他们做出了如此残忍的行为。这并不是在倡导社会公正，这只是一种泄愤的方式。

Ann 在信的最后说："是的，言语是炸药，可以用它去伤人，但也可以用它来摧毁人与人之间的壁垒，打破疆界，消除通往新世界的一切不可能。"

也许我们不能指望网络世界中没有冲突、误解和伤害，但至少可以让自己做到不与恶同谋，不以丑为美。

神秘的米其林视察员

［英国］彼得·梅尔

吴 正译

《米其林指南》是法国知名轮胎制造商米其林公司所出版的美食及旅游指南书籍的总称，其中以评鉴餐厅及旅馆、书皮为红色的"红色指南"最具代表性，所以有时《米其林指南》一词特指"红色指南"。《米其林指南》诞生于 1900 年的巴黎万国博览会期间。

最初，《指南》是免费提供给客户的，但在 1920 年，米其林兄弟做出了 3 个至关重要的决定：指南应该包括餐馆的信息；放到书店里去卖；不再接受广告。1926 年，米其林星级评定方式诞生了。米其林之星无疑是餐饮奥林匹克中的金牌，这颗星的印刷字体在行业里被称为

"杏仁蛋白饼"。

《米其林指南》真正的力量在于它的餐馆评级系统和为这个系统工作的神秘的男男女女——视察员。没有人知道他们的名字，也没有人知道他们长什么样，他们的才能只有少数几个在米其林总部工作的人知道。

米其林的视察员去饭店时，和任何普通的客人一样。他打电话预订座位的时候，留下的名字根本不会引起厨房的注意。他到了饭店里，没有人能够认出他来。他对桌子没有特别的要求，对当班经理不会有任何提示，也不会要求和主厨谈谈。

我们的视察员是不是每天醒来的时候就有一个好胃口呢？他是否有对付美食家的职业病——脂肪肝的良方？他不上班的时候吃什么？他是不是很胖？我觉得这些问题的答案一定很有意思。但我不认识任何视察员，唯一可以使我的疑惑得到解答的地方就在味蕾控制总司令部——设在巴黎的《米其林指南》办公室。

办公室在巴黎七区宽阔的、绿荫密布的布勒特伊大道上。我事先和一位叫阿尔诺的先生预约过。他的人生压力就是不断应付像我这样的"入侵者"。

阿尔诺在接待处等我，他一头深色头发，举止高雅，带一点外交家气质。他带着我穿过迷宫似的走廊，来到一间小小的、四面都是书的办公室。他给我倒了一杯意大利浓咖啡，问我需要什么帮助。

"我对你们的视察员很感兴趣。"我说。

他和善地点了点头。我感觉他肯定不是第一次听人这样说了。

"我非常想和他们中的一位一块儿吃顿午饭。"

阿尔诺的眉毛立即扬了起来，嘴也噘了起来。"这我恐怕很难满足你。"

"那晚饭怎么样？"

他笑了，摇了摇头。我想，再建议一起吃早饭也是无济于事的。

"问题是，"他说，"为了做好工作，我们的视察员必须不为人知。"

然后他开始向我解释为什么会这样。

对那些懂得吃并且喜欢吃的人来说，为米其林视察饭店可不是解闷消遣，而是一项全职的、长期的、带薪水的工作。视察员在加入米其林之前，通常在饭店或餐饮行业有 8 到 10 年的工作经验，也就是阿尔诺所称的"基础教育"。然后，他们在被放出去严肃认真地开吃之前，还要接受为期两年的培训。

而他们一旦上了路，就得努力工作，一天吃两顿，包括周末在内，还必须是在不同类型的餐厅。在两星餐厅用过午餐后，晚餐就得选择一家小饭店。通常一个星期下来，一个视察员要品尝 10 到 14 种不同风味的菜肴。这样的活动持续两星期之后，他们就得回到巴黎写报告。为了确保他们的脸不在某一区域出现得过于频繁，他们工作的地点需要不停地调换。他们每年旅行的距离大约是两万英里（约 3.2 万千米）。在一年的时间里，每一家带星的饭店要由不同的视察员检验 6 次。

一下子得到那么多信息之后，我问了一个我以为不会造成什么伤害的问题："那你们有多少视察员呢？"

又是一个神秘的笑容——我又在闯禁区了。"不确定，"阿尔诺回答，"反正足够完成工作的。""那你们需要一个视察员具备怎样的素质？"

"谨慎，无论是行为举止还是在外貌上。我们不要咋咋呼呼的那一类，太惹眼了。我们寻找的是某某先生，一个普通人。"

阿尔诺继续说道："当然，视察员还必须身体状况良好。他们需要拥有超乎寻常的辨别味道的能力，通过足够的训练后，能够判断出一个厨子在烹饪的过程中是否偷工减料。或者更糟糕，"阿尔诺变得严肃起来，"是否有欺骗行为。"他停顿了一下，好像是为了让我充分领略那种恐怖。"骗人的菜，"他说，"盖上厚厚的沙司，用鳕鱼假冒另一种鱼，用普通的羊肉冒充小羊羔肉，这样的事时有发生。我们的人必须时刻警惕，在不和大厨接触的情况下戳穿他们的把戏。向大厨提问是绝对不被允许的，因为这违反了谨慎的原则。"

我们的对话中不断出现的一个关键词就是"谨慎"，而阿尔诺确实就像一只合上了壳的牡蛎那样小心翼翼，只在谈到女性视察员的时候稍稍松了点口。她们经常能够注意到一些被男人忽视的细节，他说。前几天，他和一名女性视察员一起去一家星级餐厅吃午饭。她注意到一名侍者的指甲，怎么说呢，没有像应该的那样光洁无瑕、修剪齐整。这算不上罪大恶极，不足以让餐厅因此而丢掉一颗星。但无论如何是个污点，而且会是下一名视察员来检查时需要查看的一个项目。

因为有了他们长久、辛苦的劳动，才产生了那部最权威的、指点胃部活动的"圣经"。没有其他任何一本指南像《米其林指南》那样受欢迎。这可不是我的一家之言，有数字为证：这本大红封面的餐饮指南在2000年第一版印了880254本，每一本都编了号。对于一本精装书来说，这可是个了不起的数字。一上市，它立马就成了畅销书。就在我写这篇文章的时候，我的这本《指南》（编号为304479）就摆在我面前。它喜气的颜色和厚厚的页码使它1990年的祖先看起来颇有些营养不良、食欲不振的样子。这本《指南》共1700多页，列出了5000多家饭店和4000多家餐厅。米其林还用了一个新招——使书变得更厚。100多年来第一次，除了符号语言外，书里还增加了一小段对餐厅的描述——三言两语，点到为止。我们可以想象得出，为了这个决定，那个掌管味蕾活动的总司令部花了多少个月，说不定是多少年，来进行权衡。因为对米其林这样的老字号来说，任何的变动都必须慎之又慎。

医疗的本质

薄世宁

在病人眼里，医生究竟扮演着什么样的角色呢？

据2014年经济之声《央广财经评论》的报道，每天有多达70万名患者进京求医。这些人风餐露宿，整宿守在医院门口，就为了挂一个专家号。你能想象这些病人见到医生时的感觉吗？

就像见了神一样。这是人在生病的状态下很容易产生的感觉。医生显然不是神，那病究竟是怎么治好的？医生和病人在治疗过程中分别起了什么作用？

其实，所有的医疗行为只起到支持的作用，最终治愈疾病的，还是病人的自我修复能力。换句话说，医疗的本质是支持生命的自我修复。

强大的自我修复能力

为什么身体的自我修复能力这么重要？

我们先看看，在医疗过程中，如果病人失去自我修复能力，只依靠先进的医疗手段会发生什么。

我接诊过一个服毒的 20 岁男孩。这个男孩服用的是一种实验室里常用的化学试剂，它的作用原理是阻断细胞的有丝分裂，误服后很容易引起中毒甚至死亡。这个男孩喝下 500 毫克该试剂，这个剂量是致死量的 10 倍，最可怕的是，这种毒根本没有解药。

所有人都认为这个病人存活的希望十分渺茫，但是他太年轻了，所有医生都不甘心，都希望出现奇迹。我们请了各科室的专家会诊，给男孩洗胃、做心电监护、上呼吸机、做血浆置换、持续做血液净化、注射升压药物、输血……所有能帮助他的医疗手段都用上了。但病人还是因全部器官衰竭而死亡，我们没能创造奇迹。

我仍清晰地记得，这个男孩的父母在得知他死讯的瞬间，爆发出的撕心裂肺的哭声。这么年轻的一条生命，眼睁睁地就没了，这对医生来说似乎是一场失败的战役。

是医生无能吗？不是。我相信我们是全国最优秀的团队之一。是治疗力度不够吗？也不是。我们用尽了全世界最好的设备和药物。可为什么这么年轻的生命救不回来？

最根本的原因是这名病人失去了人类战胜疾病的最基本的武器——自我修复能力。

自我修复是人类在数百万年的进化过程中，形成的一种对抗损伤和疾病的自我保护机制。我们体内每天都有细胞老化、变性、凋亡，然后人体会通过细胞分裂再生出新的细胞。这个病人之所以未能抢救成功，正是因为病人服用的远超致死量的试剂阻断了细胞的分裂。细胞不能分裂了，也就不能产生新的细胞，这就相当于身体的自我修复停止了。

除了细胞分裂产生新的细胞替代和补充老化、死亡的细胞，人体还有一些神奇的自我修复手段。

比如人得肺炎的时候，身体会启动炎症反应以攻击进入人体的致病菌——体内的白细胞会吞噬细菌，我们还会咳嗽、咯痰，主动排出细菌和坏死物质。比如，我们的基因会发生突变，突变后可能影响自身的功能，人体存在一种基因修复机制，可以主动修复这段突变的基因，让基因的功能保持正常。再比如，我们在进入深度睡眠的时候，脑脊液清除脑细胞代谢废物的效率将增加 10 至 20 倍，这种功能可能有利于预防阿尔茨海默病。

身体的自我修复能力，是人类战胜疾病的根本武器。

自我修复的助攻手

你可能会感到困惑，既然治病必须依赖人体的自我修复能力，那医疗手段还有什么用呢？在疾病尤其是大病面前，医疗手段的支持作用是必不可少的。因为这时候，人体的自我修复系统已经很难独立应对损害因素。医疗手段的支持作用，就是为自我修复赢得时间、创造条件。

我所在的 ICU（重症监护室）是患者病情最重、距离死亡最近的地方。ICU 的治疗手段体现了现代医学生命救护的最高形态：呼吸机支持肺，让肺休息，等待自愈；血液净化支持肾，替代肾脏的功能，等待自愈；全世界最前沿的 ECMO（体外膜肺氧合），也就是老百姓常说的"魔肺"，是对心脏和肺最高级别的支持。

一个人在骨折的时候，如果骨折端严重错位，那么再强大的人体自我修复手段也不可能让肢体的功能恢复。因此医生会做手术、打石膏，将骨折端对齐，然后进行固定，这样骨折才会痊愈。也就是说，医疗手段为人体的自我修复创造了条件。

患癌期间，病人的癌细胞会不断地分裂、生长，不断地侵袭人体组织。这个时候，单纯依靠人体的免疫系统和自我修复能力，很难和这些癌细胞搏斗。医生用手术刀切除癌组织，用化疗剿灭藏在身体其他部位的癌细胞，用放疗打掉手术无法彻底清除的癌组织，这些做法都是为了减轻肿瘤负荷，让人体的免疫系统发挥作用，从而战胜癌症。这也是为人体的自我修复创造条件。

有一个著名的病例，是医疗手段支持人体自我修复的典型例证。说它著名，不仅仅是因为患者身份特殊，更是因为这个病例取得的传奇治疗效果。

2015 年 8 月，90 岁的美国前总统吉米·卡特被诊断出患有恶性黑色素瘤。更可怕的是，癌细胞已经发生脑转移。你肯定能猜到这对于一个 90 岁的老人预示着什么。恶性黑色素瘤的 5 年生存率低于 10%，属于最难治疗的肿瘤之一。卡特的医生立刻给他做了手术，并且对脑部转移灶进行放疗。

即便是这样积极的治疗，由于恶性黑色素瘤的恶性程度较高，卡特依然很难痊愈，因为狡猾的癌细胞会逃避人体免疫细胞的监视。免疫细胞杀伤肿瘤细胞的过程，就是一种自我修复，如果癌细胞从免疫细胞的视线里逃脱，免疫细胞认不出癌细胞，那就说明人体的自我修复能力降低了。如果人体的自我修复能力不恢复，单纯依靠手术、化疗、放疗，治疗效果都不会太好。

这个病例之所以传奇，是因为卡特的医生给他用了一种药物——PD-1（程序性死亡受体1）抑制剂。简单来说，这种药的作用是让卡特身体内的免疫细胞恢复识别和杀伤癌细胞的能力，也就是让病人恢复自我修复的能力。

四个月后，奇迹出现了，卡特的病灶全部消失，而且至今没有复发。

2018 年 10 月 1 日，两位免疫学家获得了诺贝尔生理学或医学奖——奖励他们通过重新激发癌症患者免疫系统的能力来对抗癌症的研究成果。从此，人类有了一个全新的癌症治疗思路。

在我看来，这个诺贝尔奖既颁给了支持自我修复的癌症免疫疗法，也颁给了人体强大的自我修复能力。

在对抗疾病的时候，你要记得：你身体内数以万亿计的细胞，在和你一起努力。

为什么我们总是很容易撞到小脚趾

［日本］坂井建雄

每个人都有过小脚趾撞在柜子上的经历吧？那是一种让人快要昏过去的疼痛感。或许有些人在撞了很多次之后，会一边流泪一边想：要这个没用的小脚趾干什么！

人类为什么很容易撞到小脚趾呢？事实上，人体内存在一种固有感觉，可以感知自己眼下所处的位置以及身体活动的状态，并将这些信息传达给大脑，以调节人体的平衡状态，控制身体的动作。

日本机械学会在《人类身体部位研究》中总结道，小脚趾容易撞到的原因是，人类自身感知到的脚掌尺寸比实际的脚掌尺寸窄 1/10、在长度上小 10 ~ 15 毫米，合 1 ~ 2 个脚趾大小。也就是说，人类的固有感觉无法正确地感知小脚趾的位置。

那么，小脚趾真的是一个可以被忽略的、毫无用处的部位吗？

不可否认的是，小脚趾的确存在着退化的倾向。

首先，我们从医学角度来分析一下指头的作用。指头由身体内侧向外侧依次被命名为第一指到第五指，通俗的叫法是拇指、食指、中指、无名指、小指。在医学上，手部的指头被称为"手指"，脚部的指头被称为"脚趾"，它们是有区别的。

虽然手指与脚趾是对应的，但脚趾远比手指短，也无法像手指那样灵活地活动。灵长类中的猴子可以灵活地使用脚趾攀缘树枝，人类却做不到。即便如此，对进化到直立行走的人类来说，脚趾仍是一个重要的身体部位。

举例来说，在奔跑中，脚掌着地时，所有脚趾都要按顺序紧抓地面，如此才能保证着地姿势的稳定性。

因此，田径运动员要不断锻炼脚趾，练习脚趾的活动方法。甚至，为了突出脚趾的作用，商家还推出了便于每一根脚趾活动的跑步专用分趾袜。此外，脚趾与脚底拱状脚心（医学上称为"足弓"）的肌肉是联动的，因此锻炼这一部分的肌肉是很有必要的。

另外一些报告中提到，因事故或冻伤而失去第五趾的人，想要沿直线走路是有些困难的。与手指相比，脚趾的用处虽然不多，但在遇到意外、身体的微妙平衡被打破时，脚趾作为传感器的作用就会被人类察觉。因此，即便身体对脚趾固有感觉的灵敏度有所减弱，小脚趾仍发挥着重要的作用。

从解剖学的角度来看，人类的脚由 14 块趾骨构成，除大脚趾由两块趾骨构成外，其他脚趾均由远节趾骨、中节趾骨、近节趾骨构成。

有趣的是，根据统计，小脚趾由 3 块趾骨构成的人的数量正在逐渐减少。调查发现，欧美人中有 35%~48% 的人的小脚趾是由两块趾骨构成的，而在日本人当中，这一比例高达 75%。

人类脚掌的形状与猴子的十分相似，但是猴子的脚趾全由 3 块趾骨构成。可以说，在人类的进化过程中，脚趾反而在逐渐退化。

这种变化最早是在南方古猿身上出现的。南方古猿生活在距今 400 万至 200 万年前的非洲，属于原始人类，具有直立行走的能力。

研究者认为，人属中最早的一个种——能人就是从南方古猿进化而来的。人类从这一时期开始，放弃了在树上生活，因此不再需要用长长的脚趾抓握树枝，也不再需要为便于攀爬而进化出特殊的关节。

让我们尝试一下在不用小手指的情况下抓握物体，你会发现，如果想用很大的力气抓握物体，必须要有小指的参与。

脚也是一样的道理。所以，在不需要用脚趾攀缘树枝后，人类小脚趾的重要性开始下降，并逐渐开始退化。

在之后的进化过程中，直立步行所需的新的骨骼及肌肉逐渐取代了小脚趾的那一块趾骨。

狗、猫的前足有 5 个脚趾，后足有 4 个脚趾，前后足的每根脚趾都由 3 块趾骨构成。猫与狗的脚掌上都长有肉垫和钩爪，便于移动及捕猎。

狗是用趾骨支撑身体的，通常用足尖站立。狗前足上的大脚趾被称为退化的狼爪，是不接触地面的。

猫的脚趾也是由 3 块趾骨构成的，指头末梢的远节趾骨上长着趾甲。由于远节趾骨能够像滑轮一样转动，因此猫的趾甲可以向外、向内伸缩。

由此可见，每一种动物的脚趾结构，都在为适应各自的生活环境而不断变化。

"猝死"急救指南

医路向前巍子

近年来，"猝死"一词频繁地出现在公众视野之中。

《中国急救医学》2020 年刊发的一份报告显示，猝死的首要原因是心源性猝死，而国家心血管病中心引用 2009 年的研究数据指出，每年，中国心源性猝死总人数估计达 54.4 万，为世界之首。更为要命的是，大多数心源性猝死都发生在医院之外，因此，当专业救护人员赶到时，往往已经错过最佳救治时间。

但这并不意味着，这些生命是完全无法挽回的。

心肺复苏

1963 年，心脏病学家伦纳德·司彻里斯创立了美国心脏协会中的 CPR（心肺复苏）委员会，同年美国心脏协会正式授权支持 CPR。胸外按压、人工呼吸、电击除颤正式组合为现代心肺复苏技术。

心搏骤停患者需要做心肺复苏。什么时候可判断患者心搏骤停，需要做心肺复苏？

1. 无反应：拍打患者并大声呼唤，患者没有眨眼、皱眉、呻吟等反应。

2. 无呼吸：患者胸部无起伏 5～10 秒。

两者同时具备即可判断患者心搏骤停，应进行心肺复苏。

如何做心肺复苏？发现有人倒地，可参考如下步骤施救：

第一步，判断现场的环境是否安全；

第二步，判断患者是否有意识，轻拍重唤；

第三步，若患者无反应，找人拨打急救电话、取来最近的 AED（自动体外除颤器）；第四步，看呼吸，而不是去听和感觉，观察患者胸部有无起伏 5～10 秒，如果没有呼吸或者是不正常地呼吸（下颌式呼吸），就要开始进行心肺复苏；第五步，实施胸外按压和人工呼吸。

胸外按压的位置：两乳头连线中点处（胸骨中下段），深度：5～6 厘米（约一张银行卡的宽度），频率：每分钟 100～120 次。反复进行胸外按压直至拿到 AED 或急救人员到来。

关于人工呼吸，如果没有经过训练，可以不做，因为未经训练的吹气既无效，还会使按压中断。

应持续不断地按压，等待专业救护人员到来。越早按压、越少中断、越早进行电击，心脏重新跳动的成功率越高。

电击除颤

AED，又称自动体外电击器、自动体外除颤器，是可被非专业人员使用的用于抢救心源性猝死患者的医疗设备。它小巧、便携，使用简单、有效。AED 的出现使急救有望抓住"黄金 4 分钟"。

心搏骤停病人早期 85%～90% 的病因是室颤，医院外治疗室颤最有效的方法是使用 AED。除颤每推迟 1 分钟，存活率降低 7%～10%。胸外按压、人工呼吸与 AED 的早期有效配合使用，是抢救心搏骤停病人最有效的手段。

AED 的使用方法：

第一步，开。患者仰卧，AED 放在患者耳旁，在患者一侧进行除颤操作，这样方便安放电极，同时可另安排人在患者另一侧实施胸外按压。打开电源开关，方法是按下电源开关或掀开显示器的盖子，待仪器发出语音提示，按提示进行下一个步骤。

第二步，贴。安放电极，迅速把电极片粘贴在患者的胸部，一个电极放在患者右上胸壁（锁骨下方），另一个放在左乳头外侧，上缘距腋窝 7 厘米左右，在粘贴电极片时尽量减少胸外按压中断时间。若患者出汗较多，应事先用衣服或毛巾擦干患者皮肤。若患者胸毛较多，会妨碍电极与皮肤的有效接触，可用力压紧电极，若无效，应剔除胸毛后再粘贴电极。

第三步，插。将电极贴片导线插入 AED 主机。分析心律，急救人员和旁观者应确保不与患者接触，避免影响仪器分析心律。心律分析需要 5～15 秒。如果患者发生室颤，仪器会通过声音报警或图形报警提示。

第四步，电。按"电击"键前必须确定已无人接触病人，或大声宣布"离开"。当分析有需除颤的心律时，电容器往往会自动充电，并有声音或指示灯提示。电击时，患者会突然抽搐。第一次电击完成后，立刻继续进行胸外按压。电极片需一直贴在患者身上，每隔 2 分钟左右，AED 会再次自动分析心律。

AED 是安全的，它在完成自动识别后才会进行电击，胸外按压和 AED 的使用要交叉进行。

在救治的过程中要随时观察患者的意识，如果有反应了（喘气了、皱眉了、手脚动了），则停止按压。

心脏的工作原理

心脏是一个"泵"，把血液"泵"到全身，当心搏骤停或者室颤（不规律地跳动）时，这个"泵"就停止工作了，全身会缺血。血里面携带着氧，当心跳停止4分钟后，脑细胞开始出现不可逆的缺氧坏死。我们进行胸外按压是为了手动"泵"血，把血挤压到全身各脏器，防止各脏器因缺血、缺氧而坏死。心搏骤停是指心脏射血功能突然终止，大动脉搏动与心音消失，重要器官（如脑）严重缺血、缺氧，导致生命终止。这种出乎意料的突然死亡，医学上又称"猝死"。

猝死是救不活的，能救过来的是当发生呼吸、心搏骤停10分钟之内身边有人对他进行了心肺复苏的人，因为2/3的呼吸、心搏骤停患者身边没有医生，所以真正能救他们的是作为第一目击者的你。

五十多万条生命，假如能救过来20%，那将挽救多少个家庭！可现实是，我们国家普通民众急救知识的普及率不足1%，而这1%的人在突发情况下能仗义出手的更是有限。